理解他者　理解自己

也人
————
The Other

Yale Needs Women

by Anne Gardiner Perkins

耶鲁需要女性

她们如何改写藤校规则

How the First Group of Girls
Rewrote the Rules
of an Ivy League Giant

［美］安妮·加德纳·珀金斯　著

徐芳园　译

上海书店出版社
SHANGHAI BOOKSTORE PUBLISHING HOUSE

小金曼·布鲁斯特（1963—1977 年任耶鲁校长）

康妮·罗伊斯特（1969 年进入耶鲁的本科生）

贝蒂·施潘（1969 年进入耶鲁的本科生）

Photo: Yale Banner Publications.

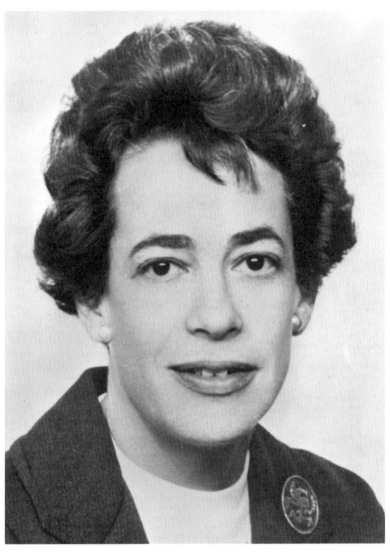

埃尔加·沃瑟曼（耶鲁男女同校负责人）

Photo: Yale Banner Publications.

1969 年 9 月，记者与刚办完耶鲁入学手续的大一女生交谈

大一女生在 1969 年 9 月的搬入日到达范德比尔特

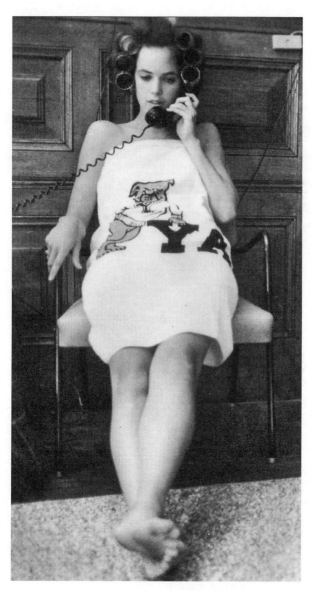

来自《展望》杂志耶鲁男女同校专题的耶鲁大一女生照片

雪莉·丹尼尔斯（1969 年进入耶鲁的本科生）

Photo: Yale Banner Publications.

1969 年 9 月，大一女生独自走过耶鲁老校区

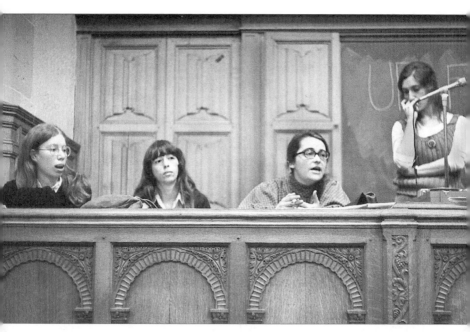

耶鲁的自由女性会议，1970 年 2 月。从左至右：姬特·麦克卢尔、内奥米·韦斯坦、凯特·米利特和里莎·托比斯。里莎是第一个把会议传单递给姬特的女人。她们背后的黑板上写着"站起来"

Photo: Virginia Blaisdell.

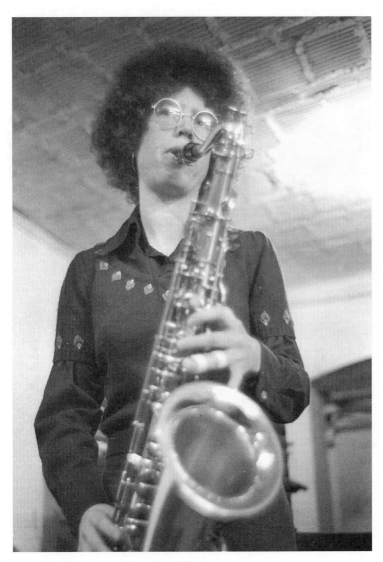

姬特·麦克卢尔（1969 年进入耶鲁的本科生）

Photo: Virginia Blaisdell.

1970年"五一"，在耶鲁周围用木板封严的商店前，女学生靠近国民警卫队士兵

Photo: Virginia Blaisdell.

纽黑文妇女解放摇滚乐队，1972 年夏。车外从左到右：哈丽雅特·科恩、姬特·麦克卢尔、丽卡·阿尔珀、珍妮弗·奥博德、帕特·韦莱特。车内从左到右：利娅·马古利斯、弗吉尼娅·布莱斯德尔、朱迪·米勒

Photo: Virginia Blaisdell.

1972 年 11 月，在成为校队运动的第一个赛季，耶鲁曲棍球队员跟普林斯顿的对手抢球

劳丽·米夫林（左）和曲棍球联合队长桑迪·莫尔斯

Photo: Yale Banner Publications.

本书真正的礼物是我在写作过程中认识的卓越女性，耶鲁第一批女本科生。这是她们的故事。我很荣幸成为讲故事的人。

——安妮·加德纳·珀金斯

（本书作者、耶鲁 1981 届学生）

献给我的家人：

里克、莉莉、罗比、马克、金尼和迪尔。

纪念我的父亲汤姆和哥哥罗伯特。

目录

说　明

　　本书的一些用词在现代人听来可能颇为刺耳，但由于这是一部关于历史的作品，我选择使用耶鲁学生在 1970 年使用的词语，包括用"大一新生"（freshmen）指任意性别的大一学生，用"女孩"（girls）和"合校女生"（coeds）指女人，用"黑人"（blacks）指非裔美国人，将"美国黑人"（Afro-American）用于非裔美国人研究，用"性"（sex）指性别（gender），以及用"院长"（master）指耶鲁住宿学院的主管。与之类似，我使用"黑人"时没有将首字母大写，以便反映当时学生的用法。[1]

---

[1] freshmen 和 master 都含有指代男性的意思，在中文里难以体现。——本书页下注均为译注

序　言

　　52 岁时，我断定自己该去读博了。晚做总比不做强。这想法并不算新。我最好的朋友黑兹尔（Hazel）和我在 20 多岁时认识，我们当时都是历史专业的研究生，那时我就在考虑读一个博士学位了。黑兹尔接着拿到了博士学位，而我却受到不同事业的吸引，获得硕士学位后，找了份在一家市区高中教书的工作。三十年后，我依然在教育界，如今投身于马萨诸塞州公立大学的政策和项目。我想更深入思考自己所研究的问题，而且我知道马萨诸塞大学波士顿分校有一个备受推崇的高等教育项目。再一次，博士学位发出召唤。

　　就这样，我开始了攻读博士学位的生涯。从周一到周四，我在灯塔山（Beacon Hill）做本职工作。周五，我去马萨诸塞大学波士顿分校上课。周末，我学习。我丈夫里克（Rick）做了所有的饭——说实话还有其他所有家务活。但是再次回到学校令人激动。

　　我从没想过要写一篇历史论文，尽管黑兹尔会告诉你，我做这件事是完全可以预料的。我原本计划研究某个实际课题，与我的工作更直接相关的课题，但是在第一个秋季学期，我上了一门关于高等教育史的必修课。由于需要给期末课程论文找一个题目，我心想，写那些在1969年到达耶鲁的第一批女学生怎么样？我敢打赌那里有一些令人惊奇的故事。这个想法可能听起来莫名其妙，但实际并非如此。你瞧，我也上过耶鲁。

1977年，第一批女本科生入学八年后，我作为新生到达耶鲁。我学习历史，并且给《耶鲁日报》（*Yale Daily News*）写稿。我报道过女子冰球，最后还专门负责报道校长的新闻。在大三那年，我成了主编。然而在那段时间，对于在我之前来到耶鲁的女人以及她们入学后所面对的所有挑战，我自始至终一无所知。

数十年后，我搜寻一本能告诉我耶鲁第一批女本科生的故事的书，但那个时期的耶鲁史里没有这些女人的身影。相反，这些书关注让女人进入校园的决定，好像那就是故事的结局。可是接下来发生了什么？这才是我想知道的。这所大学当了二百六十八年的男校，突然，第一批女学生来了。历史学家玛格丽特·纳什（Margaret Nash）把这样的时刻称作历史中的"闪点"（flashpoints），一次突然的变革大放光芒，照亮了周围，因而在一段时间内，一切看似都有可能。1969年，美国妇女运动刚刚开始。黑人权力（Black Power）运动正在改变美国人看待种族的方式。就在那个时刻，第一批女本科生踏入了耶鲁。

我请了一天假，开车去纽黑文看看我能在耶鲁档案馆找到什么，在那之后就一发不可收了。故事实在太引人入胜了。我去了档案馆第二次、第三次、第四次，更多次，现在是一周一次。最终，我意识到，如果我真的想理解当时的耶鲁发生了什么，我需要和经历了那个历史闪点的女人们谈谈。

xvii

我为写作本书而面谈过的四十二名女性都非常棒——邀

请我进入她们的厨房、客厅和工作地点，和我谈话的时间远超我提出的一小时，把她们的故事托付给了我。"别搞砸了，安妮。"彼此熟悉后，她们中的一个对我说，半是玩笑半是认真。但是到那时，写好这段历史对我来说已经变得意义重大，跟此事在她心目中的分量相当。充当先锋并且大胆发声的女性帮我们所有人塑造了一个更好的世界，然而她们的故事往往会遗失。我不会让这种事发生在这个故事上。

　　我再次回到档案馆，仔细翻阅一盒又一盒的文件。我读了成百上千篇旧报道，积累了成千上万页笔记。但是对我来说，本书真正的礼物是我在写作过程中认识的卓越女性，耶鲁第一批女本科生。这是她们的故事。我很荣幸成为讲故事的人。

安妮·加德纳·珀金斯
2019 年于波士顿

01

二百六十八年的男校

女人坐巴士来到耶鲁，透过宽大的玻璃窗，她们看到 男人聚在下方的人行道上，等候她们的到来。来自瓦萨学院（Vassar College）的女孩们穿着鲜艳的及膝裙。在从波基普西（Poughkeepsie）到纽黑文的两小时车程中，头发被她们梳了又梳，因而闪闪发亮。来自耶鲁的小伙子们也打扮了一番：系扣领衬衫、窄领带和便装外套。男人的脸刮得干干净净，头发修剪得清爽利索，露出耳朵。那是 1967 年 11 月的周六晚上，耶鲁的男人准备好了迎接女人。

那时耶鲁依然是一所男子大学，想找女友，仅有的办法是经常参加联谊会，这些活动每周末从瓦萨和史密斯学院（Smith College）这样的精英女子大学运来成车的女人。周六晚上，巴士在八点开进耶鲁，每辆载着五十名女孩。午夜时分，女孩回归来处。在中间这四小时里，耶鲁的男人设法为自己寻找对象。已经有女友的小伙子会挽着他们的女孩在周六的橄榄球比赛上露面，之后带着她们出现在学校餐厅或一家当地餐馆。但是在一周剩下的几天里，耶鲁本科生都在一个单性世界中度日。

要描绘当时的耶鲁，你得想象一个男人的村庄。从周一到周五，学生参与的是仅限男人的课堂，就餐地点是仅限男人的餐厅，参加的是仅限男人的课外活动，休息时回到的也是仅限男人的宿舍。耶鲁在 1967 年招收了零星几个女研究生和女专业学院学生，但是耶鲁学院（Yale College）[1]，大学的核心，坚决保持全男性状态。教师队伍和管理学校的行政人员也几乎都是男人。如果你从门缝偷看任何一个院系会议，围坐在桌边的教授总是"穿粗花呢西装和昂贵休闲鞋的白人男性"，这是耶鲁少有的一位黑人教授的评论。耶鲁是个奇怪的地方，至少在现代人眼中如此，但是从 1701 年成立时起，耶鲁一直是男人的地盘。

耶鲁是这个国家最古老的男子俱乐部——比国际同济会（Kiwanis）、麋鹿兄弟会（Elks）和童子军（Boy Scouts）还古老；比纽约市联合俱乐部（New York's Union Club）和旧金山波希米亚俱乐部（San Francisco's Bohemian Club）更古老；比普林斯顿、达特茅斯和其他几十所在 1967 年同样禁止女性申请的美国大学都古老。美国只有两所大学比耶鲁古老：威廉与玛丽学院和哈佛。前者在 1919 年由于财政原因转为男女同校，后者从 1943 年开始让拉德克利夫学院（Radcliffe College）的女人来听课。耶鲁从来没有姐妹学校。然而，在周末的短短几小时里，那个仅限男人的世界裂了一条缝。来自瓦萨和康

---

[1] 耶鲁大学重视本科教育，本科生所在的耶鲁学院是大学的核心，下设十二所住宿学院（2017 年增加到十四所）。除了耶鲁学院外，大学还设有研究生院以及法学院、医学院等十余所专业学院。

涅狄格学院（Connecticut College），来自史密斯和曼荷莲学院
（Mount Holyoke College）的巴士停到路边，然后耶鲁的小伙子
开始彼此竞争，争夺运来的女人中最好的。夜晚总是带着这样
的希望开始。

　　车门打开。女人们咔嗒打开化妆盒，最后一次检查口红，
然后一个接一个下车，进入下方的男人堆，想着今晚会发生什
么。女孩们逐个走下巴士，微笑，列队经过站在外面的那群大
学男生。她们经过耶鲁十二所住宿学院之一的石拱门，然后进
入木质装潢的公共休息室，更多的耶鲁男人在那里等待。男人
们已经在喝酒了，三五成群围在专为活动送来的桶装便宜啤酒
旁，给自己壮胆，以迎接即将到来的夜晚。

　　女友是"学院男人的财产中最宝贵的动产"，一名耶鲁学
生解释道，但不是随便什么女孩都行。她必须来自一所被认为
符合未来耶鲁妻子身份的大学，她必须漂亮。如果一个小伙子
带了一个好看的女孩进入耶鲁餐厅，他的同学会用勺子猛敲水
杯来表达认可。要是有人带的约会对象被认为缺乏吸引力，他
之后会被取笑。因此耶鲁男人做选择时很谨慎。

　　一名耶鲁大二学生评估了此时填满房间的女人，选出一
个，靠近她，说出练习已久的台词："我说，你难道不是加州
人吗？"

　　她不是，但两人还是聊了起来，交流家乡和专业。在此期
间，两人扫视房间——有更好的配对对象吗？

　　在隔壁房间，餐厅改成了舞池，桌椅推到旁边，灯光调
暗。一个年轻男人问一名刚到达的女人想不想跳舞。她微微一
笑，两人进入房间。

　　一支乐队在前方奏响萨克斯和电贝斯，音乐如此喧哗，令

4　人无法交谈。除了点头和微笑，假装听到对方说了什么，此外几乎无事可做。在几对人之外，一个女孩厌烦了舞伴的笨拙舞步，假装自己在跟他旁边的小伙子跳舞。曲终，她躲进女洗手间，希望等她回去时，他已经找上了别人。房间里的男女配对不停重组，想找新舞伴的男人借喝啤酒脱身，想换人的女人则解释说她们需要去找室友。两种情况的暗号相同——不是你。

在联谊会的前两个小时，循环持续进行——选择，抛弃；选择，抛弃；选择，抛弃——一场抢椅子游戏，每个人都希望自己不是音乐停止时唯一站着的人。

"我说，你难道不是加州人吗？"

到晚上十点，配对变得不那么流动，组成对的男女固定了些。问题变成：你想看我的房间吗？

一名留金色长发的大四学生听过太多遍这句台词了。"不，"她回答，"我对你的房间一清二楚。"这个夜晚对她来说已经太长了。一名耶鲁新生提出带她在校园里转一圈。另一个小伙子提出带她看自己收藏的摇滚乐唱片。一个耶鲁男人如此评论，"有些跟我聊过的女孩认为我们只想从她们身上得到性。也许她们是对的，但是当你没机会了解她们，也没时间建立自然的关系时，你还能做什么呢？"

午夜时分，巴士整装待发，女人们穿过石拱门鱼贯而出，有些走出联谊会上散场的人群，其他的则是离开她们正在参观的男人的房间。耶鲁男人村的罅隙再度合拢。载着女人的巴士启程了，开始了漫长的回家之旅，而男人们把餐厅桌椅推回原5　位，乐队用小推车把乐器搬走。余下的只有啤酒的气味。就这样，耶鲁的节奏照常进行，仅限男人的工作日之后跟着有女人的周末。然而，改变就盘旋在转角处。但是在耶鲁，似乎没人意识到变化来得会有多快。

————♀————

学年结束了。又一届耶鲁男人毕业了，新一届已经准备好取而代之，与数十年来周而复始的循环相同。但是在表面的一致下，耶鲁的状况正在改变，而小金曼·布鲁斯特（Kingman Brewster Jr.），耶鲁校长，正是变化的原因。

到1968年，布鲁斯特已经当了四年多校长，树立了一个决心带来变革的领导者形象。他要求招生主任增加耶鲁的黑人学生数量，他支持黑人学生为开设美国黑人研究专业做出的努力，令耶鲁成为全国最早开设此类专业的学校之一。他增加了助学金的预算，因此所有被录取的学生都能入学，他还叫停了招生办在决定招收学生前检查其家庭收入的做法。布鲁斯特聘请了全国最有名的一批学者，以此加强教师队伍的实力并提升耶鲁在全国媒体中的形象。在做这些事的过程中，他声望日隆，名气盖过了大多数政客。

布鲁斯特在1964年登上了《新闻周刊》（Newsweek）的封面，次年由林登·B.约翰逊总统提名加入一个美国总统委员会，并在1966年加入了另一个。1967年，《纽约时报》（New York Times）刊登了一篇热情洋溢的五页布鲁斯特传略，之后有些地方开始传言，说他可能会获得内阁职位，甚至参选美国总统。同年，布鲁斯特登上了《时代》（Time）的封面，并在联合国领导一个研究维和任务政策的专家小组。如果像某些人说的那样，耶鲁男人注定要当领导者，那么金曼·布鲁斯特正自信地大踏步走在他的命运之路上。

从名字开始：金曼——或是老朋友和同事偶尔使用的称呼，单字"金"（King），他儿时的昵称，如果说有谁是耶鲁男子气概的典范，那个人就是布鲁斯特。他是"一个气宇轩昂的人物，高大"，一名耶鲁学生说，见过他的人都折服于他的威严。"不管'那气场'是什么，他都拥有。"一名耶鲁董事评论道。据大多数人所说，布鲁斯特长相英俊，脸部轮廓分明，棕色头发，只在鬓角处刚开始发白。他穿的是在香港手工制作的细条纹西装和衬衫，继承的是乘"五月花"号——第一趟旅途——到来的先辈的血统。他身上带着"那种身为布鲁斯特长老（Elder Brewster）直系后代的十足把握"，他的一个朋友这么说。"你知道的，'这是我的地盘'。"跟1766年以来除一任外的每任耶鲁校长相同，布鲁斯特也是在耶鲁读的大学，因为，正如每个耶鲁男人知道的那样，《哈佛深红报》（*Harvard Crimson*）讥讽道，"耶鲁男人是最好的男人品种，只有耶鲁才能制造"。

然而，就在看似能用个别短语概括布鲁斯特时——出身名门的领导者，最典型的耶鲁男人，全国最知名的大学校长——却出现了一个令人困惑的证据，把情况变复杂了。"他是个非常复杂的人。"学生库尔特·施莫克（Kurt Schmoke）如此评论。

7　　布鲁斯特身上汇集了许多看似自相矛盾之处。他在政治上保守，但在很多问题上思想开明。他既是一个出身高贵的新英格兰人，也是一个不看对方血统，乐于向他人学习的人。他性格内向，但是在社交聚会上活力四射，他会模仿各种各样的政治名人，有一次还热情地即兴演唱了来自《窈窕淑女》（*My*

Fair Lady）的歌曲，以此取悦他的朋友们。他 49 岁，然而在美国最热门的一些问题上——越南、种族，他不站在同代人那边，而是站在质疑他们的那代人那边。

学生们爱他。为了 1968 年的筹款活动，耶鲁学生顾问委员会售卖印有"除了自己，我最喜欢金曼"口号的 T 恤。第二年，布鲁斯特参加了一个争议不断、全校参与的会议，讨论耶鲁预备役军官训练营（ROTC）的未来，当他入场时，四千名学生起立鼓掌。然而，在男女同校的问题上，布鲁斯特和耶鲁学生立场相左。确实，在所有构成金曼·布鲁斯特特征的不协调当中，最惊人的也许是他在种族、宗教和阶级上的进步立场与他在性别上的保守观点的鲜明对比。

布鲁斯特拒绝涉足歧视黑人或犹太人的俱乐部，而且他治校期间的标志性改变是敞开耶鲁的大门，欢迎更多黑人学生以及来自以前绝对负担不起送儿子上耶鲁的家庭的学生。但是在涉及女人时，布鲁斯特对世界的现状很满意。有些俱乐部在午餐时间禁止女人进入主餐厅，他在这些地方多次用餐，至于招收女本科生，从而终结耶鲁二百六十八年男校的历史这个想法……嗯，为什么有人想这么做？

到 1968 年，耶鲁学生已经把对上述问题的回答跟布鲁斯特说了两年多，从兰尼·戴维斯（Lanny Davis）在 1966 年当上《耶鲁日报》主席时就开始了。"男女同校如今应当无须争辩。"兰尼在他的首期社论中写道。文中宣称，早就该终结"全男性耶鲁的不切实际、不自然且令人窒息的社交环境了"。兰尼没有就此收手，而是在接下来的五个月里接着发表了一连串支持男女同校的专栏和社论，总计超过十九篇。"兰尼天天擂鼓呐喊，用一种非常积极的方式，把我们烦透了。"布鲁

8

斯特的首席顾问萨姆·昌西（Sam Chauncey）说。当《耶鲁日报》发声时，管理耶鲁的男人们通常会听。它是校园里最古老也最强大的学生组织之一。过去的主席包括最高法院大法官波特·斯图尔特（Potter Stewart）、《时代》创始人亨利·卢斯（Henry Luce）以及金曼·布鲁斯特本人，他读《耶鲁日报》并且定期面见报纸主席以了解学生观点。然而，当涉及招收女本科生时，连《耶鲁日报》都不能让布鲁斯特相信改变的时候已经到了。

持此立场的并非只有布鲁斯特一人。美国大多数精英大学长期维持声誉，靠的不仅是它们接收的学生类型，还靠它们拒之门外的那些：犹太人、黑人、工人阶级的孩子——以及女人。即使经历了内战后的男女同校浪潮，男女同校的校园比例从战前的 25% 上升到 1890 年的 60% 后，美国绝大部分顶尖院校依然只招男性。男女同校只是财政疲软的症状，哈佛校长查尔斯·艾略特（Charles Eliot）在 1873 年如此认为。拒绝女人的学费而不至于财政短缺的大学——美国最古老和最有名望的大学——会继续这么做。

9   近一个世纪后，艾略特校长的预言依然成立。在 1968 年，仍旧禁止招收女本科生的美国大学清单读起来就像一份学术界的名录：阿默斯特、波士顿学院、鲍登、布朗、卡内基-梅隆、克莱蒙特·麦肯纳、科尔盖特、哥伦比亚、达特茅斯、戴维森、杜克、福特汉姆、乔治敦、汉密尔顿、哈佛、哈弗福德、圣十字、约翰·霍普金斯、凯尼恩、拉法耶特、利哈伊、圣母、宾夕法尼亚、普林斯顿、罗格斯、西沃恩、三一、塔夫茨、杜兰、联合、弗吉尼亚、华盛顿与李、卫斯理、西点军校和其他军事学院、威廉姆斯，当然还有耶鲁。少数几所，像哈佛和布朗，创立了姐妹学校，让女人待在附近却无须给她们与男人平等的地位，但是没有一所顶级高校招收女人进入男人就读的学院。"在很多人心中，"《教育记录》(*Educational Record*)评论道，"'全男性'教育成了'名校'教育的同义词。"

　　布鲁斯特对此现状毫无意见，所以除非他改变在这件事上的立场，耶鲁会一直保持原样。在其他学校，种种限制令校长挫败不已，而布鲁斯特在耶鲁的权力却无拘无束。他不仅仅是耶鲁集团（即耶鲁董事会）的成员，还是它的主席，而且"全体教员非常喜欢他"，一名资深教授评论道。布鲁斯特涨了他们的工资，增强了他们的声望，布鲁斯特获得的荣誉他们也都能沾光。尽管如此，就算是金曼·布鲁斯特也不能总是按照自己的愿望塑造世界。

　　1968 年春天的事件震动了他。马丁·路德·金在 4 月遇刺，此事的打击尤为沉重，因为这是一个布鲁斯特曾与之握手的男人，担任校长后，他最早的行动之一就是给金颁发荣誉学位。同月，在距耶鲁仅 40 英里的三一学院，学生们把一群董事扣作人质，直到校方回应拖延已久的学生诉求，为黑人和其他弱势群体学生设立奖学金基金。三周后在哥伦比亚大学，一个规模更大的抗议以超过两百名学生受伤、七百名学生被捕告终。

　　整个 1968 年夏天，布鲁斯特和家人都在他们位于马撒葡萄园岛（Martha's Vineyard）的海滨寓所休假，他在那里整天穿着百慕大短裤和运动鞋，驾驶帆船、和朋友聊天以及在晚间烧烤时掌管烤架。就在那里，用两根手指在打字机上啄出词语，布鲁斯特写出了校长年度报告的初稿，他在文中陈述耶鲁在过去一年里的成就和下一年的目标。展望 1968 年秋季时，

10

布鲁斯特提出了两个核心问题: 学生在大学管理中应该有多少发言权? 大学对周边的纽黑文街区负有什么责任? 布鲁斯特敲出了他的答案, 这些答案随后成为他当年的优先事项。然而, 他的报告在男女同校的可能性上完全沉默。

夏天倏然逝去, 在此期间, 把这个国家凝聚在一起的麻绳继续散开。6 月, 博比·肯尼迪 (Bobby Kennedy) 遇刺。8 月, 芝加哥警方袭击了民主党全国代表大会 (Democratic National Convention) 的抗议者。背景中是持续不断的越战鼓声, 进驻战场的美军人数已逾 50 万。日益壮大的妇女运动将进一步撼动布鲁斯特生活中的既定事实, 但是在 1968 年夏天, 运动刚开始站稳脚跟。全国妇女组织 (National Organization for Women, 简称 NOW) 才成立满两年。意识觉醒团体刚开始在女人们的客厅和厨房里见面。大多数美国人还没理解教育、就业和法律领域歧视女性的程度有多严重。除了贝蒂·弗里丹 (Betty Friedan) 的《女性的奥秘》(*The Feminine Mystique*), 第二波女权主义的主要作品尚待书写。

在马撒葡萄园岛上, 随着秋天的临近, 白昼越来越短; 把百慕大短裤收进行囊的时间逐渐迫近。布鲁斯特完成了他的校长报告, 准备好了返回校园, 他还没意识到下一年的日程将不是由他, 而是由学生设置。

对耶鲁大四学生德里克·希勒 (Derek Shearer) 来说, 认为女人不够格就读类似耶鲁的大学的观点毫无道理。他只需要看看自己的家庭就能找到相反的证据。他的妹妹布鲁克

（Brooke）是高中最聪明的孩子之一。他母亲为地方和全国杂志写稿，当学校里的表格要求填写母亲的职业时，他因为写的是**记者**而非**家庭主妇**而自豪。德里克上的是加州一所男女同校的高中，他在那里的朋友有男孩也有女孩。他不喜欢他在耶鲁感受到的全男性氛围，他决心改变它。

从德里克作为新生入学后，四年里，耶鲁学生以及他们关于男女同校是否可取的看法发生了改变。有些耶鲁男人依然乐意就读于一所全男性学校，因为有兄弟会的情谊，并且免于遭受在异性面前表现的（虽然是自己造成的）压力。但是到 1968年，大部分耶鲁学生不想困在一个男人的村庄里度过大学时代。很多人认为他们的单性别生活是不自然的。其他人只是想要女友。有一些则像德里克，被政策的不公平触动，这个政策给了他们进耶鲁的机会，却压根不让他们的姐妹申请。就像留长发或蓄须的耶鲁男人数量越来越多那样，这些新观点反映出 12 全国年轻人的价值观正在发生变化。在耶鲁，那种转变有一部分是布鲁斯特在无意中造成的。

布鲁斯特命令他的新任招生办主任，罗素·英斯利·"英基"·克拉克（Russell Inslee "Inky" Clark），从全国招收顶尖男生，不考虑种族、阶级和宗教，在此之后，长期以来构成耶鲁多数的预科学校男孩不得不跟范围更广的人竞争，所以他们的数量下降了。耶鲁录取了更多来自公立高中的学生取代前者，除了罕见特例，这些学校都实行男女同校。全男性的耶鲁，尽管对于来自全男性的安多福（Andover）和埃克塞特（Exeter）预科的孩子来说是正常的，但是对这个逐渐增长的公立高中毕业生群体来说不正常，到德里克上大四这年，耶鲁四个年级的学生里有一半是英基·克拉克挑选的。

德里克担任耶鲁的最高学生职位之一：学生顾问委员会主席。这个职位给了他定期跟布鲁斯特见面的机会，德里克利用这个平台敦促布鲁斯特处理一个他不想被敦促的话题。"立刻实行全面男女同校"，德里克在 1968 年 2 月对他说，是耶鲁"最迫切的教育需求"。然而，就像学生们之前为终结耶鲁单性状态做出的努力，那些讲话毫无成效。布鲁斯特就是不想让耶鲁招收女本科生。"金曼对男女同校的想法感到**不舒服**。"萨姆·昌西解释道。他的布鲁斯特助理头衔体现不出他拥有的影响力之大。从布鲁斯特在 1963 年成为校长起，昌西就一直占据着布鲁斯特隔壁的办公室。两人每天谈话：一大早；一天当中问题出现时；如果布鲁斯特出了城，就电话联系。昌西了解布鲁斯特没有跟别人分享的想法，尽管在公开场合永远支持布鲁斯特，他私下里会在两人有分歧的问题上不受约束地挑战布鲁斯特，比如说男女同校。然而在这方面，昌西遇见了耶鲁学生遭遇的相同阻力。布鲁斯特"相信改变"，昌西评论道，"但涉及对他来说真正重要的事物时除外"。保持耶鲁的全男性状态就是其中之一。

尽管全国知名，布鲁斯特却毕生都处于一个孤绝保守世界的围墙内。作为一个全男性预科学校的毕业生，布鲁斯特上了全男性的耶鲁，就读期间在一次联谊会上遇见了瓦萨学院的大三学生玛丽·路易丝·菲利普斯（Mary Louise Phillips），一个耶鲁男人的女儿。他们于次年结婚。作为耶鲁校长，布鲁斯特整天待在男人中间，尽管他举办的优雅晚餐派对始于夫妇同桌就座，但是用餐后，男人们退到前厅喝白兰地和谈话，而妻子们被赶去别处。对布鲁斯特来说，男女处于各自平行圈层的概念如此深刻地内嵌于他那个时代的结构中，因而难以想象替代方案。

"金曼认为女孩和女人是非常不同的人。"副院长约翰·威尔金森（John Wilkinson）解释道。他是布鲁斯特亲信的一员。"他不习惯于地位跟他平等的女人。"在布鲁斯特对男女同校的反对中，他所认为的这种差异位于核心。

对布鲁斯特来说，招收女学生威胁了耶鲁的核心使命：教育出美国未来的领导者。到1968年，耶鲁已经产生了几位最高法院大法官、一位美国总统以及数量可组成一支小型军队的美国议员、州长和首席执行官。跟哈佛和普林斯顿一起，耶鲁"被广泛认为是国家领导者的培训基地"，历史学家杰尔姆·卡拉贝尔（Jerome Karabel）写道，而耶鲁在二十年后会证实这个名声，因为从1989年到2009年的每个美国总统都是耶鲁毕业生。

"作为一所全国性院校，我们的抱负就是试图为国家打造领导层。"布鲁斯特在1966年对耶鲁校友说，并且承认合适的学生是实现该目标的关键。招生办公室的职责，布鲁斯特告诉他的员工，是"用直觉判断候选人能否在耶鲁的帮助下成为领导者，无论他最后从事什么行业"。既然女人不是领导者，布鲁斯特推断，她们就会挤占本来可以给男人的有限名额。

如果布鲁斯特想获得女性有潜力成为领导者的证据，他只需往办公室窗外看一眼。往前两栋楼是耶鲁研究生院，未来的财政部长珍妮特·耶伦（Janet Yellen）正在那里攻读经济学博士，同时，未来的加州大学伯克利分校校长卡萝尔·克赖斯特（Carol Christ）正在攻读英文博士。在一栋楼之外，未来的国务卿希拉里·罗德姆（Hillary Rodham）刚被耶鲁法学院录取，而未来的康涅狄格州最高法院首席大法官埃伦·彼得斯（Ellen

Peters）在此任教，未来的儿童保护基金会（Children's Defense
Fund）创始人玛丽安·赖特·埃德尔曼（Marian Wright
Edelman）六年前从这里毕业。

对女性成为领导者的潜力视而不见并非布鲁斯特独有的
做法。根据美国人在选举投票中的选择判断，他跟他的时代
步调一致。在 1968 年秋天，五十个州的州长全部是男人，正
如一百名美国参议员中的九十九名是男人，以及美国众议院
四百三十五名成员中除十一人之外都是男人那样。耶鲁的招牌
是制造全国的领导者，如果找不到女领导者的例子——尽管女
人迄今被排除在几乎每条通往权力的途径之外——那么耶鲁就
会尽可能少在女人身上浪费招生名额。

布鲁斯特是一名老练的政治策略家，在兰尼·戴维斯社论
15 "轰炸"后的两年里，他让耶鲁学生按兵不动，因为他提出了
建立姐妹学校的可能性，这个方案可以让女人来到纽黑文，却
无须录取她们进耶鲁。布鲁斯特甚至花了一整年尝试说服全女
性的瓦萨学院放弃它在波基普西的校园，搬到 120 英里以东的
纽黑文。当该计划落空时，他准备好了另一个：耶鲁乐意建造
自己的女子学院——只要有捐赠者站出来支付超过 3000 万美
元的费用就马上开工，布鲁斯特说这是额外的教师、员工和设
备所需的成本。问题就此悬置，被巧妙推迟，直到学生顾问德
里克·希勒厌倦了等待。

德里克在 1968 年 6 月毕业，没能在布鲁斯特那里取得多
少进展，但是他跟耶鲁还没完。当布鲁斯特坐在马撒葡萄园岛
啄出他的校长报告时，德里克忙着制定自己的计划。即使他不
会亲自在耶鲁执行计划，但他认识很多后几届的学生，他们同
样厌倦了布鲁斯特在男女同校上的固执己见。也许德里克能提

供一粒火花，点燃推动变革的学生行动。

当耶鲁学生在 9 月回到校园时，他们发现德里克已经来过了。在入口的公告栏和走廊的门上，在树上和电话线杆上，德里克都贴了一张大字报，上面印了他妹妹布鲁克的大幅照片以及问句"请问布鲁斯特先生，为什么我不能来耶鲁？"你无法忽视它，上面提出了"男女同校行动"（"Operation Coeducation"）的主意，其大胆程度也是无可否认的：请一千名女生来耶鲁待一周，在老校区建造简易圆顶屋作为她们的住处。再看金曼·布鲁斯特到时候怎么说。

对于那些争取男女同校的学生来说，耶鲁可能像是一个全男性的岛屿，但大学本身并非完全没有女人。女人处于边缘，作为妻子、母亲和女友，或者作为秘书和餐厅员工而存在。少数几个甚至在通常为男人保留的角色里找到了位置。1968 年，耶鲁学院的全体教员中有两名拥有终身教职的女人——以及三百九十一名拥有终身教职的男人。耶鲁不是唯一偏爱男教授的院校，在那些早就男女同校的校园中，女教员同样稀有。密歇根大学的正教授中只有 4% 是女人，而加州大学伯克利分校的比例是 2%，尽管这两所大学从 19 世纪 70 年代起就在教育女学生。在美国大学中，耶鲁的男性主导的文化可能是个极端，但绝非异常。

尽管在严格意义上说，耶鲁的研究生院和专业学院在 1968 年是男女同校的，但这并不是女人们体会到的感受。**隐形**是她们用来描述自己的词。女研究生占耶鲁全体学生的不到

10%，她们还分散在十一个不同的研究生院和专业学院，从展望山（Prospect Hill）的神学院到两英里以南并且在高速公路另一边的医学院。

　　耶鲁对待女人的方式就好像她们比男人能力弱或不那么值得培养，这并不仅限于女人的微小数量。男研究生得到的住所是位于校园中央的一栋显眼建筑，而女人分配到的是一栋丑陋的 20 世纪 50 年代建筑物，过了公墓再走过几栋深色楼房才能到达。耶鲁医疗服务不包含妇科，那里的处方预先印好了"先生"的称谓，好像女人永远不需要医药或者不知怎的并不存在。耶鲁有世界上最好的体育馆之一，但女人禁止入内。当研究生卡萝尔·克赖斯特跟她的男同学一起到达耶鲁著名的伊丽莎白女王俱乐部（Elizabethan Club）时，他被迎接入内，而她被赶到外面的人行道上。女人不允许进入。

　　对耶鲁的女人来说，假如有某条法律或法院裁决禁止大学不公平地对待女人，生活可能会轻松一些，但是在 1968 年，美国大学对女性的歧视完全合法。宪法第十四条修正案所规定的法律平等保护还没将女性纳入保护范围。《1963 年同工同酬法》（*Equal Pay Act of 1963*）不保护职业女性，其中包括大学教师和行政人员。《1964 年民权法》（*Civil Rights Act of 1964*）第四条的保护条例适用于种族，却不适用于性别；第七条把大学排除在它的就业歧视禁令外。将要在任何受联邦资助的教育项目或活动中禁止歧视的第九条，甚至还没开始讨论。目前来说，在耶鲁争取改变女性状况的人得自己打这一仗。

　　假如耶鲁在读学生是仅有的推动男女同校的人，布鲁斯特可能会再坚持一段时间。但是耶鲁跟哈佛和普林斯顿对全国顶级高中生的争夺从招生就开始了，正是在这里，女人问题最终触及了痛处。在 1968 年秋天，塑造耶鲁方向的学生并不只是已经就读的那些，还有一直拒绝耶鲁的那些。

"仅从招生的角度讲，做出在耶鲁教育女人的决定……不仅是可取的，还是必要的。"英基·克拉克在 6 月告诉布鲁斯特。数字看上去不容乐观。到 1968 年，在耶鲁接受的学生中，超过 40% 选择就读其他大学，大多数人提出的理由是耶鲁的单性状态。更糟的是，在同时被哈佛和耶鲁录取的学生中，超过四分之三挑了哈佛，问题还是耶鲁缺乏女学生。耶鲁男人想约会的话，得乘两小时车去瓦萨或史密斯，而哈佛的小伙子想找女伴，只需要问问上课时坐在身边的拉德克利夫女孩，或者去附近的西蒙斯学院（Simmons College）或卫斯理学院（Wellesley College）拜访女人。如果耶鲁想保持自己在全国大学中前二或前三的地位，它就再也不能缺少能随时找到女人这项便利。

最后一根稻草是普林斯顿。9 月 14 日，当德里克·希勒正在耶鲁张贴他的"请问布鲁斯特先生"海报时，普林斯顿发布了一份关于男女同校的全面研究，得出结论说女学生"对普林斯顿的未来至关重要"。普林斯顿还没就此报告采取行动，它的董事们还在考虑报告的建议。但这是一个布鲁斯特无法忽视的威胁。顶尖学生被哈佛抢走已经够糟了。让普林斯顿——一所对大多数申请者来说依然次于耶鲁的学校——抢走他们可绝对不行，如果普林斯顿实行男女同校，而耶鲁没有，耶鲁很可能会发现自己跌到常春藤联盟学校中的第三位。普林斯顿的报告激起了耶鲁的"竞争感"，布鲁斯特说，还推动他进入了在其他情况下不会尝试的领域。

在普林斯顿发表报告两周后，布鲁斯特发布了一份八页

18

的备忘录，他在里面第一次提出了直接招收女性进耶鲁的可能性。他为这个改变提出了两个理由："损失了一流学生"，因为他们拒绝了耶鲁，选择就读拥有"男女同校吸引力"的大学；以及普林斯顿报告，除了竞争威胁，它还提供了一份"令人印象深刻的分析"，讲了男女同校的财政影响和直接招收女性而非开办姐妹学校的好处。布鲁斯特的依据里缺乏任何出于公正或公平的原因而招收女性的观点。尽管如此，在耶鲁实行男女同校终于提上了议程。

　　然而布鲁斯特依然拖延。他说，直到校方收到那份 3000 万美元的捐款，否则耶鲁无法推进男女同校。不，他还没问任何人。布鲁斯特提出 3000 万美元这个数字基于以下观点：实行男女同校会让耶鲁多招收一千五百名学生，也就是布鲁斯特在他的八页备忘录里提议的女本科生的数量。但是在 1968 年，如果耶鲁选择减少后面每届的男人的数量，它有足够的空间给女学生，如果它想建造设施和聘请扩张所需的教员，它还有丰厚的 5.75 亿美元资助可供动用。连英基·克拉克，布鲁斯特的盟友，都不太信任布鲁斯特的标价论据——"那是个假问题，"他说，"真的很假。"到 1968 年 10 月，除了布鲁斯特的不情愿，没有什么在阻止耶鲁招收女学生。

　　然而，德里克·希勒的"请问布鲁斯特先生"海报并非没人注意，随着 1968 年秋季学期开学，耶鲁学生对男女同校的呼声越来越大。"所以女人在哪里？"《耶鲁日报》在开学第一个周一的社论中怒吼。第二周，大三学生马克·灿格（Mark Zanger），学生争取民主社会组织（Students for a Democratic Society，简称 SDS）耶鲁分部的领导者加入攻势。"马上招女人，空话以后再谈。"他在 10 月 4 日的《耶鲁日报》专栏中要求。文中指责布鲁斯特只是在"假装"认真对待男女同校问题。

也许布鲁斯特只是希望男女同校的狂热会退却，但阿维·索伊费尔（Avi Soifer），耶鲁大四学生，不会让事情就这么算了。尽管男女同校行动以及请女学生来耶鲁待一周的想法是德里克·希勒最早提出的，阿维却是那个进行下一步的人。就像德里克，阿维上的也是一所男女同校的公立高中，在那里，女孩作为同龄人和同学再正常不过了。阿维从大二那年起就在关注男女同校问题，当时他为《耶鲁日报》报道了布鲁斯特诱哄瓦萨学院来纽黑文的尝试，他认识了几名女研究生，在她们的帮助下，他看到耶鲁的女人被以各种方式赋予一种相似但次要的生存状态。到 1968 年 9 月，阿维做好了行动的准备，在 9 月，他召集了一些朋友并开始工作。金曼·布鲁斯特还不知道这回事，但是男女同校行动——或"男女同校周"，阿维的小团体这么叫它——正在进行中。

10 月 15 日，在布鲁斯特发布备忘录，提到促使耶鲁实行男女同校的竞争压力的三周后，阿维·索伊费尔和他的团队公开了他们的计划。男女同校周从 11 月 4 日开始，会请七百五十名女大学生来耶鲁待六天。女人们会住在耶鲁学生腾出的宿舍里，听课，参加谈论男女同校的论坛和小组会议，给耶鲁男人"在比臭名昭著的联谊会更自然的情况下"跟异性接触的机会。男女同校周会向校友和公众证明耶鲁学生"对于在不久的将来实行正常的男女同校生活是严肃而真诚的"，阿维说，这会促使耶鲁现在就正式接受男女同校，而不是等到布鲁斯特永远在推迟的那个模糊的遥远未来。

阿维宣布男女同校周计划的第二天，超过五十名学生签名

加入，帮助推动计划。所需要的后勤工作令人震惊。二十二支
团队被派遣到整个东北地区的大学招募女参与者。其他学生在
宿舍楼逐个敲门问同学愿不愿意在这周搬到朋友家，好让女生
待在他们的房间。委员会需要 15000 美元来支付女生们在餐厅
的餐费。他们决定让女生们每人出 10 美元，承担一半的费用，
余下的（或者至少是其中大部分）由委员会支付，办法是让耶
鲁十二个住宿学院的社交委员会每个出三四百美元，也就是一
次联谊会的开销。委员会和小组委员会以及小组委员会的分组
开了一个又一个会。仅在一晚，阿维就去了十二个不同会议。

　　不清楚布鲁斯特之前有没有把德里克·希勒的"请问布鲁
斯特先生"海报当一回事，但他现在开始留意了。10 月 21 日，
阿维被召去会见满屋的行政人员和布鲁斯特本人。布鲁斯特不
高兴。他认为，男女同校周发生得太快了，阿维请了太多女人
来耶鲁，耶鲁学生应该更耐心一点。

　　"嗯，"阿维说，"我们还是会继续办的。"

　　"我希望你们不要。"布鲁斯特回答。但已经太迟了。

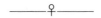

　　10 月余下的时间充满了对男女同校周的宣传，在 11 月 4
日周一，七百五十名女学生到达纽黑文，准备好了作为"耶鲁
人"度过这一周。来自瓦萨和史密斯学院，来自布林莫尔学院
（Bryn Mawr College）、布兰代斯大学（Brandeis University）和
康涅狄格学院的女孩，填写了她们的登记表，见到了那些把房
间让给她们住的男人。"整片校园都洋溢着某种激动人心的氛
围——就像一个人人身处其中的大型恶作剧，"一名来访女性

评价道，"大家总是微笑。"

有些男人在女人们到来时，还在手忙脚乱地把干净床单铺 22
上他们的双层床，但总体来说，第一天过得很顺利。来访的女
人们收到了餐票、推荐课程清单以及当周活动的日程表。阿维
的团队发出了几十篇新闻稿，《时代》、《生活》（*Life*）和《新
闻周刊》都来了，闪光灯一片。"女人也是人。"阿维告诉《纽
约时报》，而《纽约时报》把他这句话作为当周语录登出。

这周的活动可以说是五花八门。周一的重点活动是耶鲁
牧师参与的欢迎仪式。周二有一个选举日集会；共和党总统
候选人理查德·尼克松和民主党人休伯特·汉弗莱（Hubert
Humphrey）的民调如此接近，以至于结果谁都说不准。周三包
含一次跟耶鲁本科教学院长关于男女同校的讨论。但在到访耶
鲁的年轻女人心中引出最多问题的活动是耶鲁法学院电影社组
织的一次色情电影放映会，碰巧在男女同校周举办。电影在周
一晚上放映，就在老校区的一间教室里，对于活动时机尤为高
兴的《耶鲁日报》在头版做了重点报道。周一，当一名来访的
拉德克利夫学生到《耶鲁日报》所在的建筑，提出写一篇文章
时，他们分派她去报道色情电影节。

她参加了一场早场放映，看了几个十分钟短片后提前退
场。"它们的内容都是女士脱去衣物，在沙发上、床上，甚至
桌面上——独自——扭动。"她在第二天发表于《耶鲁日报》
头版的新闻中写道。她在所有那些《耶鲁日报》男记者当中为
一个色情电影节写评论的经历令人不安。"我在耶鲁……坐在
一个陌生的新闻编辑室，写一篇关于某位女士用十字架自慰的 23
报道，"她在几周后写道，"这很奇怪，也有点荒谬。我突然感
到孤立无援，而且相当孤独。"

男女同校周的大多数访客避开了那种侮辱，到周三，耶鲁学生欣喜于实验的成功。当晚，耶鲁的行进乐队以即兴游行为每周的练习作结。用小号和大号宣布他们的到来，乐队成员穿过半数耶鲁住宿学院的庭院，朝他们的最终目标前进：布鲁斯特校长的前庭草坪。

一路上，学生们走出房间，下楼加入乐队，到耶鲁学生和来访女生的人群到达布鲁斯特的房子时，人数已经膨胀到以百计。乐队演奏了耶鲁的橄榄球歌曲，布鲁斯特来到门廊，心情放松愉快，他的妻子玛丽·路易丝站在身边。"给我们约会对象！"学生们喊道，敦促布鲁斯特承诺男女同校。布鲁斯特问乐队领队能不能把喇叭借给他，然后，冲着他妻子就读的大学点了点头，向人群宣称，"瓦萨对我来说就挺好！"学生们想要一个更好的答案。"给我们约会对象！"他们重复道，这次布鲁斯特做出了承诺："到1972年，耶鲁就会有女人了！"但这不够快。"下个秋天！"学生们喊道，"1969年！"

事情从此快速推进。男女同校周"是一个非常聪明的政治行动"，约翰·特林考斯（John Trinkaus）评价道，他是耶鲁十二个住宿学院之一的主管。"它获得了全国的注意，不知怎的把整件事推到了风口浪尖。"与此同时，普林斯顿似乎做好了行动的准备。在11月7日周四的上午，布鲁斯特召集了一次会议，只有一项议程：招收女本科生进耶鲁。阿维·索伊费尔在场，《耶鲁日报》当时的主席、萨姆·昌西以及布鲁斯特的另外几个首席顾问也在场。

两天后，布鲁斯特前往纽约，会见耶鲁集团。董事欧文·米勒（Irwin Miller）从1967年起就赞成男女同校，警告说："除非有女人，否则耶鲁的招生质量……会经历一个漫长而缓慢的衰落。"持这个观点的并非只有他一人，集团投票决定，在 1969 年秋季招收五百名女学生。布鲁斯特的 3000 万美元标价问题被弃置一旁，几乎没人抱怨。耶鲁会将就着使用现有的设施和教员：设计成住三名学生的房间可以容纳四名，为女性提供的少数额外员工会用女生的学费来负担。

在布鲁斯特能把决定公开前，还需要经过最后一步。11 月 14 日，周四，他把他的男女同校提案呈送耶鲁学院的全体教员。投票以 200：1 的结果通过，唯一的反对票来自历史教授乔治·皮尔逊（George Pierson），他在 1922 年作为 17 岁新生来到耶鲁，四十六年后依然在这里。

第二天早上，在全国的精英大学校园内，校长套房里的男人们在吃惊中放下咖啡杯。他们看着《纽约时报》的头版新闻："耶鲁将在下个 9 月实行男女同校。"真的吗？**耶鲁？**大学外的人上次听到的消息是，耶鲁依然在等待某人写一张 3000 万美元的支票，而没人提到任何捐款。然而，这显然是最终决定。文章中说了，耶鲁全体教员在前一天同意了计划，耶鲁的董事们也在纽约的秘密会议中投票赞成。

耶鲁只给自己留了十个月时间来转型成一所男女同校的机构。"这是应对明年的速成项目。"耶鲁学院的教学院长乔治·梅（Georges May）告诉《耶鲁日报》。在布鲁斯特宣布男女同校的四天内，耶鲁收到了八百封来自女学生的意向书——有些还在上高中，有些已经在读大学。到 3 月，接近四千名女性提出了申请。她们来自全国各地：芝加哥、小石城、布鲁克林、檀香山、塔尔萨和克利夫兰。那么，第一步就是读完所有这些来自女人的申请，这完全在招生办的计划外。住宿问题很快也变得迫切起来，因为布鲁斯特宣布耶鲁不会因为增加了一些女人就减少招收的男人的数量。那么学生组织呢？得有人去一个个问它们会不会允许耶鲁新来的女学生加入。

　　清单无穷无尽。锁需要更换。户外灯光不足。范德比尔特大楼（Vanderbilt Hall），大一女生将要住的地方，需要安装窗帘。体育馆必须终止它禁止女人入内的规定。耶鲁医疗中心得雇一名妇科医生。还有人担心会出现怀孕。耶鲁能做什么来防止此事？

　　至于那些把一所全男性机构转变成一所女人在其中跟男人地位平等的院校的真正改变，没时间管它们。实际上，这样的改变并不是布鲁斯特想要的。他那匆忙组建的男女同校规划委员会宣布，9 月的目标，是在"尽可能少扰乱当前的耶鲁教育模式"的前提下招收女人。那些必要的扰乱得由耶鲁第一批女本科生来做。但是首先，她们得进入耶鲁。

02

女超人

新泽西州纽瓦克市郊的小瀑布镇（Little Falls），在布鲁克希尔街的一套三室牧场平房里，17岁的姬特·麦克卢尔（Kit McClure）正在写她的耶鲁申请。姬特是帕塞伊克谷地区高中（Passaic Valley Regional High）的毕业班学生，这所高中跟美国许多高中相似，就像是从一条流水线下来的。帕塞伊克谷有一个吉祥物（一只大黄蜂），铺着油毡、打蜡后闪闪发光的长长走廊，一个毕业舞会，一支橄榄球队，以及一支行进乐队。在帕塞伊克谷橄榄球比赛的中场表演上，你能在球场上的乐队里看到姬特。她是头发火红的那个，也是唯一吹长号的女孩。

姬特的父母尽管在其他很多事情上开明，却禁止此事。女孩不吹长号，他们告诉她。女孩吹长笛、拉小提琴和弹钢琴——后者是姬特从7岁起就在弹的乐器。可是姬特下定决心要吹长号，还说服了帕塞伊克谷的乐队指挥让她在放学后用乐队室的一把长号练习。到姬特的父母弄清她在搞什么时，她已经自己学会了吹奏。如今又有耶鲁的这个机会。

27　　　　耶鲁有全国最好的音乐课程之一，还有世界级的音乐厅，以及锦上添花的：一栋又一栋的科学实验楼。科学仅次于音乐，是姬特的热情所在。前一个夏天，她赢得了国家科学基金会的奖学金，7 月和 8 月待在康奈尔做研究。对姬特来说，耶鲁会是一所非常棒的大学，但是来自帕塞伊克谷高中的孩子去不了像耶鲁这样的地方。他们去蒙特克莱州立大学（Montclair State University）或帕特森州立大学（Patterson State College），或者成为美容师和汽车机修工。尽管如此，依然值得一试。也许姬特是耶鲁正在寻找的那种女孩。

　　　　与此同时，在 230 英里以北的西蒙斯学院，波士顿的一所全女子学校，雪莉·丹尼尔斯（Shirley Daniels）也在写她的耶鲁申请。在耶鲁发表声明时，雪莉已经是一名大学新生了，但是在西蒙斯的第一个秋季，雪莉认识了一个叫萨姆·库珀（Sam Cooper）的小伙子，一名来自耶鲁的黑人大二学生，他在一个周末进行公路旅行，到这里认识西蒙斯的女黑人。雪莉和萨姆聊了起来，他跟她说了耶鲁将在第二年开设的美国黑人研究专业。那将是全国仅有的此类专业之一。

　　　　雪莉从 12 岁起就住在罗克斯伯里（Roxbury），波士顿黑人区的中心。在西蒙斯，她是黑人学生组织的成员。雪莉本来更想去一所男女同校的大学，但是她喜欢西蒙斯鼓励它的女学生获得专业学位以及强调女人应该成为独立思考者的做法。然而，西蒙斯不提供美国黑人研究，就雪莉所知，它也不计划开设。想到有可能在接下来的三年里研究黑人历史，她觉得太棒了，萨姆说耶鲁不仅招收新生，也接受转学生。"你为什么不申请呢？"他问她，因此雪莉申请了，全心全意写下她为什么想在耶鲁主修美国黑人研究。

28

　　申请从全国各地涌入，因为从小到大认为耶鲁是禁地的女孩如今来争取她们入学的机会了。康妮·罗伊斯特（Connie Royster）在耶鲁几英里外的地方长大，因而对耶鲁的名声和那里提供的惊人资源有直接了解：一个藏品与全国最好的博物馆相匹敌的大学画廊，世界级的教师，以及一个欣欣向荣的戏剧圈，包含大学剧院和刚开放的耶鲁保留剧目剧院。康妮对艺术的热爱最初是在寄宿学校培养的，后来她去英国交换了一年，又在马萨诸塞州南部的女子大学惠顿学院（Wheaton College）待了一学期，变得更热爱艺术了。如果有大学能让你以成为文艺复兴时期的女人为专业，康妮会第一个报名。既然没有这种可能性，她想不到有哪所大学比耶鲁更适合就读。

　　对康妮来说，耶鲁的吸引力也有私人色彩。她的家族从20世纪初就在耶鲁的兄弟会当厨师和经理，小时候，当整个大家庭被叫来给重要活动帮忙时，康妮在兄弟会的厨房玩。康妮的家族在纽黑文的黑人社区中备受尊敬。她的祖母联合成立了全国有色人种协进会（National Association for the Advancement of Colored People，简称 NAACP）在纽黑文的分部，她的康妮姨妈全国知名，尽管大家都叫她另一个名字：美国地方法院法官康斯坦丝·贝克·莫特利（Constance Baker Motley）[1]。莫特利在1966年被任命为美国第一位黑人女联邦法官。在那之前，她在全国有色人种协进会的法律援助基金会当律师，在美国最高法院为十个案子辩护，赢了九个（第十个后来翻案了，站到了莫特利一边）。在20世纪60年代初，她成功推翻了南方许多公立大学长期以来的黑人学生禁令，包括密西西比大学和佐

29

---

[1] 康妮是康斯坦丝的昵称。

治亚大学。

康妮·罗伊斯特的名字来自她的康妮姨妈，如今她有机会申请耶鲁，这在康斯坦丝·贝克·莫特利上大学时对女人来说是不可能的。康妮的家族为他们与耶鲁的长期联系感到自豪，而她又一直是学校里最聪明的孩子之一。她当然会申请……但谁也说不准她能不能被录取。

贝蒂·施潘（Betty Spahn）没有申请耶鲁，至少没有刻意申请。一切始于她的室友卡罗琳（Caroline）开的一个玩笑。贝蒂和卡罗琳是乔治·华盛顿大学的新生，在耶鲁宣布自己将实行男女同校后，身为耶鲁校友的卡罗琳父亲给她寄来了一份转学申请。卡罗琳的成绩不够好，所以压根不打算费心填表，但是贝蒂，卡罗琳想，是耶鲁的完美人选。贝蒂刚刚在乔治·华盛顿的第一学期取得了优异成绩，在那之前，她曾是一所伊利诺伊州高中的辩论冠军。转学的初步申请只不过是一张要填成绩、课外活动和地址的表——卡罗琳能轻松提供室友的这些信息。作为玩笑，她和她们的另一名室友帮贝蒂填了表并寄往耶鲁。贝蒂完全不知情。

贝蒂来自帕克福里斯特（Park Forest），芝加哥以南一小时车程外的一个小镇。在她从小到大生活的街区，牧场平房都是在第二次世界大战刚结束时建造的，你能走进任何一个邻居的厨房，发现和你家一模一样的布局。你进去时，炉灶在左手边，水槽在一扇窗户下，而窗户俯瞰外面的小后院。贝蒂的父母是经常去教堂的共和党人，不信任东部人的道德准则。对于贝蒂决定就读乔治·华盛顿大学这件事，两人都不高兴。为什么她就不能去伊利诺伊大学呢？这对她母亲来说够好了。但是那时贝蒂已经在德国交换了一年。对于把她的世界局限在童年家园两小时车程范围内一事，她并不感兴趣。

3月初，贝蒂打开了她的乔治·华盛顿大学信箱，吃惊地在里面发现一封来自耶鲁本科招生主任的信。

"亲爱的施潘小姐，"信里写道，"招生委员会已审核完初选转学候选人，我愉快地通知你，委员会希望你提交完整资格证书。"贝蒂困惑不解。这是怎么回事？信里继续写道："随信附上最终转学候选人的申请表以及其他表格和卡片……我们期待收到你的申请。"

卡罗琳觉得这件事滑稽极了。解释完自己做了什么后，卡罗琳主张，贝蒂当然要做完剩下的步骤，而贝蒂从最初的震惊中恢复过来后，立刻同意了。耶鲁是全国最顶尖的两所学校之一，对吧？谁会放弃去那里的机会？贝蒂写了要求的论文，并连同推荐信和耶鲁要求的其他材料一起寄出。一个月后，她就会知道自己有没有进入下一轮。

1969年4月13日，耶鲁发出录取信的前一周，《纽约时报》周日版刊登了一篇长达十一页的文章，介绍向耶鲁发出申请的年轻女人，据《纽约时报》报道，每一个都有热情洋溢的推荐信、全A的成绩和完美无瑕的入学考试分数（或者接近完美）。一个跟一名塞尔维亚朋友在波斯尼亚全境旅行，在刚成立的启蒙计划（Head Start）教课，并为她的高中排演的《国王与我》（*The King and I*）编排了舞蹈场景。另一个学过盎格鲁-撒克逊诗歌和宗教艺术，希望主修中世纪研究；她整个夏天在一个纳瓦霍（Navajo）居留地辅导高中学生。然而，在长达十一页的整篇文章中，耶鲁女本科生记得最深的是《纽约时报》对她们的称呼。她们是"弗里德里希·尼采的**超人**（Uebermensch）的女性版本"。她们是"女超人"。

32 这个词就像胎记，印在那年被耶鲁录取的每个女孩的额头上。"哦，"她们听到，"你就是那些女超人中的一个。"这个词把她们彼此隔绝，因为每个新来者都疑惑，为什么这些取得超高成就的女人会想跟我这样的人交朋友呢？对于心里惴惴不安、觉得自己被录取是搞错了的学生来说，**女超人**一词增强了她们的疑惑。

那年 4 月，耶鲁寄出了两种信。大多数女孩收到了薄信封，里面装着寥寥数语的拒信。塞满了录取信和许多附加表格的厚信封才是你想要的那种。

在费城外的斯沃斯莫尔（Swarthmore）小镇里，一名邮递员走在一片由半英亩地块组成的区划里，街道的名称透露了居民的志向：哥伦比亚大道、达特茅斯大道、哈佛大道、普林斯顿南北大道、罗格斯大道、耶鲁大道。那年秋天，当 17 岁的劳丽·米夫林（Lawrie Mifflin）开始她在斯沃斯莫尔公立高中的最后一年时，这些大学中没有一所招收女人。劳丽住在德鲁大道，街区内少有的以一所已经实行男女同校的大学命名的街道。她是斯沃斯莫尔高中曲棍球队的联合队长，作为班里成绩最好的孩子之一，劳丽亲眼见到男孩不比女孩更聪明。她跟他们一样，有权尝试申请耶鲁。劳丽寄出了她的申请，然后，就像别人一样，她等待。

邮递员转入德鲁大道，走上通往 419 号的短车道。他走到前门边的墙前，抬起金属信箱的盖子，塞进一个厚信封。信里包含的通知印在最顶端，旁边还有耶鲁的徽章和校训，"Lux et

Veritas", 光明与真理。最下面是耶鲁招生主任 R. 英斯利·克拉克的签名。中间是最重要的话："耶鲁大学愉快地宣布，劳丽·米夫林被录取为耶鲁学院 1973 届学生，在此衷心欢迎你进入这个学者社区。"在斯沃斯莫尔高中那年申请耶鲁的所有男女学生中，劳丽是唯一被录取的。 33

　　录取率在其他学校同样极低：堪萨斯城林肯高中的一个女孩，洛杉矶苏珊·米勒·多尔西高中的一个女孩，以及新泽西州纽瓦克市外的帕塞伊克谷地区高中的一个女孩——姓麦克卢尔的红发长号手。

　　收到信后，姬特起初很兴奋，可是之后她想了一会儿。"哦，不。我们负担不起。"姬特对她母亲说。

　　"哦，不。我们会负担得起的。"她母亲回答。

　　在那年申请耶鲁的高中女生里，每十二个有一个被录取。当男孩要好得多，因为几率提高到了每七个录一个。耶鲁也许实行了男女同校，但这并不意味着它想成为一所女孩占半数的学校。即使在最受青睐的群体——校友子女当中，男孩被耶鲁录取的可能性也是女孩的两倍。

　　对耶鲁大二大三年级位置的竞争也同样激烈。"从两岁起，你就听说耶鲁和哈佛是**最好的**学校，"一名布兰代斯的大二学生说道，"现在你突然有了这个入学机会。"耶鲁提供的资源和项目在广度和深度上都是当时对女人开放的其他大学无法比拟的。对于很多最终进入全女子大学的人来说，一个男女同校的环境跟对耶鲁男人来说一样吸引人。随着耶鲁招生办的信件开始送达，在史密斯和卫斯理，在瓦萨和曼荷莲，收发室里充满了被录取的女孩的尖叫声，而其他人沉默地走回房间。在某些 34 情况下，一个室友进了耶鲁，而另一个没有。经历了这件事，友谊并不总能幸存。

从波士顿的西蒙斯学院，耶鲁接受了两名学生。一个是雪莉·丹尼尔斯。她最终做到了主修美国黑人研究。

雪莉的父亲欣喜若狂。"耶鲁！耶鲁！我女儿要上耶鲁了！她要上耶鲁了！"他也曾经计划上大学，尽管他很少谈论自己，但雪莉从她姑姑那里听说，他甚至曾被哈佛录取。但是当他从波士顿最好的公立高中波士顿拉丁中学毕业后，第二次世界大战爆发了，雪莉的父亲选择了参军。他服役了二十三年，从来没获得大学学位。但现在他的女儿要上耶鲁了。"她要上耶鲁了！"他反复说。

"他没法停止谈论它。"雪莉微笑着说。

在美国各地的城镇里，来自耶鲁的信封纷纷到达。贝蒂·施潘也许在收到第一封耶鲁来信时吃了一惊，但这次她密切留意着。她的父母说不上热情。两人都为贝蒂的好成绩自豪。她父亲告诉她，她能成为她想成为的任何人，但如果贝蒂要转学，为什么不回伊利诺伊州呢？她在那里也能实现梦想，而且学费肯定会便宜很多。但是贝蒂下定了决心。她会接受耶鲁的入学邀约，她只需要在之后搞清楚怎么赚到去那里所需的钱。

纽黑文当地人康妮·罗伊斯特也收到了厚信封。康妮当然激动不已，但她被录取一事依然苦乐参半。康妮在惠顿的第一年已接近尾声。她在那里交了朋友，也找到了自己的位置。惠顿支持她对戏剧的喜爱，她还主演了好几部戏。然而，耶鲁的信一来，实际上并没有选择的余地。

对康妮来说，上耶鲁是"一种重获权利或获取权利"。她的家族从世纪初就受雇于耶鲁，当时她的外祖父和他的兄弟离开尼维斯岛（Nevis）移民美国。康妮的外祖父已不在人世，但他听到这个消息肯定会开心的。康妮被录取不仅是一项个人成就，还是整个家族的成就。她决不会拒绝它。此外，那毕竟是**耶鲁**，全国最好的两所学校之一。"教育是我的家族里最重要的事，最重要的。"康妮说。她先告诉了她的室友，然后给父母打了电话。康妮·罗伊斯特要上耶鲁了。

《纽约时报》也许叫她们女超人，但是耶鲁第一年录取的大多数女本科生才十几岁。不难想象她们中的每个人坐在餐桌旁或卧室书桌前，翻阅文书，填写耶鲁每月用厚厚的信封寄来的表格，来信持续到 1969 年夏末。填表时，她们身边发生了许多她们闻所未闻的事件，这些事件开始重新塑造她们从小所见的世界。

6 月，当警察开始逮捕格林威治村一家叫石墙酒馆的同性恋酒吧的顾客时，由于厌倦了被不停骚扰，成百上千名同性恋男女出手反抗。7 月，一个男人在月球漫步。8 月，四十万年轻嬉皮士在纽约州的一个音乐节把"伍德斯托克"（Woodstock）这个名字——之前它只是卡茨基尔山（Catskills）里的某个小镇——变成了美国词汇的永久组成部分。而在全国各个地方，不管是斯波坎（Spokane）、休斯敦还是巴尔的摩，耶鲁录取的第一批女本科生都准备好了迈出教育之旅的下一步，为 9 月前往纽黑文整装待发。

————♀————

不到两周后学生就要到耶鲁了，埃尔加·沃瑟曼（Elga Wasserman），负责女性教育的校长特别助理，正在发出一连串备忘录。

致刘易斯·比奇（Lewis Beach），硬件设备管理员：女卫生间还没准备好。七间上了锁。两间马桶坏了。总共只能勉强找到十六间。

致金曼·布鲁斯特，耶鲁校长：我们需要一个女人来招生办；我会提出几个名字。我们需要写一份男女同校计划，给潜在的捐赠者看；我会着手写。另外，是的，运气好的话，我觉得等女孩们到了，她们的住处能准备好。

在耶鲁，一个女人能在这样的备忘录上签名，这令人震惊。在 1969 年的大学校园，**权力**不是一个跟女人相联系的词——在耶鲁不是，在其他地方也不是。曾经掌管像堪萨斯大学这样的大型州立学校的女教务长，二十年来一直被新设立的教学院长抢走工作，而后者总是男人。95% 的男女同校大学的校长是男人，就连一些顶尖女子大学的校长也是男的。"越高越少"这条规则适用于大学管理层的女人，因此，就像即将到达耶鲁的女本科生那样，埃尔加·沃瑟曼也在开辟新天地。

沃瑟曼是耶鲁最引人注目的女行政人员，只有她直接向布鲁斯特汇报。然而，监督男女同校的工作并不是她一个人的——至少在一开始时不是。在耶鲁集团投票实行男女同校的第二天，布鲁斯特去找他的顾问萨姆·昌西，对他说："你个混蛋，我要做这件事都是你逼的。你得把事做成。"

昌西同意暂时放下他在校长办公室的职责，转而帮耶鲁准备男女同校，但是布鲁斯特想要一个女人领导男女同校行动——叫男人来领导会显得不对劲，而且他想要一个来自耶鲁内部的女人。耶鲁是特别的。外人无法理解是什么把它塑造成现在的样子，布鲁斯特聘用行政人员时，几乎总是挑那些跟他一样在耶鲁读过大学的人。还没有女人能拥有那个资质，但一个在耶鲁工作的女人至少能够理解这个地方。然而布鲁斯特的选择少之又少。就像其他大学，耶鲁没有让聘用女行政人员成为惯例。

1968年秋天，当布鲁斯特开始寻找一个耶鲁女人来领导男女同校时，在耶鲁最高层的五十四名行政人员里，五十三个是男人。唯一的女人是负责技术服务的图书馆副馆长——算不上一个有影响的职位。把范围从耶鲁的中心管理层级扩大到研究生院和专业学院后，女候选人的名单中增加了四个：护理学院的两位教学院长和研究生院的两位助理教学院长。助理教学院长埃尔加·沃瑟曼想要这个职位。

沃瑟曼44岁，拥有一连串对她那个时代的女人来说不寻常的成就，但是当《耶鲁校友杂志》（*Yale Alumni Magazine*）在1968年12月的一篇文章里把她介绍给更广大的耶鲁社区时，它把沃瑟曼描述成"一位家庭主妇，两个孩子的母亲，溜冰和滑雪爱好者，有时充当室内设计师，化学家，教师，研究生院的前助理教学院长"，埋在句尾的是最能让她胜任这份工作的成就。实际上，沃瑟曼是一名拥有哈佛博士学位的化学家，一名大学化学教授以及一名在耶鲁研究生院有六年经验的行政人员。而且她有三个孩子，不是两个。

从耶鲁化学系在1948年聘用了她丈夫哈利（Harry），到布鲁斯特选她来领导耶鲁的男女同校时，沃瑟曼已经在纽黑文生活了二十年。在耶鲁的二十年没有把沃瑟曼变得愤愤不平；那不是她的天性。但就像每个志向远大的女人，埃尔加·沃瑟曼也受了几次伤。

她以最优等成绩从史密斯学院毕业，当她和哈利最初搬到

38

纽黑文时，他们的学历一模一样：哈佛的化学博士。哈利顺利走上通往耶鲁终身教职的轨道，但是对沃瑟曼来说，那个博士学位是条死胡同。耶鲁不聘用女化学家。相反，大学把她们安排在例如研究助理的岗位上，在这份工作里，女人原地踏步，却看到拥有相同资历的男人平步青云。这就是沃瑟曼刚到耶鲁时得到的工作。

拥有历史或英文学位的女人也好不到哪里去。在沃瑟曼刚来时，耶鲁学院的全体教员中还没有一个拥有终身教职的女人。普林斯顿和哈佛也还没有女性终身教授。但至少在波士顿，一个有博士学位的女人有可能去卫斯理或西蒙斯任教。对于那些追求在顶级大学中工作的人来说，纽黑文这个地方只有一家"公司"可选，如果你是一对博士夫妻里的女方，就像沃瑟曼，你就不走运了。"当时的女人像是男人的装饰品，而这不是我的风格，"沃瑟曼说，"我非常不快乐。"

但沃瑟曼很坚韧。她还是个小女孩时就学会了那种特质。她出生时是德国人，在她 12 岁前，她的家庭一直在柏林过着舒适的中产生活。然而，对于他们家这样的犹太家庭来说，希特勒的上位不是个好兆头，因此 1936 年全家逃走，最终在纽约大颈区（Great Neck）安顿下来。在那里，沃瑟曼掌握了一门新语言，交了新朋友，学习了新学校的日程，并且成绩优异。早年间对于克服改变的练习让她受益良多。

跟哈利搬到纽黑文一年后，沃瑟曼生了第一个孩子，在接下来的十三年里，她用有限的选项精心打造了一种生活。她同时承担一系列兼职工作，当实验室助理以及在当地的州立大学教几门课。她抚养三个孩子，也交了一些朋友。然后，在 1962年，埃尔加·沃瑟曼实现了突破。住在同一条街的耶鲁研究生院教学院长约翰·佩里·米勒（John Perry Miller）上门拜访，问她有没有兴趣当助理教学院长。这是个不寻常的举动。在护理学院之外，耶鲁当时没有女教学院长，而且米勒邀请沃瑟曼做的工作不仅是助理教学院长，还负责科学，那可是男人的地盘。当米勒同意她兼职工作，好让她在孩子放学后能回到家里时，沃瑟曼接受了他的邀请，成了耶鲁研究生院的助理教学院长，六年后，金曼·布鲁斯特就是从这个职位雇她领导耶鲁的男女同校转型。

　　以上就是沃瑟曼到 44 岁为止的人生概况，在这一年，布鲁斯特挖掘了她，让她跟萨姆·昌西一起推进男女同校。在接下来四年里，她既有追随者也有批评者。但是在所有关于埃尔加·沃瑟曼的话里，最值得注意的也许是她自己说的这句针对布鲁斯特雇用她的决定的评论："我觉得他不知道他请的是什么人，真的。"

———♀———

　　9 月 12 日，周五，第一批女本科生到达耶鲁。雪莉·丹尼尔斯是坐巴士来的，她从波士顿罗克斯伯里街区的家出发，来到市中心的线路巴士站，然后在位置上坐稳，一路乘三小时车到纽黑文。巴士在耶鲁的蒂莫西·德怀特住宿学院（Timothy Dwight College）对面把她放下，那是她所属的学院，雪莉拎着行李穿过学院的拱形入口，走进里面的院子。她几乎不敢相信。不到一年前，她都没意识到主修美国黑人研究是可能的，而如今她身处此地，准备开学。雪莉找到了她的房间，把东西从包里拿出来，然后去耶鲁校园散步。

校园颇为壮观。大学从城中升起，像一片哥特式海市蜃楼，仿佛校园空运自 15 世纪的英格兰，被利落地放在纽黑文闹市区。学校的石砌建筑及其塔楼紧挨人行道。滴水嘴兽在屋檐和屋脊凝视下方。耶鲁校园包括博物馆、音乐厅、庭院、雕塑和一栋比国家本身还老的建筑。体育馆是全世界最大的，图书馆如欧洲大教堂般恢宏。走进耶鲁这个地方，人们会把头探出去，试图把一切尽收眼底。

雪莉到的那天很安静，迷蒙细雨笼罩着城市，但是到周六，节奏就恢复正常了。纽黑文的街道堵满了挂着州外牌照、转来转去寻找停车位的汽车。学生从全国各地到来。有的坐飞机，其他的坐火车或巴士。但耶鲁第一批女本科生多半是坐汽车来的，乘庞蒂亚克和雪佛兰从宾夕法尼亚和新泽西以及锡拉丘兹（Syracuse）郊外赶来。

41

"走窄颈大桥（Throgs Neck Bridge），要开一小时二十五分钟。"一个从皇后区过来的大二女生说。她父亲驾驶家里的浅蓝色雪佛兰送她上学。"太让人激动了，我跟你说。"

耶鲁那年录取了五百七十五名女本科生：二百三十名大一新生、一百五十一名大二学生和一百九十四名大三学生。大四年级依然都是男人，因为如果不在耶鲁至少就读两年，耶鲁不会给学生颁发本科学位。在很大程度上，新来的女学生映照了她们男同学的种族多样性程度，也就是说，她们并没有那么多样。90% 的女人是白人。总共有四十名黑人女生：二十五名大一新生、八名大二学生和七名大三学生。亚裔美国女性的数字更少：三个年级加起来十三名。至于拉丁裔女生，共有三个：一名墨西哥裔的大一新生，还有波多黎各裔的大二和大三学生各一名。美国原住民女生，即便有，也没有得到统计。

整个周末，学生涌入校园，车辆横七竖八地停在教堂街（Chapel Street）上。人行道上挤满了把纸箱和手提箱搬进房间的家长和孩子，后面跟着许多记者和摄制组，他们专程赶来纽黑文记录男女同校的到来。"哦，你是一名**耶鲁**女生！"他们对女孩们喊道，"跟我们说说当耶鲁女生是什么感觉。"《纽约时报》来了，还有《国际先驱论坛报》（*International Herald Tribune*）、《时代》和《妇女日报》（*Women's Daily*）。人人都想听听女超人们会说什么。但是有行李要收拾，有室友要认识，所以年轻女人们动手搬东西，在此过程中躲避媒体。 42

周六，康妮·罗伊斯特和她的父母从他们位于康涅狄格州贝瑟尼镇（Bethany）的家开车前往耶鲁。康妮上初中时，一家人搬出了纽黑文，但是在周日，他们依然去圣公会圣路加教堂做礼拜，出了耶鲁沿惠利大道（Whalley Avenue）往上走几个街区就能到这座教堂，他们的工作和家人也在纽黑文。他们总是开车半小时来这里。然而这段旅途是特殊的。康妮的家族一辈子都在耶鲁兄弟会工作，如今康妮要作为学生入学了。她被分配到伯克利（Berkeley College），耶鲁的住宿学院之一，也拥有了三名室友：两名大三学生和一名跟康妮一样的大二学生，一个来自伊利诺伊州、名叫伊丽莎白·施潘（Elizabeth Spahn）[1]的女孩。康妮在惠顿学院时和室友很亲密。运气好的话，和这个伊丽莎白·施潘也会成为朋友。 43

在罗伊斯特一家前往纽黑文时，贝蒂·施潘独自站在分配给她和康妮的伯克利宿舍里。贝蒂的父母没办法送她来耶鲁。从帕克福里斯特过来很远，他们还有她的三个弟弟要照顾。再

[1] 贝蒂是伊丽莎白的昵称。

说了，这也不是贝蒂第一次离开家。当时，她已经在乔治·华盛顿大学待了一年，而且再往前一年是在德国度过的。贝蒂搭了她高中男友和他父亲去东边的便车，他们前往哈佛，同意让她半路在耶鲁下车。贝蒂从没去过耶鲁。她知道它很有名。但是直到旅途开始时，贝蒂提出看地图之前，她都以为耶鲁在波士顿。

车开了超过十四个小时，穿过伊利诺伊、印第安纳、俄亥俄、宾夕法尼亚、新泽西和纽约州绵延的土地。那不是一段舒服的旅程。贝蒂和男友在她读乔治·华盛顿的第一年继续约会，她还去西点军校看过他，那是他前两年就读的大学。但是在夏天，他们疏远了，当他告诉贝蒂他要转学去哈佛时，她大吃一惊。然而，他的家人责备贝蒂让他做出这个决定，因为她是那个开始质疑美国为什么出兵越南的人。

然而，他们错怪贝蒂了。确实，她越来越觉得越战不合理，但是就连理查德·尼克松总统都承诺要结束战争了。贝蒂绝非激进分子——他们在帕克福里斯特养不出这样的人，她也不是女权主义者，至少当时还不是。耶鲁第一批女本科生里几乎没人会这么形容自己。她们都知道自己的先锋地位。怎么会不知道呢？但金曼·布鲁斯特并不是唯一一个还没读过贝蒂·弗里丹《女性的奥秘》的人。"大多数人到70年代才经历了'60年代'。"小说家朱利安·巴恩斯（Julian Barnes）写道。妇女运动也是如此。

汽车在耶鲁伯克利学院的石拱入口前停下。贝蒂·施潘从后座起身，舒展痉挛的双腿。她的高中男友和他的父亲很快道了别，贝蒂看着他们的车开回榆树街（Elm Street），然后绝尘而去。贝蒂离家900英里，独自在一个没有认识的人的地方。

她拿到房间钥匙，把行李搬上石质楼梯，然后缓慢打开房门。房间完全是空的。没有室友。没有家具。耶鲁提供了一张双层床、一张书桌和一个衣柜，但剩下的家具得由她置办。没人跟贝蒂说过这个，她以为耶鲁会跟乔治·华盛顿大学一样，房间是配备全套家具的。耶鲁的做法肯定不一样，她想。至少他们给她寄了一张明信片，写了她三个室友的名字。两个是大三学生，但剩下那个像她一样，是大二学生：来自康涅狄格州的康斯坦丝·罗伊斯特。也许康斯坦丝是贝蒂·施潘需要的朋友。

在树丛街（Grove Street）的男女同校办公室，埃尔加·沃瑟曼因为搬入宿舍进展顺利而高兴。她和萨姆·昌西联手筹备 9 月开学，成效卓著。昌西设法让范德比尔特大楼的大一女生宿舍整修一新，沃瑟曼则用她在耶鲁研究生院出了名的利落办事风格高效地处理了其余所有事。在耶鲁医疗中心安排妇科服务？完成。给女学生分配室友？完成。给佩恩·惠特尼体育馆增加女更衣室？完成。给每个入学的女生分配学术指导教师？完成。给女学生的迎新会安排演讲者？完成。然而并非所有事情的走向都与沃瑟曼在刚上任的几个月里所设想的相同。

让耶鲁转型为一所女人在其中跟男人一样觉得舒适愉快的大学，这个任务已经非常艰巨了。机构并不会如此轻易地蜕去历史。但是在女生到来前，金曼·布鲁斯特设置了两条基本原则，把沃瑟曼的任务变得更加艰难。

第一条原则是，增加女人不能减少耶鲁男人的总数，所以女人的数量远远少于男人，男女比例达到 7:1，而这一比例的代价很快就会显现。第二条基本原则是，女人要平均分布在耶鲁的十二个住宿学院，这样就把她们原本就少的人数进一步稀释了。这些学院远不只是拥有华丽名字的宿舍。它们是广阔校园里的封闭社区，有自己的教学院长、教师团体和院长（学院的主管）。耶鲁没有供本科生聚集的学生中心。相反，有十二个学院，每个都面对内部的中央庭院，而要进这个庭院，只能穿过学院大门。学生在自己的学院吃饭，在自己的学院形成最亲密的友谊，参加自己学院的社交活动，参与自己学院的学生管理，并且从大二起住在自己的学院。

关于学院特质，产生了一些刻板印象——进卡尔霍恩（Calhoun College）的应该是喝啤酒的运动员，埃兹拉·斯泰尔斯（Ezra Stiles College）盛产怪人——但这样的特质描述经不起推敲。耶鲁力图使每个学院成为大学整体的缩影，所以他们在学生大一入学前的夏天就帮他们选择了学院。转去另一个学院需要各种各样的许可和文书工作，所以学生一般都待在耶鲁给他们分配的地方。对于耶鲁长期为之服务的白人男性本科生，这个系统创造出了一个更小、更亲密的环境。对于少数群体——有色人种学生、女生，把原本就小的数量进一步分割，只能让情况变得更糟。

大一女生看似避免了这种分裂，因为她们都住在老校区的范德比尔特大楼——除了分配到蒂莫西·德怀特学院的十几个。然而即使在这里，住宿学院的区隔依然把女生们彼此分开。如果你在特朗布尔（Trumbull College），那么你的室友也在那里，走廊对面的女生同样如此。这些女生就是你会在吃饭和参加学院社交活动时见到的人。耶鲁也许有二百三十名大一女生，但每个人到毕业时可能都没见过同届的大多数女生。大二和大三女生的情况更难，因为耶鲁把她们划成三十人一组，分到每个学院，在那里她们跟二百五十名男生住在同一栋楼，尽管不在同一层。 47

布鲁斯特本人起初反对把女人们分开。女学生不应该作为"一个孤立的少数群体"被安置在每个学院，男女同校的决定通过后，他立刻这样告诉住宿学院的院长们。解决办法很简单：有些学院会在男女同校的第一年拥有女学生，但是其他的要等到女学生的数量增加后才有。耶鲁的男学生，或者至少是布鲁斯特倾听的那些，对此看法不同，他们强烈要求把女人分配到全部十二个学院里。到1969年2月，布鲁斯特妥协了。每个学院将拥有自己的一小群女孩。正如《耶鲁日报》的一位专栏作者解释的那样，耶鲁不得不把女人们分开，"通过给每个本科生一块——或者至少看一眼——蛋糕来防止春季暴动"。如果代价是创造了一个对女人来说更艰难的环境，嗯，那就这样吧。

尽管布鲁斯特早就不再听取她的意见，埃尔加·沃瑟曼依然反对分裂女人的决定，她在8月的一封信里向即将到来的女学生保证，耶鲁很快会实施计划，把女生的入学人数从最初的五百七十五人增加到"至少一千五百人"，也就是布鲁斯特最初承诺的数字。那个目标依然会让女学生的数量以1:4的比例少于男生，但这至少是个开头。然而事实证明，连实现那个有限的目标也比沃瑟曼预计的要难得多。

等女学生到达时，沃瑟曼已经独自监督男女同校了，昌西搬回了他在布鲁斯特隔壁的办公室。沃瑟曼做好了领导的准备，她也拥有所需的智慧和魅力。"当她走进房间时，有种棱角分明的东西，但那种棱角分明像是一颗切割精细的钻

48　石。"一名在沃瑟曼的男女同校办公室实习的学生说。"她闪闪发光……不是因为她浮夸，是因为她的智慧和她的个人活力。"但是令掌权的男人如鱼得水的特质，对女人来说并不总是如此。

到9月，沃瑟曼担任她在耶鲁的新职位就满七个月了，她开始看到自身处境的种种限制。她刚得到这份工作时，一名男同事描述她是"一个不咄咄逼人的聪明绝顶的女人"。然而，那不仅是对沃瑟曼的描述。那是一项工作要求。作为女人过分咄咄逼人，你就会被贴上"强硬""好斗"或"难缠"的标签。而没做到咄咄逼人，就什么也不能改变。对于耶鲁的女领导者来说，两者的间隙只有几英寸宽。因此沃瑟曼学会了待在"安全的中间地带"，这是她的原话，但是这并不意味着她对此感到满意。到耶鲁的新职位就任时，她对于想完成的目标拥有十分明确的展望。

耶鲁可以成为女性教育领域的领导者。它可以向全国展示如何建立一个这样的机构：在这里，有才能的女人可以得到跟男人相同的机会。这份工作不仅仅和学生有关，沃瑟曼想。全体教师、职工、女研究生和大学毕业后的事业，这几方面耶鲁都需要发展。一直到9月，耶鲁仓促的男女同校决定所造成的后勤危机索取了沃瑟曼所有的注意力，但是现在大部分问题都已成为过去，有时间考虑真正的改变了。而这正是事情开始变得含糊不清的地方。布鲁斯特打算把她需要的权力给她呢，还是说她只是在决策者离开房间后被叫来收拾细节的人？沃瑟曼知道她想要的角色。但她在耶鲁待得足够久，能分辨出种种迹象，那些迹象说明她可能最终只是那个拿扫帚的女人。

49　也许头衔是件小事，但是每次不得不把它放在信件底部时，她依然内心刺痛：负责女性教育的校长特别助理。这是"一个荒唐的头衔"，沃瑟曼说，一长串没人能说对的拗口词语。"耶鲁学院副教学院长"是她想要的头衔。副教学院长在耶鲁是一个能够辨认的职位，一个被男人占据的职位。从沃瑟曼在研究生院的助理教学院长职位踏入这个职位符合逻辑。但布鲁斯特说不行。耶鲁学院的一些男教学院长反对，他告诉她，解释说他们觉得让女人持那个头衔会贬低他们的身份。所以沃瑟曼成了一名"特别助理"，一个完全偏离耶鲁等级体系的职位。

　　这种轻慢，如同沃瑟曼承受的很多蔑视，学生是看不到的。但是每次沃瑟曼在耶鲁的地位降低，她为年轻女人们——她们正在耶鲁打开行李——争取利益的权力也会减损。

　　在整个耶鲁校园，女学生们陆续到达。对于希望获得女友的耶鲁男人来说，搬入日提供了认识新来的女人的机会，免得最漂亮的都被人挑走，耶鲁男人动作迅速地把自己介绍给分配到他们学院的三十名大二和大三女生。范德比尔特大楼的二百三十名大一女生尤其有吸引力。一方面，有更多的人可挑，他们还有这样的想法，大一的女生也许比大二大三的女生更容易被耶鲁男人的魅力折服。

　　在范德比尔特的庭院里，男人们等待着，打量每个新来者。当一个女孩吸引了他们的视线时，他们就带着微笑跳上前去，主动提出帮她拎行李。有些男人跳过这一步，直接去敲已经搬进来的女人的门。"哦！我大一时住在这里！"他们告诉女

50

孩们，后者邀请访客进来，好让他们看看有什么变化。男孩们
51　打量完房间后，会留下聊一会儿天。最终他们离开，微笑着道
别。"哦，真好。"女人们对彼此说。然后，在几层楼下，男人
们敲开另一扇门，对应门的年轻女人大喊："哦！我大一时住
在这里！"

到周日，天气转热，当天到达的女学生——有的穿蓝色
喇叭裤，其他的穿短裙或连衣裙——感激地接受了男人们的提
议，让他们帮忙把行李箱抬上范德比尔特长长的楼梯。在那
些往返于汽车和宿舍、忙于搬运东西的人当中，很难忽略姬
特·麦克卢尔。她的红发如波浪般垂到肩头，而且从她的汽车
里搬出了长号。对于一个 20 世纪 60 年代的美国女孩来说，这
就像一件鲜艳的走私货。其他几名新生带来的东西同样令耶
鲁男人困惑。吹风机、打字机、海报和台灯——这些在意料之
中，但是从一辆旅行车里走出一个女孩，她带着一根光滑结实
且顶端弯曲的棍子。劳丽·米夫林从斯沃斯莫尔跟父母开车过
来，连同其他东西一起，把她的曲棍球杆拿进了房间。为耶鲁
打曲棍球令人兴奋。但愿她的实力足以加入校队。

从汽车到宿舍房间的往返重复了许多次，直到最终有家
长开始道别，母亲试图不哭，父亲则早就练习过避免这样的情
绪。这个时刻也令耶鲁第一批大一女生相当忧伤。大多数人是
第一次离开家。

1969 年到达耶鲁的五百七十五名女本科生来自西海岸、
东海岸和两岸之间的大多数州。她们来自大城市、郊区和小到
地址是乡村免费邮递处编号的地方。她们种族（race）和民族
（ethnicity）不同，家庭背景也不同，有人需要而有人不需要担
52　心家里有没有能力支付耶鲁当年的食宿费和学费，总计 3600

美元——这笔钱在当时可以买两辆大众甲壳虫汽车。从很多方面来说，五百七十五人组成的团体的差别能有多大，耶鲁第一批女本科生的差别就有多大，但她们确实拥有几个共同点。

这些女孩很聪明——比男孩聪明，第一学期的成绩将会证明这一点，而且她们很坚强。或者说，这至少是她们在申请材料中表现出的样子。

萨姆·昌西和埃尔加·沃瑟曼对于当年录取哪些女生做了最终决定。到耶鲁决定招收女性时，招生办已经开始读男学生的申请材料了，所以达成了一个折中方案。招生办的员工会负责对女生申请材料进行最初处理——保证资料完整，把它们分类装进文件夹，把文件夹整理成一堆一堆的档案盒——而沃瑟曼和昌西从这里接手。整个冬天，两人一小时又一小时地翻阅近五千名女性的申请材料。

一般来说，耶鲁采用一种由两部分组成的评价系统，强调申请者的领导潜质以及智力，这既反映了耶鲁自诩的使命，也反映了在布鲁斯特成为校长前，耶鲁长期存在的反犹主义。耶鲁在 20 世纪 20 年代停止了仅根据学术表现录取学生，因为当时有太多犹太人开始通过入学考试。到 20 世纪 40 年代，《耶鲁校友杂志》把耶鲁的使命定义为教育出"相当不像学者"但显示出"品格、个性、学校事务中的领导能力以及类似特质"的"优秀公民"（"fine citizens"）。招生标准就这样持续了许多年。到 20 世纪 60 年代末，耶鲁经济学教授埃德·林德布卢姆（Ed Lindblom）为招生委员会效力时震惊地发现，耶鲁招生办的员工把优秀的学术能力看作"人格障碍、疾病或古怪的来源"。

尽管对诸如品格的衡量标准有其固有的主观性，但耶鲁

53

的招生过程至少表面看来是客观的。每个文件夹都有两名审读者。每名审读者在两个不同维度上给申请材料从一到九打分：学术潜力和个人潜力，也就是领导力。三十六是完美的分数，两个审读者在两个维度上都打了九分。然后这些分数会被压缩成四个数字之一：最有实力的申请者是一，相对有实力的是二，不太出色的申请者是三，最弱的这组是四。招生办的员工做了这个初始评分工作，然后从 3 月初到 4 月上旬，由教员和耶鲁学院教学院长组成的招生委员会跟员工讨论决定录取哪些申请者。得一分的人几乎都录取了；四分的从来进不了，而大部分商议集中在二分和三分上：哪些录取，哪些拒绝，哪些候补。

对于在 1969 年入学耶鲁的男学生，这就是用来挑选他们的程序，但是没时间给女人走这个流程了，此外，昌西和沃瑟曼在第一批女生身上寻找的是一种对男人来说不那么必要的品质。在筛选完学术表现后，他们挑选女生的标准是勇气。

有四个兄弟，就读于大型高中，工作过一年，在国外生活过，参与体育运动，经受过创伤事件的女孩——这些是昌西和沃瑟曼想要的人。耶鲁的第一批女本科生可能还没理解什么样的挑战在等待她们，但昌西和沃瑟曼理解。"没必要招收胆小的女人然后把她放进这个环境，"昌西说，"因为它会压垮你。"

03

千名男领袖

劳丽·米夫林准备好了打曲棍球。从 11 岁起,她每年秋天都打,她的高中里有很多女孩也打曲棍球。斯沃斯莫尔的街道也许是以只有男人能就读的大学命名的,但是每年秋天,操场满是挥舞曲棍球杆的女孩,用尽全力把球击打到球场另一边。"身为球队成员能给你自信和力量。"康斯坦丝·阿普尔比(Constance Applebee)说。她在 1901 年把曲棍球引进到美国。劳丽把她的护胫和一袋球连同球杆带到了耶鲁。她只需要搞清楚如何报名球队。

耶鲁迎新周的日程列出了五六个男子运动的介绍会,却没提到曲棍球,因此在跟父母道别后,劳丽前往校园的另一边,也就是运动办公室的所在地。"我要在哪里报名曲棍球?"她问桌子后的男人。他看起来困惑不解。没有地方报名,他告诉她。没有球队。没有女子足球队,也没有女子篮球队,更没有女子网球队、游泳队和划船队。耶鲁不提供任何女子竞技运动。

擅长运动的女孩确实有几个选项可选。劳丽可以选修现代舞、芭蕾和某个叫作"女子健身"的课程，后者就是提供给男人的健身训练的注水版。她可以跟来自南康涅狄格州立大学的一名兼职教练学习花样游泳。她能帮助训练马球赛马，但女孩不能加入球队，此外她还能当啦啦队员，算是能吧。耶鲁的啦啦队宣布，当年他们会接纳四名女孩加入队伍，这个限制让队里的九名男人占多数。不要"女孩风格"的啦啦队。"在耶鲁，我们不要'啦啦叫好'的啦啦队员。"队长如此警告考虑试一试的女生。耶鲁的啦啦队富有男子气概，会的都是肌肉海滩上的把戏，例如倒立、叠罗汉和前滚翻。小伙子们穿长裤表演，女孩们则穿短裙裤，裸露大腿。

劳丽·米夫林对于参加啦啦队或者耶鲁提供给女人的其他选项都不感兴趣。没有曲棍球？难以置信。

劳丽喜爱在团队里打球，她会想念这一切：竞争的肾上腺素，队员之间建立的情感纽带，日常练习的安排以及比赛的乐趣。有什么比这样的一天更有意思呢？9月里，空气中充满落叶的气味，阳光照在你的皮肤上，你的朋友完美传球，你挥杆射门，球正好落在守门员的指尖之外，球进了。耶鲁没能提供女子运动队伍，这也让女学生丧失了代表耶鲁上场竞技所带来的关注和名望。和其他大学一样，耶鲁的运动员是校园明星。但只有男的才能成为其中一员。

56　　其他学生团体的情况好不了多少。《耶鲁日报》说它欢迎女人，但如果你看署名行，你几乎看不出耶鲁已经男女同校。其他团体直接禁收女人。"让女孩参与合唱会把声音变得低劣。"耶鲁最著名的合唱团耶鲁威芬普夫斯（Whiffenpoofs）的一名成员说道。威芬普夫斯每年进行国际巡演并制作一张唱片专辑，但他们觉得没理由允许女人加入。为了保证新来的耶鲁女生不抱怨被排除在外，成员们先发制人，帮助成立了一个全女子合唱团，新蓝（New Blue）。他们如此推论，如果女人有自己的合唱团，她们就不会要求去威芬普夫斯试音了。

不是所有学生组织都这样对待女人。康妮·罗伊斯特立刻在耶鲁戏剧协会——大家都称之为"戏协"——找到了自己的位置。许多不太出名的学生团体——远足俱乐部、文学杂志、数学俱乐部——欢迎女人加入。但女孩们依然被耶鲁课外生活的主要组成部分拒之门外：所有竞技运动，耶鲁六个无伴奏合唱团中的五个，行进乐队，以及耶鲁最精英的高级社团，即秘密兄弟会，其成员包括耶鲁最杰出的一些学生领袖。

姬特·麦克卢尔还不知道耶鲁的行进乐队不接受女成员。她计划在乐队里吹长号，就像她在高中做的那样。但是早在1月，耶鲁还没把录取信寄给女本科生时，乐队指挥基思·威尔逊（Keith Wilson）就打电话给萨姆·昌西，说明行进乐队会保持全男性状态。女人如果够好，可以去管乐团演奏，威尔逊说，但是行进乐队的小伙子们告诉他，他们不想让任何女孩跟他们一起行进。此外，没有一所常春藤联盟高校的行进乐队准许女乐手加入，十大盟校（Big Ten）的大部分成员在这件事上也是如此。威尔逊认为耶鲁没有理由与众不同。

昌西给埃尔加·沃瑟曼发了一份备忘录，转述通话内容。"听起来没问题。"她在回复里写道。她不可能解决耶鲁的所有不公正，至少无法立刻解决，也许沃瑟曼低估了课外活动在耶鲁生活中的重要程度，毕竟她总是在教室里取得成就。一个月后，她的男女同校规划委员会将其变成官方态度，即漠视女人被排除在耶鲁学生团体外。"如果（学生）活动不乐意招收女性加入，不应对其施压。"会议记录如此写道。耶鲁也许给它的年轻女学生分配了睡觉的房间，也允许她们注册课程，但是运动员、行进乐队成员和其他有声望的学生职位等角色依然专属于男人。

劳丽·米夫林拒不接受。去他们的，她想，我不会让他们阻止我。劳丽认识了另一个打曲棍球的学生，两个女孩开始聊天。几天后，手写传单出现在了范德比尔特大楼的各层门口："有人想打曲棍球吗？联系范德比尔特23号房间的简·柯蒂斯（Jane Curtis）或范德比尔特53号的劳丽·米夫林。"劳丽并不把自己看作女权主义斗士。她从没想过：我必须这么做，为女性而战。她只想打曲棍球，即使耶鲁觉得"女子健身"就够好了。"听命行事成不了大气候。"美国曲棍球创始人康斯坦丝·阿普尔比这样教导她的球员。这个教训劳丽·米夫林早已懂得。

至于姬特·麦克卢尔，好吧，她也从来不太擅长遵守规则，而且这不是她第一次听人说因为她是女孩，所以她不能在乐队里演奏。高中时，有个小伙子听说姬特吹长号，问她想不想加入他的摇滚乐队，可是当她到场排练时，乐队的其他成员反应一致：不允许女孩加入。

带姬特去排练的小伙子定了个办法。在三个月的时间里，乐队会面试来自周边三个县每个高中的长号手，如果他们能找到一个长号吹得比姬特好的小伙子，他们就收他。乐队其他成员没有哪个需要经过那种测试，但是三个月后，位置是姬特的了。至于耶鲁行进乐队，昌西和沃瑟曼也许让步了，但姬特不打算退缩。指挥基思·威尔逊屈服了——但除了姬特不能再有别的女孩。一个就够了。

————⚲————

在宿舍房间里，躺在二手沙发上，或者坐在户外的秋日暖阳下，耶鲁男人们研究他们的《老校区》(*Old Campus*)，耶鲁新生名册。它小到可以随身携带，一本只有半英寸厚的平装书。里面是一页又一页的一年级学生的照片，既有男生也有女生，此外还写了他们的高中、昵称、耶鲁宿舍楼和房间号。《老校区》名册已出版多年，但是随着男女同校的到来，1969年版给耶鲁男人提供了一份非常宝贵的资源：花 3.95 美元，他们就能拥有一份囊括校园里每个大一女孩的目录。"我觉得耶鲁的每个男人都把那本书里的信息背下来了。"一名大一男孩评论道。

男人们把他们的《老校区》小册子物尽其用，选出他们眼中有吸引力的女人的照片，然后打电话约她出来。《老校区》富有事业心的学生编辑看到了市场机会，因此跟 1973 届的版本一起，他们出版了 1971 届和 1972 届的《老校区》增刊，收录大二和大三女生的照片和信息。他们甚至没费心加上男转学生的照片。大家感兴趣的是女人。有着七个男人对应一个女人的比例，想尝试跟耶鲁女孩约会的小伙子们得动作快点。

有些男人非常专心研究这些书，因而能认出他们从没亲眼见过的耶鲁女生。有一天在从体育馆回去的路上，大三学生杰茜·塞尔（Jessie Sayre）被一名耶鲁学生拦住。"抱歉——你是不是叫塞尔？"他根据她的照片认出了她。为了防止耶鲁女生胡乱猜测那些寻求她们注意力的男人到底想要什么，《耶鲁日报》在当周周一的头条新闻里把它说得清清楚楚："本周，耶鲁大学校园从年度夏季午休中醒来，发现自己二百六十八年

59

的独身生活已告一段落。"对某些耶鲁男人来说，在 1969 年来
到耶鲁的不仅仅是女人，到来的是性。

与耶鲁本科男女同校几乎同时到来的，是另一个正在重塑
美国大学校园的重大改变。性革命进行得如火如荼——至少新
闻标题都这么说，在其影响下，大学长期用来限制学生性事的
规定正在被扫地出门。行政人员不应该插手跟他们无关的事，
学生们主张，在停下来考虑了一会儿后，大学行政人员往往会
同意。耶鲁的女孩"将必须遵守跟男孩相同的规定——也就是
基本上没规定"，《纽约时报》啧啧反对道。"很多校友以及一
些学生都担心今后的道德水平。"

耶鲁管制学生性事的旧规定依然有所残留，至少在纸面上
如此。严格来说，午夜后，不允许女孩留在男孩的房间，也不
允许男孩留在女孩的房间，耶鲁的本科守则把违反这些探访时
间的做法划为"大学尤为关切的"十条过错中的第九条：不如
作弊、暴动、吸毒和不当使用灭火器严重，但排在未经许可拥
有万能钥匙之前。然而，没人执行耶鲁关于宿舍房间访客的规
定，连范德比尔特大楼的大一女生宿舍入口的门卫都不怎么阻
拦试图进入的男学生。在午夜前的任何时间，一张耶鲁学生证
就能过门卫那关，午夜后，他们爬过女孩们专门为他们开着的
一楼厕所的窗户，轻松应对挑战。

男学生能轻松接触耶鲁女生这件事并没有困扰埃尔加·沃
瑟曼。跟很多人一样，她把性规范的转变看作进步的象征，大
学把巡逻保卫女学生的贞操视为责任的时代结束了。"耶鲁是
一所当代的城市大学，叫我们设置不合时宜的守则是不现实
的。"那年夏天，她向即将到来的女学生的家长写道，"因此，
你的女儿会被要求自己做出很多决定。"如果耶鲁男生能自由

选择拥有性事，那么耶鲁女生应该也能自由选择。然而，一个问题阻挡了那个目标：怀孕的风险。

答案当然是节育，到 1969 年，距离能获取避孕药已经过去近十年了——如果你已婚。在康涅狄格州，跟很多州一样，给未婚女性使用节育措施和开具相关处方都是非法的，这个状况持续到 1972 年，那时美国最高法院判定此类禁令违宪。

但是只要耶鲁愿意，它就可以绕开那个问题。大学受益于跟地方当局的君子协定：耶鲁按照自己的标准监督学生的行为，在大多数情况下，警察睁一只眼闭一只眼。比如说，康涅狄格州的合法饮酒年龄是 21 岁，但你从耶鲁学院院长为新生组织的雪利酒派对上的豪饮或者在耶鲁赞助的联谊会上喝掉的啤酒桶当中根本看不出来。如果耶鲁想让自己的本科生获得节育措施，那么它就会着手去做。

管理耶鲁医疗中心的男人们抗拒这个想法，害怕能获得节育措施会鼓励滥交，但沃瑟曼对这样的观点缺乏耐心。来自提供避孕用品的大学的数据不支持这些观点，而且它们反映出了"作为公主、备受保护且纯洁无瑕的女人"的过时形象，她争论道。担任男女同校规划委员会主席之初，沃瑟曼就和罗伯特·阿恩斯坦（Robert Arnstein）讨论过这件事，后者是耶鲁医学院的首席精神病学家，也是她的规划团队的一员。两人都同意耶鲁应该给女本科生提供妇科服务，但需要合适的人去管理。鲍勃·阿恩斯坦[1]有建议的人选。

菲利普·萨雷尔（Philip Sarrel）是一名耶鲁培养的妇科医生，阿恩斯坦是在萨雷尔给耶鲁医学生设计的性教育课上认

[1] 鲍勃是罗伯特的昵称。

识他的。萨雷尔在一个全国科学家委员会任职，与美国性研究领域的所有知名人士共事，包括金赛研究所（Kinsey Institute）的保罗·格布哈特（Paul Gebhard）和马斯特斯与约翰逊（Masters and Johnson）研究小组的威廉·马斯特斯（William Masters）。他的妻子洛娜（Lorna）是耶鲁-纽黑文医院的儿科社工，这对夫妇足够年轻，刚30岁出头，所以耶鲁学生不会认为他们太老或跟不上时代。沃瑟曼同意萨雷尔是正确的选择，阿恩斯坦拿起了电话。

62　　　对菲尔·萨雷尔来说，为耶鲁新来的女本科生开始提供一项妇科服务的工作再合适不过了，但是当阿恩斯坦提出邀约时，萨雷尔提了三个条件。第一，"我不单独任职"，他说，"洛娜跟我一起。我们会像马斯特斯与约翰逊那样团队合作"。第二，这对夫妻会教授一门对每个本科生开放的人类性学课程。第三，萨雷尔夫妇不想只是发放避孕套、子宫帽和开避孕药处方，他们想在保密的性咨询服务的框架内做以下事情：解答学生们关于性的困惑，并促使他们从自身目标和价值观出发，仔细思考自己在性方面的决定。

　　菲尔·萨雷尔的提议远远超出了阿恩斯坦和沃瑟曼最初的设想。对当时的耶鲁来说，萨雷尔和他的妻子作为专业团队工作的主意已经足够不寻常了，竟然还要教授一门人类性学课程和经营一项性咨询服务？对全体学生开放？全国没有其他大学有类似事物。沃瑟曼很高兴。这正是她为耶鲁设想的那种领导角色。

　　假如只有沃瑟曼支持萨雷尔夫妇的性教育方法，这个主意可能就此消亡。但是作为布鲁斯特的密友，阿恩斯坦广受尊敬，而他也支持这个主意。如果鲍勃·阿恩斯坦为菲尔·萨雷尔担保，那么萨雷尔一定没问题。此外，那年春天，一个有力的激励因素在起作用，它让耶鲁的男性行政人员变得比平常更愿意接受请菲尔·萨雷尔这样的进步人士来耶鲁。

"关于男女同校中的性这方面，有一种非常焦虑的情绪，"洛娜·萨雷尔解释道，"男性行政人员认为所有这些女人都会很快怀孕；他们极其害怕怀孕，而这让他们倾向于认为，'我们得做点什么'。"

63

人们不仅仅担忧怀孕女学生将面临的后果。行政人员也在想："把她们搞怀孕的这些小伙子会怎么样？"沃瑟曼在2月把这件事放上了男女同校规划委员会的议程。菲尔·萨雷尔的提议也许对耶鲁来说有点过头，但总比怀孕的合校女生在校园里游荡要好。委员会投票通过。耶鲁性咨询服务会在10月初，也就是新学年开始几周后开放。

9月17日，新学期第三天，沃瑟曼给所有新来的女学生开了一次迎新会。"强烈建议你参加。"通知会议的备忘录写道，而大多数女生确实去了。这是那年到达的五百七十五名女本科生中的大部分人唯一一次共处一室。沃瑟曼当晚的议程涉及面很广——"现在和未来的耶鲁男女同校计划"，但那不是学生们所记住的部分。

它"非常吓人"，一名来自科德角（Cape Cod）小镇的大一女孩说。"埃尔加·沃瑟曼让我们所有人在一间演讲厅里坐下，然后说，'到圣诞节，你们中的6%将会怀孕'。"

数据统计来自类似的年轻女性人口。没有理由认为耶鲁在缺乏干涉的情况下会有所不同。然而，不管媒体如何渲染性革命释放出的"力比多"，当晚聚集在耶鲁的斯特拉斯科纳礼堂（Strathcona Auditorium）的年轻女人里有性经验的并不多；

64　75%的大一女生是处女，而本科生总人数的一半也是处子之身。一些耶鲁女生欢迎这种两性关系中新的公平。"对我来说，这是新时代的黎明。"一位大二女生解释道。"我是说，这是妇女解放的精髓。如果你只是坐在那里心想，'哦，天哪，他在看我'，你可能觉得受到了侵袭和被人审视。但是就我而言，是**我在看他**。"然而对很多女学生来说，这个新时代来得太快，她们措手不及。

当晚在斯特拉斯科纳礼堂的大会上，沃瑟曼介绍了菲尔·萨雷尔。他跟女孩们讲了将在几周后开放的性咨询服务，并给了她们用来预约的电话号码，预约理由可以是需要避孕用品、怀孕了或者只是想谈谈当时的恋情。

"我表现得非常冷静，"一名来自芝加哥的大一女孩说，"但我心里在想，'我的天！他们觉得这些都会发生在我身上吗？'"

到晚上九点，沃瑟曼的迎新会结束了，女孩们鱼贯走出斯特拉斯科纳礼堂，有的因为刚才听到的话而双目圆睁。但这不会是她们最后一次遭遇性的问题。在接下来一两年里，她们有时似乎无法摆脱它。

留给学生注册和搬入宿舍的日子过得飞快，女人们忙得团团转，布置房间、买书以及认识一连串新人：指导教师、新生顾问、学院教学院长、学院院长和其他男人们——这么多男人。但是在9月18日周四，课程开始了。

来自曼哈顿的新生达里娅尔·斯尼德（Darial Sneed）是

她的经济学课上唯一的女人。"女士和先生们，大家好。"教 　65
授进入房间后说道，用这个小笑话开启新的一天。班里每个小
伙子都转过去盯着达里娅尔。

　　耶鲁也许自称已实行男女同校，但是当年 87% 的本科生
是男生，到"男女同校"第一周的末尾，新来的女学生开始理
解这个倾斜的比例将如何塑造她们在耶鲁的体验。"最糟糕的
是持续引人注目，这种事在亲身经历前是想不到的。"一名大
一女孩说。正如一名教授观察到的，耶鲁的女学生被剥夺了
"我们中任何人能获得的最珍贵的权利……那就是能够消失的
特权"。相反，年轻女人们知道自己总是被人观看，这让她们
在生活中深受困扰。

　　"作为女人，每个人都知道你在耶鲁的一举一动。每个人
都知道你在跟谁约会，"塞布鲁克学院（Saybrook College）的
一位大二女生解释道，"你搬进那里，你是数量极少的女人中
的一员，所有男人都知道你每分钟做了什么。"餐厅是最糟糕
的部分。每个女人在进门的那刻就感觉到了：四十双男人的眼
睛观察她走上长长的中央过道去供应食物的地方，四十双眼睛
观察她端着餐盘去餐桌，四十双眼睛观察她每次起身去取一杯
牛奶或咖啡。所有那些男人的注视令人极度不自在，因而两名
大一女孩有了个约定。如果她们中的一个起身拿咖啡，她们两
人都会去。不知怎的，这让情况变得不那么可怕了。

　　在耶鲁性别限额所导致的日常困难下，隐藏着随之而来的
象征性刺痛：如果一个女人想知道耶鲁有多看重她的价值，只
需要想想耶鲁优先录取男人。在实行男女同校前，那种偏爱浓 　66
缩成了一句标语："千名男领袖。"他们的理由是，耶鲁对国
家的责任是每年毕业一千名领导者，考虑到男人是领导者而女

人不是，那么男人应该在招生时得到优待。金曼·布鲁斯特否认自己说过这样的话，但是耶鲁的每个女人，包括他妻子，都认为他说过。同样的理由在一开始拖延了男女同校，现在又被用来为耶鲁的招生限额辩护，这个限额把进入每个年级的女生数量限制为二百三十人，却给男生保留了一千零二十五个位置——千人领袖外加二十五个缓冲名额，以防招生办公室犯了错。

到 1969 年 9 月，"千名男领袖"这句话在耶鲁广为人知并广为流传。"我记得那句'千名男领袖'，"耶鲁西利曼学院（Silliman College）的一名大一女生回忆道，"我记得听了之后很生气。"

这句话令人耿耿于怀，有些女生喜欢把它扩充为"千名男领袖和两百名小妾"，她们会对彼此这么说，强调这句标语所暗示的她们的地位。男本科生是既定事实，是不容商榷的条件，是耶鲁使命的核心。女人是附加物。短短几个月后，旨在终结耶鲁性别限额的斗争将会开始。但是在男女同校的最初几周里，只是作为女人身处耶鲁，挑战就足够大了。

日子在两个极端之间疯狂转向。作为一名身处耶鲁的年轻女人意味着同时被人忽视和无法融入。有时，女人们会扫视教室，发现自己是唯一的女性。通常至少会有几个女生。不管是哪种情况，每个女孩都倍感压力，因为她不仅要证明自己的价值，还要证明整个性别的。"作为女人而言不错。"一位教授在一名学生的作业上写道。在一些课上，男孩们会盯着说话的女孩看，好像家具自己提出了观点。如果女生保持沉默，教授们有时会用这个问题结束讨论，"那么女人对这个话题持什么观点？"

　　来耶鲁前，大多数女生觉得被男人围绕很棒，这是她们身为第一批耶鲁女生的额外好处。她们的朋友和家人开玩笑说她们将会有很多男朋友，对于整个高中时期身上都贴着"聪明女孩"的标签因而有社交障碍的那些人来说，这听起来完全不像坏事。但谁都没想象到情况会是这样。

　　实际体验令人困惑。这么多男人，这么多关注，这正是每个女孩想要的，对吧？然而有时看起来，回应来自男人的所有关注好像占据了所有时间，让她们没法做别的事。"无一例外，每次我坐下来写论文或者阅读，电话就会响起。"一名来自哈特福德（Hartford）郊区的新生写道。一个小伙子叫她吃晚饭，下一个叫她看电影，第三个提议玩飞盘。然而，那并不仅仅是干扰。关注里还含有一种令人不快的特质。"有种不舒服的感觉，一直被观察、评判，如果你不是特别美，可能还会被认为有待改进。"一名大二女生解释道。

68

　　很多男人喜欢他们见到的景象。一名摩尔斯学院（Morse College）的大四学生这样评论："我们确实有最好的女孩，我觉得，这也是众所周知的。"其他人则没那么满意。一群大四学生担忧地观察着他们住宿学院里的一名女生。有一天吃午饭时，他们都走过去跟她坐在一起。她之前没见过他们中的任何人，也没跟他们说过话，但他们有一些建议。她穿过学院庭院时"太快、太果断了"，他们告诉她。她坐在餐厅"太远的角落，太缩成一团，太经常拿着书了"。她把头"昂得太高或压得太低"。然而，不必绝望，他们向她保证，努力一下，她就能改善。

———— ♀ ————

　　尽管大多数女生觉得在耶鲁的最初几周很艰难，但是至少有一个过得很好。丢下她在惠顿学院的朋友让康妮·罗伊斯特伤心，但她很喜欢待在耶鲁。从很多方面来说，她回到了家。康妮依然有一些表哥表姐在约克街（York Street）的兄弟会工作，有时候她会骑自行车过去打招呼。他们非常为她自豪。"你过得怎么样？"康妮的表亲们会大声喊。"很好！"她会这么回答。康妮觉得她的表亲是她的守护天使，在耶鲁关照她，而且在她到那里时，他们不是她仅有的认识的人。

　　康妮在纽黑文上的初中，跟成绩最好的几个孩子走得很近，他们所有的课都一起上。康妮去了寄宿学校，她的初中同学继续待在纽黑文的公立学校上学，但她和其中两个依然是朋友，这两人去了耶鲁。知道自己被录取后，她立刻给许多人打了电话，其中包括他俩。康妮知道当自己到纽黑文时，这些友谊会在那里等她。她没想到的是能跟分配给自己的室友迅速成为忠实朋友。

　　康妮最初在搬入宿舍那天见到她时，女孩显得如此孤苦伶仃。康妮和她的父母推开她在耶鲁伯克利学院的房间门，而她的室友就在里面，单独站在空荡荡的宿舍里，身边放着一个小手提箱。空间发出回声。另外两名室友还没到，而这个室友看起来如此困惑。她说她叫贝蒂·施潘。

　　贝蒂是个白人女孩，身高约五英尺两英寸，留着及肩的深色长发。她是从伊利诺伊州乘私家车来耶鲁的，她说，一个朋友和他的爸爸要去哈佛，路上载了她一程。在跟种族和背景各异的人交朋友这件事上，康妮经验丰富，但贝蒂身上有种东西让她立刻产生了共鸣。贝蒂有同样的感觉。"好像我们一直都是朋友。"贝蒂说。

康妮的父亲提出开车送两个女孩去救世军慈善商店（the Salvation Army），看看能不能找个沙发放在房间里，到康妮和贝蒂带着破旧但还能用的战利品回来时，她们在一起有说有笑，开启了将支撑她们度过耶鲁岁月和之后很多年的友谊。在接下来几周里，学业引领她们前往不同方向——康妮上艺术课和参加戏剧排练，贝蒂上历史和政治课，但两人依然设法在一天结束时找时间聊聊。

贝蒂本来会乐意像康妮那样参与课外活动，也许会去耶鲁政治联盟（Yale Political Union），但她几乎没时间做这些事。贝蒂需要赚钱帮忙付学费，而耶鲁给了她一份大家口中的勤工俭学工作，作为助学计划的一部分。一些接受经济援助的女学生在行政人员或教授的办公室工作，归档文件，或者用油印机复印。但很多人在餐厅工作，为那些家里不需要他们帮忙支付耶鲁学费的学生服务。耶鲁分配你去其他学院，这样至少你不会给自己的室友盛菜。贝蒂在西利曼学院上晚班，她站在蒸汽保温桌后面，把食物舀给排队拿着餐盘的学生。

勤工俭学的男学生也在西利曼工作，但他们的职责是收拾餐桌。除了贝蒂，盛食物的女人都是城里人。贝蒂不介意她的餐厅工作，也很喜欢共事的女人们。她们对她很好，贝蒂一穿上制服，立刻就融入了。然而，在她开始新工作的几天后，发生了一件怪事，她搞不清楚到底是什么情况。

事情发生在贝蒂刚开始值班时，西利曼的学生还没来吃晚饭。餐厅经理走到贝蒂旁边，拍了拍她的肩膀。"来我办公室，我要跟你谈谈。"他说。贝蒂知道他是谁，但是在此之前，一

71 直是玛丽（Mary），负责蒸汽保温桌的女黑人，告诉她该做什么。不管怎么样，贝蒂转身跟他走了。玛丽立刻看到了发生的事情。"不，你不可以！她是耶鲁学生。"玛丽大喊，并把身体挡在贝蒂和经理之间。"回到你的位置上去。"她严厉地对贝蒂说。贝蒂照做了。经理走回了办公室。然后事情就结束了。但这依然非常奇怪。

一周后，餐厅经理再次召唤，但这次的目标不是贝蒂，而是一名年轻女黑人，一个同样刚来的城里人。当经理叫女人跟他去办公室时，她离开了她在蒸汽保温桌的位置，跟他走了。她离开时，耶鲁学生进来吃晚饭，贝蒂的同事们接手了那个女人的位置。最终，年轻女人回到了餐厅，衣冠不整，并且在哭泣。之前保护贝蒂不受经理伤害的年长一些的蒸汽保温桌服务员玛丽紧紧拥抱了年轻女人，带她去了女卫生间。贝蒂困惑不解，问盛菜线上旁边的女人发生了什么。"嘘，亲爱的，你不需要了解这个"是她得到的答案，"她会没事的"。

贝蒂不知道在那个经理的办公室里发生了什么，但她知道她的同事在哭。在其他女人谈话时，她一直听着。"她丈夫不需要知道，"她们说，"这只会激怒他。"这样的事到目前为止大大超出了贝蒂的经验，因此她几乎找不到词语来描述它。她不理解所发生的事的细节，但她对一件事非常确定：在她来的地方，**不**可以强迫女人，把她们弄哭。一天晚上，在学生来吃晚饭前，贝蒂靠近玛丽，问她发生了什么。

72 玛丽迅速回答："你别惹麻烦，因为麻烦只会落到她头上。"年轻女人依然在试用期，玛丽解释。"这是份好工作。有福利。"她继续说，表明贝蒂不能害她失去工作。女人有一个小孩。如果她想要工作，就得熬完试用期剩下的几个月。在那之后，工会可以保护她。"你别给她惹麻烦，"玛丽说，"她的麻烦够多了。"玛丽在那里工作了一段时间。她知道系统是如何运转的。她看着贝蒂说："这个世界就是这样的。"

———♀———

秋季学期开课一周后，金曼·布鲁斯特穿上燕尾服，经过三栋楼，从耶鲁校长宅邸走到斯普拉格礼堂（Sprague Hall），他将在那里对耶鲁政治联盟发表演讲。四百人汇聚一堂，听他讲话，因为这是布鲁斯特那年第一次重要演讲，而他整理思路时想的是全国听众。在全国各地的大学里，学生们都在要求更多地参与大学决策，当晚布鲁斯特反驳了他们对"参与式民主"的呼声，提出了以次要调整作为替代品：大学校长的绩效考核，更加关注学生请愿，以及更高的透明度。布鲁斯特对于跟学生分享更多权力不感兴趣，他还认为很多其他校长同意他的看法。第二天，《纽约时报》在头版刊登了演讲，这正是布鲁斯特希望见到的。

现在讲下一个问题：越南。仅仅几周后，终止越战游行（Moratorium to End the War in Vietnam）就会展开，它呼吁全国大学生罢课并组织反战集会。耶鲁在此事上没有公开宣布立场，但布鲁斯特并不隐藏自己的观点。需要终止战争，参与10月15日纽黑文绿地（New Haven Green）反战示威的耶鲁学生会发现布鲁斯特也在那里，担任集会的主要演讲者之一。

至于男女同校，女性问题对布鲁斯特来说已经解决了。目标已达成。接受率上升了：当年64%收到耶鲁录取通知的男人同意入学，而男女同校开始前的那年只有56%。确实，布鲁

73

斯特依然需要找人捐钱，以建造更多住房——毕竟他承诺要招一千五百名女人。但是除此之外，耶鲁对男女同校的初次尝试堪称胜利，因而女性问题被移出了议程。

假如他跟任何一位耶鲁女学生聊过，布鲁斯特可能会改变他的看法。在耶鲁当一个女人有时非常孤独。"夜里，我可能走过很多栋楼都见不到另一个女人的脸。"一位来自罗切斯特（Rochester）的大一女孩说。而其他女人也很难交到女性朋友。"几乎不可能遇到其他女孩。"另一名新生评论道，"我迷失在了男人的海洋里。"连耶鲁的建筑也让女人们分隔开。宿舍楼没有那种通向多个房间的长走廊。相反，学院里设计的是入口通道，一层只有两三个房间。"那样的结构让人觉得像住宾馆。"达文波特学院（Davenport College）苦恼的院长意识到本学院的女生很少遇见彼此后，立刻向沃瑟曼写道。

耶鲁女生并非立刻就能成为朋友。在各自住宿学院的女性小团体内部，很多人除了性别，几乎没有共同点。曲棍球运动员劳丽·米夫林在她所属的塞布鲁克学院里认识了一些女生朋友，但其他女孩没有这么幸运。"如果你在你的学院找不到一个真正好相处的密友，那就很艰难，"劳丽说，"那你就真的会觉得很孤独。"还有别的东西，在耶鲁存在一种感觉，认为女人之间的友谊没那么重要。一名来自全女子寄宿学校康科德学院（Concord Academy）的新生称之为耶鲁的"反女性氛围"。同样在耶鲁就读的她的康科德学院同学，也看到了这点："耶鲁男人认为自己的全男性帮派和活动毫无问题，女孩团体却被视作可悲而怪异的。"因此耶鲁女生彼此隔绝——割裂她们的是在她们到来前就做出的决定，让她们彼此分隔的建筑，以及一种说她们的友谊不重要的文化。

"你女儿过得怎么样？"最初几周过去后，一名随处可见的采访者问一位父亲。"嗯，我觉得她跟大多数新生一样，"他回答，"她非常孤独，这是一段孤独的时间。"采访者追问："她在这里认识了很多人吗？"父亲停顿了一会儿后，没有掩饰他为女儿感到的痛苦，回答说："我不这么认为。"

———♀———

跟她们的白人女同学一样，黑人女性也被分隔在十二个住宿学院里。埃兹拉·斯泰尔斯有三名黑人女性；布兰福德（Branford College）、卡尔霍恩和皮尔逊（Pierson College）各有四名；没有哪所学院拥有超过八名。四个学院——乔纳森·爱德华兹（Jonathan Edwards College）、西利曼、塞布鲁克和特朗布尔——压根没有黑人女性，黑人男性对此颇有怨言。

"西利曼**没有**黑人女性。"一名西利曼男生在秋季住房问卷调查的底部潦草写道，"这是一个不能且不会被忽略的错误决策。因为这个状况，我在严肃考虑转出本学院。"

雪莉·丹尼尔斯住在蒂莫西·德怀特，她是那里的五名 75 黑人女性之一。然而，从她在耶鲁的最初几天开始，雪莉就花了很多时间待在"黑人之家"，这是黑人学生给耶鲁刚在教堂街开放的黑人学生中心起的昵称。建筑本身确实是一个家庭住宅，有前门廊和厨房。"那里的气氛就像家一样。"雪莉的朋友薇拉·韦尔斯（Vera Wells）说。她也是蒂莫西·德怀特的五名黑人女性之一。"你可以在那里学习和闲聊。"

黑人之家是黑人学生可以放下戒备的地方，戒备缘于数量劣势和与众不同。"那个地方让黑人可以放心过去，而不用担心自己说了什么、做了什么、相信什么，因为在种族混合的人群里，他们总要担心。"雪莉说。雪莉从未经历过来自耶鲁学生的公然种族歧视。但这并不意味着在一所依然属于白人男性的学校里，作为少数几名黑人女性之一会是舒服的。

在耶鲁有女本科生之前，早就有数量稀少的黑人学生在耶鲁就读了。第一名黑人学生在 1857 年从耶鲁毕业，而在接下来的一个世纪里，耶鲁很少每届招收超过一名黑人学生。1962年，耶鲁录取了六名黑人大一男生。1964 年有十八名。如今在 1969 年，耶鲁有九十六名黑人新生，包括二十五名女生。1973 届是"那所覆满常春藤的机构史上最黑的一届"，学生亨利·路易斯·"斯基普"·盖茨（Henry Louis"Skip"Gates）写道，他在 1969 年到达耶鲁。然而，那一点也不让人觉得很黑，毕竟 90% 的大一学生是白人。

很多黑人女性，包括康妮·罗伊斯特和雪莉·丹尼尔斯，都习惯了在自己属于少数群体的学校里就读。康妮曾是全高中唯一的黑人学生，而在搬去罗克斯伯里之前，雪莉就读的是陆军基地小学，学校里的黑人小孩永远寥寥无几。然而，对于一些黑人女学生来说，耶鲁是她们第一次沉浸在一个充满白人的地方。一名大一女孩在第一周每节课后都走回宿舍，爬上床。"我睡不着。我只是在躲藏。我被吓坏了。与其说是上耶鲁，不如说是上白人大学。"

课堂互动有时难以应付。"他们有时会看着我，好像我是'黑人意见'，我是'女性意见'。"薇拉·韦尔斯说。她是蒂莫西·德怀特的大三学生，跟雪莉同学院。"不是说他们故意这么残忍，更像是说我是一个令人好奇的因素。"这并不能让被单独挑出来的人好过一点。"我不能代表所有黑人或所有女性发言。"薇拉对他们解释道。我不是你们的实验，她心想。

　　很多白人学生深切关心种族问题，想终结他们在身边看到的种族不公。"我们在想办法，试图比我们父母那一代人更好地驾驭种族问题。"一名大一白人女生解释道。他们是随着民权运动成长起来的一代人。他们上幼儿园时，罗莎·帕克斯（Rosa Parks）拒绝放弃座位[1]。中学时，马丁·路德·金告诉二十五万听众他有一个梦想，而到他们收拾行囊去耶鲁时，金和马尔科姆·艾克斯（Malcolm X）都死了。然而支持民权运动是一回事；搞清楚如何处理跨种族友谊是另一回事。

　　白人与黑人学生间的亲密友谊在耶鲁并非闻所未闻。康妮·罗伊斯特花了大部分时间和戏剧团体待在一起，它是种族混合的，还有，她和贝蒂很亲密。劳丽·米夫林和她的黑人同学斯基普·盖茨一起痛苦地学完了"给诗人的生物学"后成了朋友，那是人文专业学生为满足学分分布要求而修的科学课程。但是总的来说，耶鲁不是很多白人学生所希望的种族融合乌托邦。黑人学生的数量不足以让它成为现实，即便如此，很多白人学生依然觉得难以跨越种族鸿沟。他们去的是白人学校，住的是白人街区，这样的种族隔绝让很多人不确定如何跟非白人建立友谊。"互动，"一名白人女学生说，"很尴尬。"

　　一名来自皇后区的白人大二学生也感受到了这点。"我们不想冒犯他们，我们不太确定，"她解释道，"我们给黑人学生留出了空间。"有时当雪莉·丹尼尔斯进入一个满是白人学生的房间时，她能感觉到窘迫之情如涟漪般漾开。

　　无可否认，无论人群的种族构成如何，雪莉都很显

77

---

[1] 1955 年，作为黑人的罗莎·帕克斯在公交车上拒绝把座位让给白人，因而遭到逮捕，引发联合抵制蒙哥马利公交车的运动，挑战了美国南方的种族隔离政策。

眼。"雪莉身上有很强的领导风采。"卡萝尔·斯托里（Carol Storey）说。她是一名来自洛杉矶的黑人医学预科生。雪莉表达能力强，见解深刻，也不羞于分享自己的观点，但她也笑声爽朗，令人跟她一同微笑。她把头发打理成紧实的非洲发型，戴金属丝框眼镜。当她走进房间时，一种笃定的氛围跟着她涌入。"她非常聪明。"萨姆·昌西说。他在为布鲁斯特充当增加黑人学生录取数量的排头兵时认识了雪莉。雪莉在耶鲁没有白人朋友，但这是她自己的选择。相反，她让自己融入耶鲁的黑人学生和周围的纽黑文黑人社区。

耶鲁实行男女同校时，适逢全国的黑人学生拥抱黑人权力运动"种族团结、文化自豪和民族自决"的愿景，而耶鲁与时代步调一致。"我们知道我们做了太久的白人梦。"学生斯基普·盖茨写道。他也许是劳丽·米夫林的朋友，但也想跟其他黑人学生待在一起。"为了理解、为了保护作为黑人的我们……我们转而关注内心和彼此。"

黑人学生在吃饭时间找到彼此，而且几乎每个黑人学生都加入了耶鲁黑人学生联盟（Black Student Alliance at Yale，简称 BSAY），这个组织在 1969 年已进入第三个年头。尽管大多数黑人学生没有主修耶鲁的美国黑人研究项目，但很多人修了至少一门美国黑人研究的课。耶鲁白人与黑人学生之间的距离来自双方，尽管出于不同原因。

在周末，耶鲁大部分人按种族分开。白人社交委员会主席总是雇白人摇滚乐队为他们的联谊会演奏，但黑人学生喜欢听灵魂音乐，因此耶鲁黑人学生联盟举办自己的周六夜间派对。当更小的团体聚在某人的宿舍里时，他们会都是白人或黑人，黑白混合不常有。当黑人学生在一起时，"我们可能会放音乐，或者看电影，订点比萨，或者打牌"，卡萝尔·斯托里说。"我们打叫牌式惠斯特（Bid Whist）。那是非裔美国人玩的牌戏。"

有些白人学生厌恶黑人学生总喜欢和彼此待在一起。"如果黑人学生不愿示好并且跟我一起吃晚饭，"大三学生杰夫·戈登（Jeff Gordon）写道，"那就让他们自己为自己而战吧。"康妮·罗伊斯特本可以向他解释为什么黑人学生一起吃饭。"跟同类在一起能给你安慰，"她说，"尤其是当你觉得自己是个局外人时。"而耶鲁的白人女性逐渐开始理解这个回答了。

康妮本人并没有花很多时间待在黑人之家——她总是在排练这部或那部戏，但雪莉往往在那里。雪莉在黑人之家见到的一些黑人学生跟她之前认识的完全不同。雪莉的父亲是陆军职业军人，她的母亲曾是教师，后来当了主妇。雪莉之前没见过百万富翁的孩子，但她在耶鲁见到了，而且她在那里见到的富裕学生是黑人。然而，更多黑人女学生来自贫困家庭，了解一周结束时家里不剩几个钱是什么滋味。

当然了，耶鲁也有贫穷的白人学生。一名大二女生有个来自阿巴拉契亚深处的男性朋友，他口音特别重，起初几乎没法让她听懂。他来耶鲁前从没看过电视。但是只有4%的白人女学生被耶鲁的助学金办公室划入"贫困"一类，相比之下，超过一半的黑人女学生属于这类。雪莉·丹尼尔斯因此在耶鲁是三重的局外人：她是黑人，她是女性，她是工人阶级。

雪莉惊叹于耶鲁的财富：厚重的东方地毯，外框镀金的画像，以及她在蒂莫西·德怀特房间墙上的木镶板。耶鲁的建筑"格外美丽"，雪莉说，"饭菜也棒极了"。黑人学生们发现有位黑人厨师知道如何烹饪伴随他们成长的食物：甘蓝、番薯、玉米面包、炸鸡和黑眼豌豆炒饭。雪莉亲昵地称呼他"糖果"。耶鲁让厨师在各个住宿学院的餐厅轮值，而在黑人之家，他们都知道"糖果"的排班。"不管'糖果'在哪里，所有黑人学生都去那里吃饭，"雪莉说，"我不管是什么学院，我们就去那里吃。"像黑人之家那样，"糖果"的食物是避难所。"我们非常期待他做的饭，"雪莉说，"对我们所有人来说，它带来了家的味道。"

04

觉 醒

　　耶鲁的橄榄球赛季从9月的最后一个周六开始，观众席弥漫着不安的情绪。传奇跑卫卡尔文·希尔（Calvin Hill）和四分卫布赖恩·道林（Brian Dowling）在当年6月毕业，耶鲁斗牛犬队（Bulldogs）如今在常春藤联盟里只排第五，这让他们成为实际上的倒数第四。但如果说下午充满了掉球和失败的战术，至少新来的女啦啦队员值得一看。《耶鲁日报》在每周一的橄榄球专栏和文章里不停提醒球迷此事。在当天下午的开局比赛上，耶鲁输给了康涅狄格大学，而《耶鲁日报》知道原因。报纸解释道，四分卫乔·马西（Joe Massey）"没法好好把球放在球座上"。

　　尽管橄榄球队在那年不像是能载誉而归，但秋天带来了其他乐事。校园里的古老枫树与橡树上绯红和金色的树叶闪耀着，气温也在70度[1]左右徘徊。老校区里，一些飞盘在空中

---

[1] 指华氏度，约21摄氏度。

掠过，为了接住它们，学生们高高跳起。有些日子的下午，劳丽·米夫林也在那里。打曲棍球的时候到了，不管耶鲁有没有这么说。

82　　劳丽绑上她的黑色护胫，拿上曲棍球杆和几个球，朝室外走去。她和简·柯蒂斯在范德比尔特大楼的门上贴了"想打曲棍球吗?"的告示后，十来个女孩联系了她们，她们开始一起进行非正式练习。在老校区的橡树和纵横交错的小径之间的其中一块空地上，女人们来回击球一小时左右。那不是真正的曲棍球。她们没有球门，没有教练，没有真正的球场，没有更衣室，也没有球迷或对手。但这种临时凑合的练习至少能让劳丽回忆起在球队里打球的感觉。

有些男学生从没见过曲棍球，当他们看到女孩们打球时，有几个还笑了。在餐厅里，当谈话转到体育运动时，劳丽可以预测到他们会问她这个问题:"你打什么?"劳丽五英尺[1]高，身材苗条，光滑的棕色头发偏分——不是男人想象中的女运动员的样子。玩运动的女孩应该是笨重的大块头，没有女人味。然而这里却站着娇小的劳丽·米夫林和她的曲棍球杆，跟他们热衷橄榄球一样热衷于她的运动。"你打什么?"她会努力解释。这项运动来自英国。它有点像足球，只是球小得多。你用球杆击球，或者有时轻拨、运球或推传球——只要能进球就行。男人们跟着点头，但没几个理解为什么打曲棍球很重要。"你为什么想组建一支曲棍球队?"有人听劳丽说完后会问道，"你没有更重要的事可做吗?"

---

[1] 约 1.52 米。

———♀———

9月过去，迎来10月，正如承诺的那样，耶鲁性咨询服务开放了。唯恐再次被《纽约时报》斥责说校方没有坚决反对婚前性行为，耶鲁让开放的新闻保持低调，但学生们收到通知说可以找菲尔和洛娜·萨雷尔咨询了，每次咨询持续三十分钟，第一天所有预约都约满了，在当年余下的时间里一直如此。开放当天，萨雷尔夫妇见了四对学生情侣和十一名单独前来的女性，尽管咨询服务以标准体检收尾，但最开始进行的是全面谈话。

"你性交过吗？"萨雷尔夫妇会问。"你对性反应或特定性经历有问题或担忧吗？你对自己的性经历感觉如何——快乐？悲伤？困惑？矛盾？狂喜？"萨雷尔夫妇会询问学生过去的恋情发展得怎么样，也问他们目前身处的恋情"有什么重大问题吗？"对话的最后会问学生在家里得到的或没得到的性教育，以及她的家庭对待性的态度。最后这个话题"通常引起道德问题"，萨雷尔夫妇评论道，但它似乎受女学生欢迎。

在性咨询服务的半小时预约期间，学生们也问很多问题。菲尔和洛娜·萨雷尔"拨开了性这个话题周围的迷雾"，一名来自曼哈顿的大一女孩说，"他们人也特别好"。

萨雷尔夫妇跟学生们谈论性时态度坦率，这并不意味着他们认为每个学生都应该有活跃的性生活。到10月初，他们两人都很担忧自己在耶鲁见到的情况。"（我希望）这所机构能有一种不用让女孩付出高昂代价的男女同校系统。"菲尔·萨雷尔在当月接受采访时告诉《耶鲁日报》。他"非常担心很多女孩身陷她们并不真正想要、没有真正准备好但是因为这里的社

交压力而被迫接受的恋情"。洛娜·萨雷尔赞同。"这种压力将
成为一个真正的问题。"

它已经成为问题了。据许多女性观察，大四学生是最糟
糕的。"大一的小伙子跟我们一样困惑。"帕蒂·明茨（Patty
Mintz）说。她是一名来自马萨诸塞州的白人新生。但是更年
长的耶鲁学生就并非如此了。"有很多来自高年级男生的压
力，他们想跟女人上床。"帕蒂说。帕蒂认识的有些大四学生
会拿出学生通讯录，有条理地划掉跟他们发生过性关系的女
孩。"所以这让你有些觉得自己是掠食者的对立面……猎物。"
不是所有耶鲁男人都像那样。"有很多可爱、聪明、善良、风
趣、优秀的小伙子。"帕蒂说。而来自洛杉矶的医学预科生卡
萝尔·斯托里有同感，她是二十五名女性黑人新生之一。来耶
鲁前，卡萝尔问过她母亲耶鲁的男学生里有没有黑人。她母亲
不知道答案，但卡萝尔很高兴地发现有些确实是黑人。卡萝尔
在洛杉矶高中的男同学被她的智慧吓到，不敢跟她约会，但是
在耶鲁，黑人男性是不同的。卡萝尔见到了"绝对有趣，会成
为未来领袖并且极为正直"的小伙子。有些甚至比她还聪明。

就像帕蒂和卡萝尔，很多耶鲁女性找到了把她们视作同
辈、平等相待的男性朋友和男友。但是有足够多的男人不这样
看待女性，相反，他们把女性视作性对象，这塑造了年轻女人
身处耶鲁的感受。一名大一女孩被耶鲁男人勾搭了太多次，导
致她跟耶鲁的一名牧师谈起了此事。她希望耶鲁有一所住宿学
院像修道院那样管理，她告诉他。这样就不用"时刻应付那些
关于是否有机会和你上床的问题"。

到10月初，雪莉·丹尼尔斯也开始忧虑耶鲁的性氛围。
雪莉自己感到了压力，但她是大二学生。她已经跟大学男生

相处了一年。雪莉和其他几名大二大三黑人女生担心的是那二十五名大一黑人女生。雪莉跟她的朋友薇拉·韦尔斯谈起了她的忧虑，两人和其他几个高年级黑人女性决定召开会议，叫来耶鲁的全部四十名黑人女本科生，好让她们一起聊聊恋爱。大一女孩们应该知道，当性的问题出现时，她们有权说不。

黑人女性聚了一两次，但是在那之后大一女孩就不来了。当雪莉在黑人之家碰到她们并问为什么时，答案总是一样的："我男友不想让我去女人的活动。"雪莉从未想象过她会遇见这种阻力，但事实证明，把女学生们组织在一起的行动比她意识到的要激进得多。

"那时候，女人不聚会。她们不聊天。她们不彼此支持。"雪莉说。会议停止了。来自男人的压力继续存在。黑人女学生又回去独自应付男人的示好。

在树丛街的男女同校办公室里，埃尔加·沃瑟曼依然在写备忘录。她在耶鲁待得足够久，知道这不是此地办事的规矩。员工、预算、头衔以及其他人认可的职位——这是男行政人员可支配的工具。然而沃瑟曼拥有的仅仅是捉襟见肘的预算、除了一个秘书和一名19岁的实习生之外别无他人的员工以及那个可笑的头衔。她的职位直接向布鲁斯特汇报，这本可以给她提供一些她缺乏的力量，但布鲁斯特并不像沃瑟曼那样，认为耶鲁女性面对的问题十分要紧。情况令人沮丧。如果沃瑟曼想在耶鲁拥有权力，她得自己创造，而备忘录是一个切入点。一旦沃瑟曼把耶鲁女性面对的挑战写在纸上，至少别人就更难忽

86

略那些问题。

在 1969 年秋天，沃瑟曼越来越担心一个问题：女学生的安全。耶鲁校园在夜里如此黑暗，让女孩们害怕从图书馆走回房间。沃瑟曼在 2 月要求的灯光改善还没完成，教务长办公室不愿在天黑透前运行新开设的夜间班车。到目前为止，没发生任何可怕的事，但沃瑟曼担心。因此她给布鲁斯特写了一份备忘录。"安全，"她向他提出忠告，"不在应有的状态。"

女学生们对沃瑟曼的担忧一无所知。开学四周后，她们终于都适应了这里。她们都搞清了耶鲁稀少的女卫生间的位置，大多数人并不觉得功课像自己之前害怕的那么难。来自男孩们的关注没有减少，但至少女孩们知道会有这种关注。在周六，几乎所有女孩都加入男同学们，去耶鲁碗（Yale Bowl）或者当周对手的体育场为耶鲁橄榄球队加油打气。

10 月 11 日是斗牛犬队的第三场比赛：客场对战布朗。前一个周六耶鲁获得了初次胜利，尽管没几个人会说耶鲁的球员名单和前几年一样传奇，但这赛季也许依然有希望。周六上午，数千名学生和校友前往普罗维登斯（Providence）看耶鲁跟布朗较量。假如橄榄球队不够耀眼，那么耶鲁精准行进乐队（Yale Precision Marching Band）的中场表演总能助兴。

行进乐队的名字是个玩笑。耶鲁精准行进乐队在中场休息时甚至不以行进的方式进入球场。相反，乐队全体成员跑上场，同时进行杂乱的表演，混乱的意味多过秩序。乐队的名声不是来自精准，而是来自它毫无规则的中场表演，其特色是不合常规的阵型，配以精心挑选的音乐和乐队广播员通过播音装置大声朗读的下流文字。有时表演是政治性的。在一场比赛中，乐队把自己排列成一个巨大的和平符号，表达了对越战的反对。但是男女同校提供了一个表现幽默的独特机会，乐队的中场表演也因其粗俗而闻名。在一次表演中，为了嘲笑一个还没男女同校的对手，乐队演奏了《对！我们没有香蕉》(*Yes! We Have No Bananas*) 并组成一个阴茎形状的阵型。另一次，乐队广播员把笑话隐藏在一个双关语之内。"耶鲁女生让球迷更猛了。"他用喇叭宣布。

姬特·麦克卢尔还没意识到耶鲁的行进乐队因举止粗俗而自豪，但她决不退缩，不会给乐队指挥基思·威尔逊理由，说女孩当不了行进乐队成员。乐队给姬特发了一套特别大的制服，上衣几乎罩住了膝盖，袖子盖住了手指，但是作为一个五英尺高、波浪般的红发垂落到肩膀的女孩，姬特就算穿了乐队制服也是乐队成员中最显眼的一个。在普罗维登斯对抗布朗的橄榄球赛上，布朗的吉祥物布鲁诺 (Bruno)，一个身穿毛绒棕熊套装的大个子男人，很容易就注意到了她。

88

耶鲁乐队正在演奏《星条旗之歌》(*The Star Spangled Banner*)，布鲁诺突然冲进球场抱起姬特，然后继续跑。布朗球迷咆哮着表示赞成，但姬特吓坏了。一个大个子男人抓起了她，不放她下来。他要对她做什么？事实证明，仅限于最初的恶作剧，但姬特对于自己成为别人笑话里的包袱并不感兴趣。耶鲁行进乐队对姬特很重要，它让她能见到其他乐手并且把长号吹得更好，但她来到耶鲁时心怀的梦想可不仅仅是成为行进乐队成员。

想看到姬特决心解决的问题，你只需要用手指头指着榜单前四十的乐队往下看：披头士、乐队 (the Band)、齐柏林飞艇、谁人、滚石、三犬之夜 (Three Dog Night) 和清水乐团 (Creedence Clearwater Revival)。没有哪个顶级摇滚和爵士乐队有哪怕一位女乐手。四个男的，五个男的，或者像三犬之夜那样是七个——配方总是相同。你可以在排行榜顶端找到女歌手：艾瑞莎·富兰克林（Aretha Franklin）、黛安娜·罗斯（Diana Ross）、琼·贝兹（Joan Baez）和詹尼斯·乔普林（Janis Joplin）。但是要在一个职业摇滚乐队里演奏，在此之前的规矩是你必须身为男性。

姬特将要改变这点。从姬特目前的位置看来，目标相当遥远——被夹在布鲁诺熊的一只胳膊下，而他正沿着布朗的橄榄球场奔跑。但姬特很坚强——至少在沃瑟曼和昌西把她的申请移到"录取"那堆时，他们是这么认为的。但愿他们是对的。

———♀———

89　　　　10月15日，周三，全国各地的教室空无一人，因为三百个校园里的学生都在罢课，抗议越战。反战情绪到达了新高峰，每十名美国人里有六名相信美国一开始就不应该卷入越南，全年龄段的公民都加入学生，一起抗议。人们计划在那年秋天举行两次主要示威，终止越战游行是第一场，一个月后，华盛顿将迎来另一场游行。

对很多人来说，反对战争并不只是抽象概念，而是与己相关。死亡人数在上升。每天早上，《纽约时报》会列出前一天的来自纽约都会区的战死者："布朗克斯区士兵在越南被杀。""泽西市民在越南被杀。""萨福克县士兵在越南被杀。"在停战游行当天，《耶鲁日报》在头版放满了二十五名耶鲁学生的年鉴照片，每个人都在战争中被杀。还没被征召去作战的耶鲁男人担心他们可能很快就要应征入伍。

　　战争就在眼前。每个 18 岁半至 26 岁的美国男人都符合应征条件。大学生可享受豁免，但一毕业，战争就等着他们。与此同时，耶鲁的每个男学生每年秋天都要在兵役登记卡上填写自己家乡征兵办的号码和地址以及自己的四位数兵役登记编号，耶鲁教务办公室就用这些信息来保证学生当年免除兵役。耶鲁女性受到的影响不那么直接，但很少有人不认识至少一个被征召入伍或自愿作战的人，有些还认识已经死去的男人——这一切都是为了一场国会从未宣布过而且其目标并不能让大多数学生信服的战争。正如一位耶鲁女性评论的："真的像是莫名其妙让年轻男人送死。"

　　10 月 15 日，停战游行当天，耶鲁学生快速吃了早饭，一起走到纽黑文绿地参加集会。到中午，当第一位演讲者走上讲台时，绿地里的人群已达五万。"够了。"挂起来当幕布的大型横幅上写着。纽黑文的演讲者包括"老派从政者和改革者、白人和黑人、商业和劳工领袖"，《纽约时报》报道。他们当中有一个非常著名的大学领导，耶鲁校长金曼·布鲁斯特。 ⁹⁰

　　布鲁斯特讲得很慢，话语之间常常停顿。"我们保持和平的能力——首先要求——美国——再次成为——正派和希望的象征——并且要值得——全人类的——充分信任和尊重。"学生们用动作来回应，竖起食指和中指做出和平手势，然后把双臂高举过头顶。他们环顾周围，看着聚集在纽黑文绿地的五万人。人数蕴含了力量。

　　反战狂热支配了秋天，因此没什么余地讨论其他问题。耶鲁很少有人提起对女性的歧视。与越南相比，一名女学生说，性别问题看起来"微不足道"。种族歧视的问题也被推到了幕后，但耶鲁黑人学生联盟主席格伦·德沙贝特（Glenn

DeChabert）不愿让战争成为对歧视不作为的借口。德沙贝特没有计划在 10 月 15 日的集会上讲话，但他还是走到了麦克风前。纽黑文的黑人，他解释道，深受警察野蛮执法的困扰。"我没有不尊重停战游行的意思，"德沙贝特告诉人群，"我要说的是我们也受够了。"

雪莉·丹尼尔斯在 9 月加入了耶鲁黑人学生联盟。她认识格伦·德沙贝特。通过他和耶鲁黑人学生联盟成员拉尔夫·道森（Ralph Dawson），雪莉了解到耶鲁黑人学生在近几年成就颇丰：黑人之家的开设、美国黑人研究成为专业以及黑人学生入学数量上升。关键是在提出问题的同时提供解决方案。你不能去跟耶鲁管理层开会，却只要求他们做事。你需要提出一个大学能接受的计划。

耶鲁黑人学生联盟试过用那个办法处理警察骚扰的问题，但是到目前为止没什么进展。格伦·德沙贝特和布鲁斯特见过面，并分享了耶鲁黑人学生联盟的想法：建立一个民警评审委员会，给校园和纽黑文警察开展种族敏感性训练，雇更多黑人警察，以及让耶鲁法学院进行一次针对种族歧视和警察执法的全国性研究。但布鲁斯特还没回复。

到 10 月 20 日，耶鲁黑人学生联盟厌倦了等待。"阻止警察！"他们反复喊道。"阻止警察！"七十五名黑人学生，包括雪莉·丹尼尔斯，走进了耶鲁法学院，分三组进入三个不同的教室。他们分发要求改变的提案，并排列在教室的墙边。"阻止警察！就现在！阻止警察！"教授和学生震惊地看着。"这件事让整个法学院都停摆了。"在现场的达里娅尔·斯尼德说。

达里娅尔是二十五名黑人女新生之一。在学年初的经济学课上，所有眼睛都转过去看她，男人盯着看是因为达里娅尔是唯一的女人。但是在耶鲁待了一个月后，达里娅尔也越来越意识到自己黑人的身份。她的室友玛米（Mamie）促使她更关注这点。两人在纽约市仅仅相距十个街区的地方长大，但她们对世界的看法不同。达里娅尔一直以来并不认为自己是一名黑人，而只是人群中的一员。

她不"够政治"，玛米对她说。"（你不）够关注美国黑人的困境。"从来没人跟达里娅尔说过这些。到耶鲁黑人学生联盟启动针对警察骚扰的抗议时，达里娅尔准备好了加入他们。

"阻止警察！就现在！阻止警察！"从法学院，学生们沿华尔街（Wall Street）而下，游行到拜内克广场（Beinecke Plaza），继续喊了十分钟口号。法学院教学院长大发雷霆。"我们不会容忍这种事！"他从停在华尔街的一辆车的车顶上喊道。但是达里娅尔相信自己正在做的事。雪莉·丹尼尔斯也是。警察的行为需要改变，雪莉觉得耶鲁黑人学生联盟的策略行得通。整个抗议不到半小时就结束了。它不是"我们要关掉学校"或者"我们要暴动"，雪莉强调说。它是一条给布鲁斯特的消息，黑人学生把这个人视作盟友：我们想跟你谈谈，我们需要跟你谈谈，这里有一些迫切的问题，也许最重要的是，我们如今人数足够多，可以让你听我们说话了。

橄榄球队正在取胜。他们以 27∶13 击败布朗，下一周战胜了哥大，再下周重挫康奈尔。球迷有点不敢相信。认为杯子半空的悲观派指出下一场比赛是对抗战无不胜的达特茅斯，几乎肯定会让耶鲁人遭受巨大打击，但暂时还可以梦想胜利。败

92

犬有时会给你惊喜。

秋天稳定进入了几十年来的节奏，每周的末尾以橄榄球赛
93　为句点。其他传统也延续了下来。在周末，来自瓦萨和史密斯
的巴士停在路边，把成车的女人载来参加耶鲁男人举办的联谊
会。耶鲁女性感到恼怒。男女同校什么都没改变吗？这些"周
末女人"——耶鲁女性这么称呼她们——到来时穿着鲜艳的连
衣裙，化着明艳的妆容。传统很难消灭，但有一部分也要怪耶
鲁的性别比。耶鲁女性如此之少，大多数想交女友的男人不得
不去别处找寻。尽管如此，周六来临时，情况依然会变得混
乱。巴士一到，耶鲁就不再只拥有两种性别，而是有三种：男
人，"周末女人"，以及合校女生——穿 T 恤和牛仔裤的那些。
大三学生多丽·扎莱兹尼克（Dori Zaleznik）看着一名男同学
挽着外地约会对象走过来。"嘿，"他对多丽和其他几名女孩
说，"嘿，我想让你们见见苏。苏，这是我们的合校女生！"

耶鲁女性选择了理所当然的敌人：周末过来的女孩。"每
周入侵军再次来袭。"多丽咕哝道。但是"周末女人"最终会
爬上巴士，离开这里。到周一早上，耶鲁回归正常。"你叫什
么名字？"一个在餐厅排队的小伙子问，对着他后面的女人微
笑。然后是不可避免的后续问题："你明晚做什么？想不想聚
聚？"耶鲁的社交情景有时看起来难以忍受。而这不是那年秋
天唯一困扰耶鲁女性的事。

正如沃瑟曼所忧虑的，耶鲁对新来的女学生来说依然不是
一个安全之地。校园灯光还没修好。女孩们的宿舍入口和浴室
没有锁。在耶鲁的皮尔逊学院，一个陌生人大摇大摆地从街上
走进一间浴室，而一个女人正赤身裸体地站着淋浴。其他学院
的女人也遇上了问题。正在走回伯克利学院的女孩们在教堂街

被醉汉骚扰。蒂莫西·德怀特学院的一名女性被人追逐。乔纳森·爱德华兹学院的几名女生接到了猥亵电话。在范德比尔特大楼，一名大一女孩在淋浴时抬头看活动天窗，见到来自附近的几个男孩也在看她。身边有这样的事，你很难专注于功课。

至少埃尔加·沃瑟曼不再是唯一担心耶鲁松懈安保的人。萨姆·昌西担忧。院长理事会担忧。普利策奖得主、作家约翰·赫西（John Hersey）担忧。赫西是皮尔逊学院的院长，那里发生了不止一起安全事件。有一次，一名较年长的男子躲在一间浴室里，当一些女学生走进去时，他对着她们露阴。

整个秋天，关于这个问题的备忘录来回发送，耶鲁后勤部门主管詹姆斯·索伯恩（James Thorburn）经常是接收方。一些备忘录来自沃瑟曼，一些来自助理教学院长伊丽莎白·托马斯（Elisabeth Thomas），后者在9月被聘用，是第一个在耶鲁学院教学院长办公室担任非秘书工作的女人。在10月底，索伯恩给伊丽莎白·托马斯发了他所说的"采取或不采取行动的总结"，来回应她的诸多质疑，而他的清单在不采取行动那一栏分量颇重。女生入口的门锁"正在进行中"，索伯恩写道。浴室的锁没有必要。"集体决定是'不'，"他解释道，"除非有更多事件证明其必要性。"

沃瑟曼给布鲁斯特发了另一条备忘录跟进此事："你知道的，我从去年春天起就在担心安保。"保证学生安全的责任被分割给好几个办公室，她解释道，因此什么都不能迅速完成。这次，沃瑟曼得到了布鲁斯特的注意，或许是萨姆·昌西推动了问题。不管怎样，布鲁斯特在一周内回复，并按照沃瑟曼的建议，成立了一个监督委员会。她不是成员——没有女人是——但至少布鲁斯特任命了昌西加入这个团体。然而即使有了这个新机构，沃瑟曼还是没看到足够的进步。她再次跟吉姆·索伯恩会面，然后发了一条备忘录来跟进。她的语言亲切礼貌。"非常感谢昨天花时间讨论住宿学院的整修。"但沃瑟曼不会让问题被遗忘，她重复请求索伯恩安装她所要求的锁。

吉姆·索伯恩不习惯收到这样的备忘录，至少不是来自一个女人，在 1969 年，耶鲁有很多中层男性行政人员"不喜欢由女人对他们发号施令"，昌西说。不清楚索伯恩是不是这种男人，但这点是清楚的：除了新委员会，为耶鲁女性增强安保措施的进度似乎停滞了。

为了保证耶鲁女性的安全，耶鲁没几个人比埃尔加·沃瑟曼工作得更努力，但沃瑟曼在此事上有一个盲点，她所有的努力都集中在外来者上。她和其他耶鲁行政人员似乎都没考虑过耶鲁雇用的男人也会对耶鲁女性造成威胁。假如他们花时间跟西利曼学院的餐厅员工相处过，他们可能会改变那种看法。

西利曼餐厅经理的捕猎行为令贝蒂·施潘无法释怀。她知道自己无权做出任何会威胁同事工作的事。她听了她的主管玛丽说的话。但是男人不应该强迫一个年轻的女人而不受惩罚，尤其是一个为他工作的女人，贝蒂想。也许她能针对更大的问题做点什么。

贝蒂的男友告诉她，学生争取民主社会组织的耶鲁分部积极支持劳工权利，他早就参与了活动，所以贝蒂在 10 月去了她的第一次学生争取民主社会组织会议。当晚，众人讨论了另一名黑人餐厅员工的遭遇，一个名叫科莉娅·威廉斯（Colia

Williams）的单身母亲，四个孩子的妈妈，她在跟监督她的耶鲁学生争吵后被解雇。就像西利曼的那个女人，科莉娅·威廉斯刚被雇用，因此还不受工会保护。学生争取民主社会组织的学生对她的遭遇义愤填膺：她的孩子靠她的收入生活，而她连听证会都没开就被开除了。当众人决定在位于赖特大楼（Wright Hall）的耶鲁商务经理办公室外抗议时，贝蒂说她会加入他们。日期设定在 11 月 3 日。一切从那里崩塌。

抗议在下午两点开始，当时有一百七十五名学生在场，但是过了两个半小时还谈不上有任何进展，就只剩八十名学生了。然而，贝蒂没走。如果这一切都可以接受，就证明管理耶鲁餐厅的白人男性可以为所欲为而不受惩罚。均为男性的学生争取民主社会组织的领导制定了一个新策略，贝蒂听着。他们不会允许商务经理和他的两名下属离开赖特大楼，除非他们同意倾听科莉娅·威廉斯对事件的解释。

耶鲁之前从未有过静坐抗议，对于把三名耶鲁雇员扣作人质的学生，管理层没什么好脸色。布鲁斯特人在华盛顿特区，正在白宫参加一场正式晚宴，但是在下午五点十五，教务长查尔斯·泰勒（Charles Taylor）到达赖特大楼，跟他一起来的是全部十二名耶鲁住宿学院教学院长。任何不立刻离开的学生，泰勒警告，会即刻停学。另一个男人，也许 45 岁上下，穿着牛仔服和牛仔靴，大跨步走进拥挤的房间，爬上一张桌子，好让所有学生都能看到他。贝蒂不知道他是谁，但其他人告诉她，那是耶鲁的牧师威廉·斯隆·科芬（William Sloane Coffin），因其在民权和反战方面的行动而广受学生钦佩。学生们应该立刻离开，科芬敦促，否则，后果可能很严重。科芬会确保耶鲁餐厅的任何不公正都受到处理。他向学生们保证。

97

牧师的承诺对贝蒂来说够好了。"我们应该离开，"她对其他人说，"我们让牧师尝试解决这事吧。"一些学生考虑到科芬的警告，确实离开了赖特大楼，但学生争取民主社会组织的男人们继续交谈。"我们应该离开，"贝蒂重复道，"来吧，伙计们，我们走。"但没人听贝蒂的。到下午五点五十，抗议开始近三小时后，教务长查尔斯·泰勒拿起喇叭，兑现了他的威胁。每个依然待在赖特大楼的学生抗议者都停学了，他告诉他们，并且禁止进入宿舍、餐厅、图书馆、课堂，如果有勤工俭学岗位也不能去工作。此时，学生们开始鱼贯走出大楼，当他们出去时，他们各自住宿学院的教学院长指认了他们。耶鲁停了四十七名学生的学，包括三名女性。贝蒂·施潘无处可去。

"回家吧。"当她打电话给父母时，他们对她说。但贝蒂不会离开。可能会失去的东西太多了。她男友的父母住在校园以北，他们提出让她住在他们家，贝蒂感激地接受了。尽管如此，她依然害怕。她做的只不过是去参加了一次抗议，现在她的整个大学教育都岌岌可危。第二天，贝蒂收到了耶鲁的正式通知，确认了她的停学，要求她去见教师执行委员会，他们会决定是撤销她的停学、延长停学，还是干脆开除她。

当周剩下的时间在会议、抗议和无眠之夜中模糊地过去。几百名耶鲁学生在同学受罚的刺激下，组织了大规模会议，要求赦免赖特大楼的抗议者。耶鲁黑人学生联盟也参与了。尽管抗议是由一名黑人女员工被解雇引起的，但学生争取民主社会组织强调的是科莉娅·威廉斯的种族，而非她的性别，如今好几名耶鲁黑人学生联盟成员指控学生争取民主社会组织利用威廉斯的困境来提高自己在耶鲁的地位，从而成为一股受重视的力量。整件事一团糟。

贝蒂参加了她在教师执行委员会面前的听证会，分享了她对事件的描述。其他被停学的学生做了同样的事，静坐事件一周后，委员会做出了裁决。耶鲁会重新接受被停学的学生，但每个人的成绩单上都会包含这次短暂停学的污点——贝蒂将被迫对许多人解释这个红色警告：她申请的法学院、未来雇主以及其他疑惑停学说明她品格有什么问题的人。不，她没有作弊或违反法律，她会告诉他们，她只是去参加了一次抗议。

行动本身是成功的。耶鲁重新雇用了科莉娅·威廉斯，保证她不会损失还没拿到的工资。威廉斯的姐妹写信给学生，感谢他们所做的事。因此贝蒂从她的赖特大楼停学中学到了两个教训。第一，如果有足够的人站出来，改变会发生。第二，学生争取民主社会组织不是适合她的地方。在那群男人中，贝蒂的声音无人倾听。如果你是耶鲁的一名女人，得有更好的办法才能被听到。

————♀————

越南。越南。越南。11月中旬，数十名耶鲁学生挤进汽车和巴士，南下华盛顿特区，加入那里的五十万名抗议者，他们决心终止战争。这是美国历史上最大的反战示威。"我们正在充当国家的良心，"一名大一女孩说，"我们正在告诉当局真相。" ₉₉

参与华盛顿游行的耶鲁学生中至少包含几名橄榄球迷，他们为了参加抗议，没去看那个周末对抗普林斯顿的重要比赛。周一，当他们回到纽黑文时，有些人翻看《耶鲁日报》最后一版来了解斗牛犬队打得怎么样。大二翼卫鲍勃·米利根（Bob

Milligan)"内冲猛跑，从右向左跑过中场，接住了球"，记者讲解道，描述比赛的关键战术。让耶鲁震惊的是，他们的橄榄球队打败了普林斯顿。

在埃兹拉·斯泰尔斯学院，大二学生莉迪娅·特莫肖克（Lydia Temoshok）正在为《耶鲁日报》写一篇不同的文章，评论周日晚上在埃兹拉·斯泰尔斯上演的海顿歌剧，由管弦乐队演奏了二十一首曲目。从耶鲁后勤主管吉姆·索伯恩宣布他不会在女浴室装锁，直到他见到"更多事件证明其必要性"后，已经过去了两周。当时是周一下午两点。附近没有别人。莉迪娅不知道如何下笔写文章，所以她决定去洗个澡。当她站在热水下时，帘子被猛地扯开，两个年轻男人走进淋浴间。

"现在别出声，听好了，不然我就用刀割你。"其中一个亮出刀说。"吻我一下……我现在很疯狂，听好了，别出声……很快就会结束的。"

莉迪娅努力快速思考。如果她马上开始尖叫，他们可能会惊慌失措，真的捅她。因此她告诉他们，她要数到十——然后会开始尖叫。"一，二，三，四。"当她数到五时，莉迪娅开始大喊——"走开！走开！"——袭击者逃跑了。

之后，她浑身颤抖地回到房间。莉迪娅不想跑去找耶鲁当局讲述刚发生的事——至少不是马上。她"想让他们看到，他们录取的女人很坚强，不是娇弱的花朵"。如果莉迪娅告诉某个官方人士，她担心他们会过度反应，通过限制耶鲁女性的行动来"保护"她们。莉迪娅从史密斯转学到耶鲁，部分原因是想逃离史密斯的宵禁和过分警觉的女舍监。她讨厌史密斯把她当作弱者对待，好像她是某个需要照顾的孩子。他们会开始把史密斯那一套再次用到我身上，她想。不，这不会发生。因此，莉迪娅暂时对此事保持安静。

　　她完成了她给《耶鲁日报》的歌剧评论并交了上去。她和三名朋友在斯泰尔斯吃了晚饭。她去听了"迷幻剂大师"蒂莫西·利里（Timothy Leary）在耶鲁政治联盟的演讲。她读完了课程要求的《奥赛罗》。但是当晚，莉迪娅开始担心，如果她没把发生的事上报，别的女学生可能会受伤。周二，她走进了埃兹拉·斯泰尔斯学院教学院长欧内斯特·汤普森（Ernest Thompson）的办公室，告诉了他袭击的事。

　　"听着，我还好。"莉迪娅开口，对于发生的事还没说一个字。汤普森仔细听莉迪娅往下说。"你知道的，我们确实需要对此采取行动。"她讲完后，他说。莉迪娅同意向校园警察报告。她离开后，汤普森也采取了行动。"女孩们的人身安全"，他在几周后告诉《耶鲁日报》，是他"目前的主要问题"。

　　11月余下的时间过得很快。耶鲁的橄榄球队赢得了对阵哈佛的比赛，以常春藤联盟并列第一的成绩结束赛季。布鲁斯特采纳了黑人学生针对警察骚扰的其中一些提议，校园警方雇用了四名黑人警员。吉姆·索伯恩命令他手下的人在埃兹拉·斯泰尔斯学院的女浴室装锁。11月的天气变得寒冷潮湿；天黑得太快了。但如果你仔细听，你能听到改变的微弱敲击声。

101

　　直到11月，全国媒体还没刊登哪怕一篇重要文章来报道女权主义的兴起，但就在感恩节前，《时代》发了一篇关于妇女运动的三页专题。**性别歧视**（sexism）这个词太新了，因而《时代》把它放在引号里。"很多新出现的女权主义者情绪波动极为强烈，似乎试图在实际上赶跑其他女人。"《时代》报道，而很多女权主义者听到对自己的这种刻画后感到很好奇。女权

主义者"暴怒……好战……激进",《时代》继续写道。在某
处,它称她们为"愤怒者"("the angries")。

　　然而,即使《时代》对女权主义者本身没什么好话,文章
里依然包含了几个相关事实。只有 2% 的国会成员是女人,正
如只有 3% 的美国律师和 7% 的美国医生是女人,男女报酬的
差异正在加大。男人每赚到一美元,全职工作的女人只能赚到
58 美分,比十年前的 64 美分还低。全国各地的女人放下自己
的生活抬头看,吃惊地发现这样的模式,因而开始看到身边更
广阔的景象。

　　一些事情正在改善。航空公司乘务员再也不会一满 32 岁
就被解雇。全国妇女组织拥有三千名成员。《时代》所警告的
那些"好战的女人"正在全国各地见面。波士顿有二十五个妇
女团体,芝加哥有三十个,旧金山湾区有三十五个,纽约有
五十个,连佛罗里达的盖恩斯维尔(Gainesville)都有一个。
改变并不总是伴随着集会和海报到来。妇女运动"有望在接下
来的几个月声势愈加壮大",《时代》出版人兼耶鲁 1945 届学
生亨利·卢斯三世预测道。而异见人士比卢斯意识到的更接近
他的母校。

05

不限性别

康妮·罗伊斯特从没料到会有一个在耶鲁第一学期就闯
祸导致停学的室友，但是骚动一结束，贝蒂能搬回她们在伯克
利学院的房间并且重新开始上课后，康妮就开始拿这件事打
趣了。对贝蒂来说，康妮这样很好。把自己太当一回事从来没
好处。

"红色贝蒂"是康妮给她的室友起的新昵称。这个名字
部分来自贝蒂似乎从来不脱的红色 T 恤——贝蒂带来耶鲁的
小行李箱只装得下这么多衬衣，她也没有额外资金买更多衣
服。但红色也是跟共产主义联系在一起的颜色，因此体现了
贝蒂政见的新色调。贝蒂可能不喜欢学生争取民主社会组织的
大男子主义特点，但它有关工人权益的说法在她看来有道理，
如今贝蒂加入了耶鲁最左翼的学生团体之一——集体社（the
Collective），它的四十名学生成员每周一晚上开会，目标是在
耶鲁创建一个激进的学生运动。像"资产阶级意识形态"这样
的短语如今出现在贝蒂的对话中。康妮会听一会儿，直到忍受

不了。"不，我没读过《资本论》，不，我也不想马上读！"她最后会笑着说。而且，其他事让康妮太忙了。

在大多数日子里，你可以看见她骑着自行车从一个活动前往下一个：从约克街，那是她在兄弟会工作的表亲以及耶鲁戏协的所在地，一直骑到海地舞蹈演员埃默兰特·德普拉迪纳（Emerante de Pradines）位于伍斯特广场（Wooster Square）的工作室，或者骑出展望街（Prospect Street），去一个耶鲁同学的家。康妮无处不在。她有一种特殊本领，能在许多不同地方待得舒服，也能轻松地从一个圈子跳进另一个。

康妮上耶鲁，但她属于纽黑文。她去参加耶鲁黑人学生联盟的会议，但并不像雪莉和雪莉的朋友薇拉·韦尔斯那样经常待在黑人之家。她沉浸在戏剧和艺术中，但她也在社区做志愿服务——在迪克斯韦尔公理会教堂（Dixwell Congregational Church）辅导小学生，帮忙教舞蹈课，那是曾经跟传奇人物凯瑟琳·邓翰（Katherine Dunham）一起跳舞的德普拉迪纳提供给贫困儿童的。康妮是黑人并且来自一个长期活跃于民权事务的家庭，但是贝蒂和她的很多其他好朋友是白人。

如果说有一件事不受康妮在耶鲁的广泛活动的影响，那就是她对戏剧的爱。康妮从高中就在演戏。在一个如此注重学术的家庭，有一个身为如此卓越的律师和法官的姨妈，戏剧给了康妮一条令她觉得新鲜且无人走过的路径："这是我成为我的方式。"

康妮花了很多时间待在戏协，那是耶鲁的一个罕见岛屿，女人在场早就是常态。只有男性角色的戏剧可不多。在整个 19 世纪，耶鲁让男人扮演女人，以此解决这个挑战，但是到世纪之交，在对同性恋的焦虑下产生了一个新规矩：一个男人不能

105

连续两年扮演女性角色。会有人说闲话。到康妮入学时，戏协已经让女研究生和教师的妻子演了几十年戏，所以本科女生立刻融入了。女人可以在戏协表演。"她们可以当导演，"康妮说，"那里没人说你不能当。"

当然，别的耶鲁女性听到的是不同的讯息。不，你不能打曲棍球。不，你不能成为行进乐队成员。不，你不能在威芬普夫斯唱歌，也不能在《耶鲁日报》当编辑。不，当进行某次抗议时，你不能是站在房间前面、对着麦克风讲话的那个。耶鲁女性正在学习忽略这样的讯息，尽管你依然不会给她们贴上女权主义者的标签——好吧，除了其中一两个。为了理解为什么姬特·麦克卢尔到达耶鲁时已经是一个坚定的女权主义者，回顾她高中第一年会有帮助。

从外面看，姬特·麦克卢尔在耶鲁前的生活跟大学一年级许多其他女孩的生活很像。她在距离纽瓦克三十分钟车程的郊区长大，小镇里都是普通家庭和修剪整齐的草坪，除了一户之外，所有家庭都是白人。然而，如果你走进姬特家的前门，区别就已经很明显了。姬特的家庭是新泽西州小瀑布镇唯一一个——她确定这点——同时订阅《乌木》(*Ebony*)和《黑玉》(*Jet*)[1]杂志的家庭。詹姆斯·鲍德温(James Baldwin)的《下一次将是烈火》(*The Fire Next Time*)就放在咖啡桌上。贯穿姬特的高中岁月，每天晚上一起坐在餐桌边的是四个人：姬特，她的父母，以及她的两个黑人姐妹之一——埃米莉·斯穆特(Emily Smoot)或玛丽·简·韦斯顿(Mary Jane Western)。

姬特的母亲活跃于民权运动，作为种族正义承诺的一部

106

---

[1] 这两份杂志的主要读者是非裔美国人。下文的《下一次将是烈火》讨论的也是种族话题。

分，她决定他们家应该主动邀请南方的一位黑人高中生过来跟他们住两年，并且在当地高中就读。帕塞伊克谷地区高中不是新泽西最豪华的高中，但它比黑人学生就读的很多学校要资金充裕。这个安排也会给姬特带来好处。在其他孩子也都是白人的社区和学校里长大，对白人孩子来说不是好事。

来自密西西比州纳奇兹市（Natchez）的埃米莉·斯穆特的家人接受了姬特妈妈的邀请，当姬特 14 岁时，埃米莉过来跟她的家人住在一起。两个女孩很快把彼此当作姐妹。姬特那一年开始在帕塞伊克谷上九年级，她和高三的埃米莉一起上学[1]。除了在行进乐队和姬特一起演奏的一个孩子，埃米莉是整个高中唯一的黑人学生。埃米莉自己的家庭也很有爱，姬特曾经南下纳奇兹跟他们待过一段时间。正如姬特的母亲希望的那样，两个女孩的教育都从这个安排中受益。

埃米莉在 1967 年作为帕塞伊克谷高四年级的顶尖学生毕业后，田纳西州库克维尔市（Cookeville）的玛丽·简·韦斯顿来小瀑布待了两年，也成为姬特家庭的一部分。那年秋天，姬特和玛丽·简都是高三学生。当姬特的一名邻居看到玛丽·简到达时，她把姬特拉到一旁，担心地问道，"她全家都要搬来这里吗？"

玛丽·简相当爱好运动，所以姬特的妈妈会开车送两个女孩去纽瓦克的女子篮球联盟打球，在那里，姬特是队伍里唯一的白人女孩，而玛丽·简至少在几小时内能丢下身为房间里唯一黑人女孩的重负，那正是她在高中每一天的境况。就像埃米莉，玛丽·简不是姬特认为的那种政治激进人士，但是透过埃

---

[1] 美国高中学制为四年，九年级是高一。

米莉和玛丽·简的眼睛看世界，姬特看到了不同的景象，因为   107
她所见的是一个过去和未来都由种族塑造的世界。

　　姬特想了解美国种族的更多情况。她觉得黑人解放运
动的提议很迫切。她读了《马尔科姆·艾克斯自传》(*The
Autobiography of Malcolm X*)，然后又读了一遍。从那里产生
了对另一群体——女性——的歧视问题。作为一个吹长号的女
孩，姬特自己也尝到了一分苦楚。她读了贝蒂·弗里丹的《女
性的奥秘》，然后，在她高三之后的夏天，姬特迈出了她女权
主义教育的下一步。第一批意识觉醒团体刚开始在例如纽约和
芝加哥的妇女活动策源地见面。姬特很好奇。那年夏天她要待
在康奈尔做科学研究，也许那里的学生能告诉她更多消息。在
康奈尔，姬特和一些学生争取民主社会组织的成员一起玩——
他们是说服她在那个夏天坐巴士去芝加哥参加 1968 年民主党
全国代表大会抗议的人，她不停问她见到的组织成员同一个问
题："你对纽约的妇女运动怎么看？"最终，她找到了一个知道
答案的人。

　　姬特跟随自己得到的指引，在 1968 年秋天耶鲁正在决定
走向男女同校时，她坐火车从小瀑布到曼哈顿，寻找她了解到
的意识觉醒团体举办活动的公寓。找到地方后，姬特敲了门，
问她能不能进去。有些女人看了一眼姬特，心想，*你为什么来
这里？*房间里别的女人都是成年人。团体从来没有过一个还在
上高中的成员。"好吧，她总有一天要学的，而且她想待在这
里。"一个女人说。然后其他人同意让姬特加入。

　　在高中的最后一年，姬特总是坐火车从新泽西去她在曼哈   108
顿找到的女性团体。她练习长号，想象有一天女乐手能拥有和
男人一样的尊重。到姬特进耶鲁时，她已经决定妇女运动是她

想保持参与的事。但是纽黑文的妇女运动在哪里？在 1969 年 12 月初，姬特依然在寻找。用不了多久，她就会找到了。

耶鲁为期两周的圣诞假期让女学生们第一次可以好好喘息，暂时远离从 9 月起就在面对的挑战。她们在 1 月 5 日回到校园，参加本学期最后三周的课程。关于越战的骚动到那时已经平息，至少暂时平息了。美军人数下降了，寒冷的冬季天气也终结了鼎盛的抗议季节。12 月对征兵法的修订也让事情平静了下来。除了国家紧急状态，男人符合征兵条件的时限现在只有一年，而非七年，从满 19 岁那天起到满 20 岁那天为止。读大学的 19 岁男人会收到一张临时通行证。他们可以读完学位，不用担心要应征入伍，但是在毕业后那年，不管那时多少岁，他们都符合征兵条件。

对征兵法的第二项改变是建立抽签制，以此减少不公平现象，因为之前的征兵系统把多得不合理的黑人和工人阶级青年送去越南。抽签在 12 月进行，从一个玻璃缸里抽取一年里的每一天。生日最先被抽到的耶鲁学生一毕业就会被征召入伍。4 月 11 日是第十四个被抽到的，肯定会被征召，而 4 月 12 日是第三百四十六个——出生在这天的学生不会去越南，除非他自愿入伍。耶鲁的男学生现在知道他们的位置了，不论好坏。正如一名征兵顾问解释的那样："他们要么有一个走运的数字，要么有一个不走运的数字，从那里他们可以开始做出选择。"

随着越南问题的迫切程度减弱，其他问题有了浮现的空间。1 月 21 日，《耶鲁日报》即将卸任的董事会在最后一篇社论中主张耶鲁应该放弃它的一千个男人的限额，招收更多女学生。女人，它评论道，似乎也相当胜任领导职位。社论没有提倡招生时不限性别。编辑们敦促招收八百名男人和四百五十名女人组成1974届学生，这依然给了男人优待。但是一千个男人的政策受到了公开挑战——提出挑战的还是一个在耶鲁人眼中算不上激进的组织。

当《耶鲁日报》把尖利的社论抛向布鲁斯特时，耶鲁的女人们正在组织起来。到1970年1月，耶鲁有了两个不同的女性团体，都致力于改善耶鲁女人的命运。女研究生联盟（Graduate Women's Alliance）从9月起每周二晚开会。沿华尔街往下走一栋楼，新成立的耶鲁法学女性协会（Yale Law Women Association）也在周二开会，在周日晚上，两个团体的一些女人会一起走到橙街（Orange Street），纽黑文妇女解放组织（New Haven Women's Liberation）在那里的巴斯特·布朗鞋店楼上开会。大二学生雪莉·丹尼尔斯、康妮·罗伊斯特和贝蒂·施潘不是这些团体的成员，新生劳丽·米夫林和姬特·麦克卢尔也不是。耶鲁本科生要到那年春天晚些时候才拥有自己的女性团体。但是女研究生和纽黑文女权主义者的行动开始慢慢改变耶鲁的氛围，甚至对那些不知道她们存在的女人来说也是如此。

新成立的女性团体的目标尚未完全成形。当时，聚集组成一个女性团体，这个想法就足够激进了。比另外两个团体大一岁的纽黑文妇女解放组织开办了一个日托中心——在那之前纽黑文几乎没有这类机构。女研究生联盟开始首次记录耶鲁每个院系的女教员人数，这个项目包含采访系主任，询问招聘惯例、研究生录取情况以及对女研究生的假定。"女人的生命机

110

理中有种东西,"一名系主任告诉她们,"让她倾向于不如男人有野心。"

1月,联盟的一名成员说服大学书店在销售的书里增设女性图书专区,因而本科生也感受到了联盟的存在。学生们现在可以在必读的化学和政治科学书目之外,挑一本西蒙娜·德·波伏瓦的《第二性》或贝蒂·弗里丹的《女性的奥秘》。那名成员请求了五次才完成这项壮举,但是最后,书店经理心软了,尽管对要求开设新图书专区的女人不无讥讽。"我向你保证,"他宣称,"没什么比女权主义者的做法更不性感了。"

耶鲁法学院的女学生也很忙,在1月的一个周四,她们中的十八人走向莫里俱乐部,耶鲁的男性行政人员和教师喜欢的午饭地点,在餐厅几张擦亮的橡木桌边坐下。女人们进来时,已经在莫里吃饭的男人们转过去盯着看。领班暴怒。那是1970年,女人不允许在午餐时间进入莫里。

在有权势的男人用餐的俱乐部,禁止女人入内的做法并不罕见。在纽约的俄罗斯茶室、广场饭店的橡树厅、匹兹堡的斯托弗餐厅、旧金山的施罗德餐厅,以及亚特兰大、贝弗利山庄、芝加哥、代顿、底特律、迈阿密、明尼阿波利斯、锡拉丘兹和华盛顿的顶级餐厅,试图在正午的"高管时间"进入的女人都被拒之门外。连康妮·罗伊斯特的姨妈,美国地区法官康斯坦丝·贝克·莫特利,都面临过无法跟她的法官同事一起讨论的状况,因为他们在纽约市一家全男性俱乐部见面。最后,俱乐部规矩里的一个星号让莫特利免于被拒之门外,因为它允许男人的秘书加入他们。作为法院里最年轻的成员,严格来说她确实是法院秘书。

在纽黑文，莫里是见面的地方：耶鲁院系会议、律所招聘派对、与外来客人吃午餐以及威芬普夫斯常规演唱会的会场——威芬普夫斯是科尔·波特（Cole Porter）待过的耶鲁合唱团。教授跟学生在莫里吃午饭，系主任在这里接待空缺职位的候选人，在别处的正式会议结束后会到莫里喝一杯或吃一顿。为什么不呢？莫里是一个温馨、友善的地方，有很多深色木头，墙上贴满耶鲁运动队的照片，还有一个看人也被人看的主餐厅，你在这里可能会撞见布鲁斯特校长跟一名重要员工共进午餐，或者遇上一群耶鲁董事在伍德布里奇厅（Woodbridge Hall）开会后过来放松。决定在莫里做出，信息在这里分享，关系和人际网在此建立。这个地方简直随着权力脉动。

耶鲁把这个俱乐部用作会面场所，对所有男人来说运转完美。然而，女人被排除在外，只有在下午五点后才准许进入主餐厅——还要有男人带她们进去才行。没有女人获准成为会员。莫里的规矩非常清楚，领班告诉在那个1月下午大胆闯入的法学院女生。如果她们再待一会儿，他就会让警察以非法入侵的罪名逮捕她们。女人们从座位上站起来，从前门走了出去。战斗开始了，她们要终结莫里禁止女性入内的规矩。

112

然而还有一项倡议正在准备中：自由女性会议（Free Women Conference）。这是女研究生联盟、耶鲁法学女性协会和纽黑文妇女解放组织的联合行动。会议将在耶鲁法学院举办，在2月持续四天，将把女权主义演讲者和活动家从远至芝加哥的地方请到耶鲁。安排了工作坊，主题包括女性与法律、堕胎和耶鲁的男女同校。激进女权主义者内奥米·韦斯坦（Naomi Weisstein）和凯特·米利特（Kate Millett）都同意演讲。聚会将让耶鲁学生了解更多关于蓬勃发展的妇女解放运动的信息，也许最重要的是，给想法类似的女人和男人提供了机会，让他们彼此见面并一起计划未来的走向。比如说，他们能做什么来保证女人能得到安全合法的堕胎，而非很多人诉诸的秘密手术？他们能怎样使用法律来终结学术界对女性的猖獗歧视？他们能怎样推动耶鲁放弃对女本科生的限额？

　　为了宣传此事，女人们印了传单，在整个校园和纽黑文闹市区到处张贴。大多数海报在几小时内就被撕掉了。其他的被下流涂鸦损毁，因此会议组织者们养成了习惯，站在纽黑文街角并把传单散发给经过的人。姬特·麦克卢尔就是这样第一次听说自由女性会议的。一天下午，她正在穿过纽黑文绿地，一个女人拿着传单靠近她。她会有兴趣参加会议吗？姬特拿了一张传单，开始和发传单的女人谈话。姬特告诉她，她想创立一支全女子摇滚乐队，依然在寻找加入她的乐手。"棒极了，"拿传单的女人说，"来参加会议，我们会发布公告。"

　　她会去的，姬特说。她到耶鲁后一直在寻找纽黑文的妇女运动，现在她找到了。

　　1月22日，《耶鲁日报》质疑布鲁斯特的一千个男人限额的第二天，埃尔加·沃瑟曼见了她的女性顾问理事会（Women's Advisory Council）里的七名成员。她在9月创立了这个团体，目的是给女学生发声渠道，让她们谈谈耶鲁在男女同校上做得怎么样，每周她跟一半的成员共进午餐：一周跟大二和大三学生，下一周跟大一新生。每个住宿学院至少有一名代表，这让沃瑟曼对于校园内发生的事有一个完善的总体印象，而这周她并不喜欢她听到的事。"浴室的安全问题很迫切。"学生们告诉她。埃兹拉·斯泰尔斯学院，持刀事件的发生地，如今在女浴室装了锁，但是余下十一个学院里有十个没装。情况令人恼火。然而，沃瑟曼并不能简单地下令让改变发生。她没有那种权力。

在耶鲁，沃瑟曼担任两个与男女同校相关的委员会的主席。一个是这个女性顾问理事会，它为沃瑟曼提供咨询服务，由学生组成。另一个是大学男女同校委员会（University Committee on Coeducation），它为布鲁斯特提供咨询服务，主要由教师和行政人员组成。两个团体在那年都关心安保，但是两者的讨论都一直仅限于外人对女学生造成的威胁。**性骚扰**（sexual harassment）这个术语尚未发明，但那并不意味着它没有发生。

114

"校园里有很多对女性的不当亲近，来自教授，来自导师，非常非常令人心烦，所有年龄，所有婚姻状况，有时是指导教师，有时是你一直跟他上课的人。"一名大二学生说道。一名大一女孩在教授的办公时间寻求学术帮助，而他试图吻她。她再也没去过那里。

研究生也受到一些教授的欺凌。对其中一个人来说，事情发生在她甚至还没入学耶鲁时。在招生过程中，她展示了她的艺术作品集，她讨论完最后一幅画后，教授抓着她的双肩问她，"你现在没有别的东西要给我看了吗？"另一名学生受指导教师邀请，去他的办公室见面，在那里，"他要求我跟他做变态的事"。之后她从耶鲁退学。第三名学生也被指导教师骚扰。"他似乎记不住我不喜欢在讨论数据的时候被触摸，"她说，"我们对此进行了无数次令人恼火的讨论。"

对第四名研究生来说，麻烦来自她所在系的研究生主任，他本应帮助她规划课程，却把会面时间花在轻拍她的大腿和捏她的臀部上。第五名女学生去见一名教授，想更深入了解他在教授的一门课，却只听到他要求她跟他上床。第六名被两位不同教授求欢。第一次求爱来自一个全国知名的男人，第二次来自她仰仗其提供工作推荐信的人。尤为困扰她的是第二次。她认识这个人的妻子，而他却在这里提议偷情。跟对待第一位教授那样，她拒绝了他。她这么做了之后，"他似乎有点羞愧"，她说。他和另一位教授都没做出更多的示爱举动。她的拒绝没有遭遇报复。至少就这点而言，她是幸运的。

到 1 月，本科生在耶鲁还没待满一整个学期，但是几名教授已经开始对他们的目标下手了。当她的诗歌教授叫她加入他跟一小群高年级学生和研究生共同举办的每周文学午餐时，新生凯特·菲尔德（Kate Field）感到受宠若惊。凯特在马萨诸塞州最西边的森林和沼泽地之间的一栋房子里长大。胡萨托尼克河（Housatonic River）从附近流过。她的父母送她去了一所女子寄宿学校，其建校目的是训练年轻女人以符合卫斯理的入学标准，那是著名的"七姐妹"院校之一，到凯特进耶鲁时，她已经是一名发表过作品的诗人了。凯特以为教授邀请她参加文学午餐是因为他认为她有才华。

凯特参加了大约一个月的每周文学午餐，然后教授邀请她去耶鲁的树丛街公墓散步，公墓以其绿化景观和著名坟墓而为人知。凯特 17 岁，差不多是能上耶鲁的最小年龄。当教授扑向她时，她快速后退。他看错她了，凯特告诉他。她对那种关系不感兴趣。凯特不害怕教授，但她失望又愤怒——被耶鲁教师的一员当作一名有前途的年轻女作家不过如此。

大二学生丹尼丝·马耶（Denise Maillet）从卫斯理转学到
耶鲁。她不属于能划分耶鲁学生的任何一种标准类别，不管是
种族还是阶级。丹尼丝出生于纽约，她母亲的家乡，但成长于
委内瑞拉和波多黎各，她父亲被公司派驻的地方。丹尼丝不是
拉丁裔，但她能讲流利的西班牙语。她去过欧洲旅游，但她父
亲快退休了，所以在耶鲁，丹尼丝找了一份服务员的工作。丹
尼丝富有学识。整个高中期间，她和她父亲每周一起读一本
书——这一周读法语书，下一周读西班牙语书，第三周读英语
书，然后他们会花数小时谈论文学。丹尼丝也富有魅力。她从
14 岁起就开始做模特，她的所有衣服都依照《时尚》（*Vogue*）
杂志的版型，由她母亲亲手制作。

　　丹尼丝在耶鲁的第一个学期过得不错。她入学时已经在跟
一名耶鲁大四学生约会，著名的耶鲁威芬普夫斯的一员。她在
卫斯理读大一那年，他们在圣诞假期里认识，当时他的合唱团
在波多黎各表演，而她的家人参加了演唱会。不管他们是不是
在约会，丹尼丝都会申请去耶鲁，但他的存在帮她快速融入了
那里。周末被跟男友去威芬普夫斯演唱会、派对和橄榄球赛填
充。就像大多数别的女学生，丹尼丝几乎没有女性朋友，但她
"名花有主"的状态让她避免了很多耶鲁女性面对的大量男性
关注，让她能轻松自在地跟小伙子们交朋友。丹尼丝和男友在
11 月分手，但是那时她已经很好地适应了耶鲁。麻烦从 2 月
开始。

　　她的一名教授开始在夜里给她打电话。丹尼丝在耶鲁住少
有的单人间。当时还没发明来电显示和答录机。因此当电话响
起时，想着可能是她的父母或朋友或她刚开始约会的小伙子，
丹尼丝接了起来。"教授会在夜里打电话，想让我描述我身上

穿的睡袍，它摸起来有多软，紧不紧，诸如此类。"她如此讲述。在课堂上，教授给丹尼丝与男生不同的作业和测试，她那份充满了性指涉。丹尼丝觉得必须退掉这门课，但是那时已经赶不上报另一门课了。她的学分落后了。

　　那年春天，丹尼丝在一个校园委员会服务，主席是一名耶鲁行政人员。一天，他叫她去办公室见他，讨论委员会正在进行的工作。当她到那里时，他试图强奸她。墙上有他的妻子和孩子们的照片。丹尼丝设法逃走了，但之后她一直觉得脆弱。在那学期余下的时间里，她在波多黎各的家里跟家人待了很久。

　　就像经历过侵犯和骚扰的其他耶鲁女性，丹尼丝没有上报这些事件。为什么要上报呢？她会冒被视作撒谎者或者败坏名声的风险，因为大家觉得无论发生了什么，一定是她的错：她穿的衣服，她发出的信号。"好女孩不讲述她们身上发生的事。"一名女教授评论道。如果你讲了，那么你一定压根不是好女孩。即使一个女人愿意冒这样的风险，也没有投诉流程，犯罪者不会承担后果，甚至没有语言来形容发生的事。一名耶鲁助理教授，一位曾被一名资深教授求爱的已婚女性，把这件事在心里藏了好多年。"非常清楚，当这样的事发生时，你找不到任何能求助的官方人士。一个都没有。官方的，非官方的。"她说道。问题不仅限于耶鲁。斯坦福的女生训导长在 1965 年引咎辞职，因为大学除了叫教师骚扰者停止之外，什么都没做。

　　在耶鲁，当骚扰发生时，"你多半只是换指导教师、换课、躲开教授，而教授对女学生施压不会受到任何处罚"，一名女本科生说道。因此，暂时而言，男人实施骚扰的代价由他们针对的女人承担。

—————♀—————

　　那年第一学期的期末考试在1月24日结束，春季学期在两天后开始。对一些人来说，在耶鲁身为女人的压力似乎至少缓和了一部分。除去1月的《小姐》(Mademoiselle) 杂志拍摄了耶鲁女生的照片，媒体已经转去报道其他故事了。大家口口相传，哪些教授明显表达了他们对男女同校的厌恶，因此女学生知道不要报名他们的课。一些女生克服了女性友谊所面对的诸多障碍，如今有了一两个女性朋友。室友康妮·罗伊斯特和贝蒂·施潘关系亲密。雪莉·丹尼尔斯很感激拥有大三学生薇拉·韦尔斯作为指导者。劳丽·米夫林和一些打曲棍球的女孩成了好朋友。姬特·麦克卢尔的室友坎达丝 (Candace) 对姬特格外友善。

　　但是在1月底，当埃尔加·沃瑟曼问她的女性顾问理事会里的大一女孩，在耶鲁当一名女学生最困难的是什么时，她们的答案跟秋季入学时相同：她们"相互之间的孤立感"。考虑到不平衡的性别比，她们说，她们在耶鲁的朋友几乎都是男人。解决办法看起来很明显。"招收更多女人！"女孩们告诉沃瑟曼。一名新生已经开始请愿，呼吁耶鲁放弃一千个男人的限额，但是进展让她灰心。连一些耶鲁女学生都告诉她，她们不会签字。

　　沃瑟曼跟坐在餐桌旁的女孩们心情相同，非常想增加耶鲁女生的数量，她也喜欢她们的请愿想法——布鲁斯特在9月关于治校的重要演讲中说过，他会认真对待学生请愿。但沃瑟曼

120

警告女孩们，不要提任何要减少男生数量的话。男性名额减少后儿子被拒绝的校友"很可能会责怪女人"，她告诉她们，而这将"极大地破坏校友支持"。因此请愿的想法被放在一边。至少沃瑟曼这么想。

见完女性顾问理事会后，沃瑟曼回到了她在树丛街的办公室。她要准备第二天的男女同校委员会会议。她劝阻学生不要挑战布鲁斯特的一千个男人的限额，并不意味着她要放弃改善耶鲁女性命运的战斗。但是，她不能让自己成为布鲁斯特的敌人。那样太蠢了——布鲁斯特是耶鲁最有权力的男人。然而，不需要公开激怒金曼·布鲁斯特，有些办法也能推进耶鲁女性的斗争，沃瑟曼开始利用它们了。

她参加了耶鲁的很多会议，甚至包括她不必出席的，比如院长理事会、招生委员会和住房委员会的会议。参加这些的意义不在于那里做出的决定。沃瑟曼在耶鲁待得足够久，知道重大决定通常在别处、在晚餐或午餐时的安静讨论中做出。不，耶鲁这些委员会的价值是它们能让你接触到委员会的其他成员。如果你不被允许在莫里的主餐厅吃午餐，你需要另一种方式认识在耶鲁说得上话的人，而在委员会实际日程的无聊讨论之外与人闲谈就是其中一种。沃瑟曼在那些委员会会议上也学到了东西，听到了其他人不愿费心告诉她的信息，她还确保她的男女同校委员会里始终有几名耶鲁的顶级内部人士。

男女同校委员会是耶鲁有权者的花名册。它包括普利策奖得主约翰·赫西、耶鲁学院教学院长乔治·梅、副教务长乔治·兰登（George Langdon）、学生领袖库尔特·施莫克、法学教授埃伦·彼得斯以及首席精神病学家兼布鲁斯特的私人朋友鲍勃·阿恩斯坦。沃瑟曼的职位也许在耶鲁不够有分量，但是这些委员会成员有。就这样，她为会议做好了准备。

　　沃瑟曼对耶鲁权力运作的了解在其他方面也见到了成效。没有这份了解，她绝不能成功让女性研究课程获批。耶鲁专注男性的课程设计忽略了女性的经历和成就，可是让耶鲁的保守学术院系通过新课程几乎是不可能的，尤其是当你不属于教员时。沃瑟曼发现了耶鲁一个新规划里的机会：住宿学院研讨班。这些研讨班授予常规的学分，但它们绕过了常规的课程审批程序。相反，它们只需要一个学生几乎占了一半的学院研讨班委员会的同意，以及一个似乎赞成它见到的每份提案的教师委员会的支持。沃瑟曼毫不费力就发现了这个漏洞，因此在1月，耶鲁提供了它的第一门女性研究课程，"男性社会中的女性"，在当时，女性研究非常前沿，耶鲁是仅有的开设此课程的十所美国大学之一。

122

　　沃瑟曼在那年春天也设法增加了她得到的微薄预算。钱让你有能力创新和独立——但是在你仅有的资金只能勉强支撑一个办公室和一名秘书时做不到。因此沃瑟曼跟拉德克利夫学院董事、有钱的女人苏珊·希尔斯（Susan Hilles）要了一笔款项，而希尔斯乐于提供。耶鲁的筹款员工暴怒。"你没有权利从她那里要钱，"发展办公室的男人们告诉沃瑟曼，"她得把钱给我们。"

　　苏·希尔斯不那么看。沃瑟曼用这笔款项来增加耶鲁给她的少得可怜的员工，开设一个给女性的职业咨询项目，创建一个耶鲁女性可使用的资源名录，并雇用五名女学生在夏天推进那些她似乎永远找不到时间做的项目。

　　就这样，经过男女同校第一年，沃瑟曼利用她被给予的在耶鲁的立足点，建立了其他方面的权力。表面上，她谨慎地展

示团队精神，公开支持布鲁斯特对女性的观点。"我不想看到
如今留给男人的有限名额显著减少。"那年春天，她在一篇关
于耶鲁男女同校的文章中写道。假如她得到了她从布鲁斯特那
里寻求的支持，她本可能会继续好好配合，但沃瑟曼命中注定
在最后被视作"难缠"的，即便那是她最不想见到的事。

———— ♀ ————

123
12 月的气温在尚可忍受的 45 度 [1] 左右徘徊，来自加州的
新生听家人警告过新英格兰气候严酷，他们心想，这就是严酷
天气吗？但是从学生们结束圣诞假期返校后，白天差不多刚过
冰点，在 1 月末，北极锋把气温降到了个位数 [2]。冷到甚至没
法下雪。然而，这天气却一点也没阻碍学生们排长队等着在耶
鲁性咨询服务处见菲尔和洛娜·萨雷尔。从 10 月起，这对夫
妇的预约都约满了。

当然了，耶鲁男人在女人到来之前就希望自己能交到耶鲁
女友。这是他们中的一些人支持男女同校的最初原因。然而，
对异性的兴趣在耶鲁是双向的。即使耶鲁的女学生属于全国最
聪明的本科生，那并不意味着她们想在图书馆度过周六晚上。

"我们想要男友，"雪莉·丹尼尔斯说，"有男友很好。"雪
莉和她同样身为耶鲁黑人学生联盟成员的男友，几乎从一开
始就是一对。姬特·麦克卢尔在乐队里认识了她的男友。贝
蒂·施潘的男友是康妮·罗伊斯特的初中同学。别的女孩也开
始约会，跟她们在自己的住宿学院认识的小伙子，甚至跟那些

---

[1] 指华氏度，约 7 摄氏度。
[2] 约零下 12 摄氏度到零下 17 摄氏度。

看到她们在《老校区》中的照片后过来敲门的人。有男友很好，成为情侣也带来了额外好处。"如果你有男友，那么小伙子们就不会一直追求你。"一名大一女孩解释道。但是有男友也带来了另一种挑战：决定如何处理性。

仅仅因为能获取可靠的节育措施，并不意味着耶鲁每个十七八岁的女孩都想破处。在大多数女孩成长的家庭中，结婚前的性是禁忌。不到 10% 的耶鲁学生认为，在耶鲁围墙外的世界，婚前性行为是可接受的，而在耶鲁，对于有性生活的学生，双重标准依然存在：男孩是浪子，女孩是婊子。

一个从卫斯理转学来的学生见过那些被认为滥交的女孩经历了什么："我听过很多关于她们的话，都是恶劣的坏话，你知道的。"在对名声的担忧外，有些女人还在恋爱中受伤，因为她们的男友并不把性看作某种承诺，或者甚至另有女友。所有人都害怕怀孕。

那时还没有"罗诉韦德案"（Roe v. Wade）[1]。堕胎在美国的每个州都违法，康涅狄格州有着全国最严苛的反堕胎法之一。在那里，一个女人寻求堕胎、允许他人为自己实施堕胎或者试图自行堕胎都是重罪。法律付诸实施，惩罚是两年以下有期徒刑。1969 年 5 月，耶鲁第一批女本科生到达的四个月前，康涅狄格州议会投票否决了一条允许在乱伦或强奸的情况下堕胎的法案。

和节育措施一样，耶鲁在那年选择让本科生有机会堕胎。但是首先要有两名医学专业人士声明，怀孕严重危害学生的心理或生理健康，甚至可能危及生命，而且学生还得先知道医疗

---

[1] 此案在 1973 年判决，美国联邦最高法院裁定美国宪法保护女性的堕胎权。

服务提供堕胎。显然，很多学生不知道。正如一名大二女生说
的那样："如果你犯了错，如果你怀孕了，选择非常少。"

那么对于性的问题，应该轻松地回答**不**，但实际情况似乎
是明显的**是**。"总感觉应该破处，都性革命啦，诸如此类。"一
个来自新泽西的大一女孩说。然而，在这一切困惑中，耶鲁学
生至少可以找萨雷尔夫妇谈谈。

能和萨雷尔夫妇谈话"不同寻常"，一位来自华盛顿特区
的大一女孩说。"你 19 岁，试图理解你的性欲，而这两人在这
里，愿意跟你谈谈它。"

性咨询服务给了学生一个询问禁忌话题的地方，比如高
潮和身为同性恋。学生们可以学到男人和女人的解剖结构以及
没人教过的其他基础知识。但是讨论并不仅限于事实。"我们
试图帮助（学生）想清楚他们的性欲和性行为对他们自己和
他们伴侣的意义。"菲尔·萨雷尔告诉《耶鲁日报》，"我们不
说教。"

在那个年代，很多人依然认为性是男人对女人做的事，而
菲尔和洛娜·萨雷尔对他们见到的每个学生的价值观和欲望
都表示尊重，这种态度是革命性的。他们试图改变性规则本
身，确保性建立在良好沟通和信任的基础上。然而萨雷尔夫妇
能见的学生数量是有限的——性咨询服务一周只开放一天，但
人们迫切需要关于性的有用信息和对它的公开讨论。2 月出现
了一个解决方案。萨雷尔夫妇第一次开设了一门课程，那是菲
尔·萨雷尔在鲍勃·阿恩斯坦最初叫他来耶鲁时提的条件：人
类性学课程。

这门课没有学分。它不出现在学生的成绩单上。它唯
一需要的批准来自沃瑟曼的委员会。但是发出开课通知后，

一千二百名学生报了名——全体本科生的四分之一。人类性学
课程是曾在耶鲁学院教授的规模最大的课程。"它是校园里的　126
热门课程，"一名大一女生说，"好像每个人都在上这门课。"

　　跟性咨询服务一样，萨雷尔夫妇对这门课也采取了非正统
做法。在之前的10月，他们组建了一个学生委员会，让他们
作为伙伴参与创设和管理这门课。在耶鲁，成年人和本科生之
间的这种同事关系是不寻常的。正如一名加入委员会的大二女
生解释的那样："你更习惯待在班级里，听一名在那里待了很
多年的教授讲课，经常是男性，经常是白人。他是专家。你记
你的笔记，写你的论文，考你的试。"

　　人类性学委员会——这是大家给萨雷尔夫妇的学生团体
起的名字——与之不同。它包含十五名本科生，其中一半是女
性，以及六名研究生。委员会在萨雷尔家见面，那是纽黑文以
西六英里的树林中的一栋美丽房屋。萨雷尔夫妇让学生们如此
深入参与课程规划，因而在最初宣布人类性学课程将在春天开
课、课程向耶鲁本科生开放的通知里，署名的不是萨雷尔夫
妇，而是人类性学委员会的学生。

　　课堂结合了讲课、电影和小组讨论，话题覆盖节育、堕胎
及其替代选项、人际关系、高潮、性反应、怀孕、生产、性病
和同性恋。对有些学生来说，范围可能超过了他们的要求。不
是每个耶鲁学生都准备好了看一部一对夫妇生孩子的电影，或
者听一段关于手淫的讨论。第二年的《耶鲁日报》恶搞特刊宣
布，菲尔·萨雷尔正在写一本回忆录，标题叫《你**不想**了解的
关于性的一切……但我还是要告诉你》。

　　要报名课程，学生得填一份匿名问卷并交5美元，这给人　127
类性学委员会未来的项目创立了一笔基金。交不起5美元费用

的人能申请奖学金，但完成问卷的规定是不容妥协的。在第一
节课，没有填完问卷的学生站在门外，草草写下他们的回答。
"对或错？"问卷问道，下面列出了一百个陈述句。

> #26. 婚前性交的数量在一代人之前和今天一样多。
>
> #45. 男人的性表现与他的阴茎大小有关。
>
> #91. 总的来说，女人的性冲动保持得比男人久。

仅仅是考虑这些问题就挑战了学生们刚来时心中认定的
事实。"从强烈同意到强烈不同意为以下观点划定等级。"问卷
说，列了六十四个问题。

> #6. 手淫总的来说是不健康的。
>
> #51. 口—性器接触应被视为一种可接受的色情游戏
> 形式。
>
> #52. 堕胎是谋杀。
>
> #60. 只要母亲想要，堕胎就应该被允许。

最具挑战性的问题跟同性恋男女有关：

128

> #4. 应采取严厉法律措施反对同性恋行为。
>
> #53. 合意成年人私下的同性恋行为不应受到法律惩罚。

性解放也许放宽了对年轻男女之间的性的态度，但是
在 1970 年，同性性行为在除伊利诺伊州外的每个州依然是重
罪。美国精神病学协会（American Psychiatric Association）把

同性恋归为精神障碍，畅销书《你想知道的关于性的一切》
(*Everything You Ever Wanted to Know About Sex*) 告诉读者，同
性恋男女是"性变态"("sexual aberration")。作者大卫·鲁
本（David Reuben），一名在封面上显眼标注他"医学博士"
头衔的医生，把长达二十一页的一整章用来写男同性恋。"同
性恋"，鲁本医生告知读者，"喜欢危险"并且倾向于把"钢
笔、铅笔、口红、梳子、汽水瓶和女用电动剃刀"塞进自己的
肛门。针对"女同性恋"写了三页，作为卖淫章节的一部分。
"大多数妓女是女同性恋。"鲁本医生写道。

在耶鲁，同性恋男女的话题"极为隐秘"，一名女本科生
说。在一些角落，同性恋学生向异性恋学生出柜是安全的。艺
术群体不以此为耻。"我们都知道谁是谁不是，"康妮·罗伊斯
特说，"那是一个大家庭……我们非常非常紧密。非常紧密。"
但是在耶鲁其他地方，情况没这么容易。

"在耶鲁，有种对同性恋的明显**恐惧**。"两名女本科生评论
道。在耶鲁当男同性恋"痛苦而困难"，一名男同性恋说，而
很少有女学生能想到她们认识的哪个同学是女同性恋。正如姬
特·麦克卢尔说的那样："在耶鲁找到一个女同性恋，要比找
到黑人女性还难。"当然，女同性恋是有的，但是大环境使得   129
大多数人把这个身份藏起来。在 1970 年的耶鲁，性的很多方
面不为人所见。同性恋学生的存在只是其中之一。

06

玛格丽特要发言

耶鲁校友办公室的员工对自己颇为满意。一年一度的仲冬校友日将在 2 月 21 日周六举办，这一年的活动有望成为迄今最成功的一次。超过一千名校友及其妻子将出席，人数为史上最多。这群人会在富丽堂皇的大学餐厅享用一顿铺着白桌布的午宴。金曼·布鲁斯特会讲话。会颁发奖项。之后人群会转移到隔壁的伍尔西大厅（Woolsey Hall），观看精彩的收尾活动：新建的贝克顿工程和应用科学中心（Becton Engineering and Applied Science Center）的落成典礼，布鲁斯特会在典礼上把大楼的钥匙递到捐款的那个男人手中。

亨利·P. 贝克顿（Henry P. Becton）是完美校友：忠于耶鲁，格外慷慨，并且非常非常富有。1947 年，从耶鲁毕业十年后，贝克顿和他的合伙人费尔利·迪金森（Fairleigh Dickinson）接手了他们的父亲们成立的医学器材公司。到1970 年，贝克顿-迪金森公司跻身《财富》（*Fortune*）杂志 500强。年收入逾 2 亿美元，年利润超过 1600 万美元。贝克顿对耶鲁的忠诚根深蒂固。他在威芬普夫斯唱过歌，甚至写了《伊莱之子》(Sons of Eli) 的歌词——这不是耶鲁男人耳熟能详的颂歌之一，但也收录在了正式的耶鲁歌集中。亨利·贝克顿有两个孩子在耶鲁就读：大四的杰弗里 (Jeffery)，还有辛西娅 (Cynthia)，二百三十名大一女生中的一员。耶鲁校友办公室的男人们明智的话，本来应该问问辛西娅·贝克顿在耶鲁过得怎么样。但是在万全的规划中，他们偏偏忘了这一步。 131

在周五，校友活动的前一天，辛西娅和她的室友玛格丽特·库恩 (Margaret Coon) 跟一群朋友坐在一起吃午饭。大家聊起了耶鲁对女本科生的数量限制以及随之而来的 7 ∶ 1 男女比例造成的种种挑战。玛格丽特上的是男女同校的公立高中，在那里，身为女孩当然是你身份的一部分，但那并不是你走进房间时别人看到的唯一标签。耶鲁版本的男女同校与之毫不相同。玛格丽特痛恨在课堂上被要求提供"女人的意见"，也不喜欢耶鲁继续在每个周末请来成车的其他大学的女孩。桌上的其他女人补充了她们的故事。跟她们坐在一起的男人们也不太喜欢耶鲁的失衡比例，但是到目前为止，还没人想到改变它的好办法。

从曾经的男人村庄，耶鲁已经取得了长足的进步。第一批女本科生仅仅身处此地就带来了改变：在讲座的末尾举手提问，在化学实验室滴定溶液，追着穿过老校区的曲棍球跑。从1701 年起，耶鲁就禁止女人进入这些空间，如今她们来到了这里，推开了耶鲁长久以来认定女人不如男人的障碍。然而，并不是每个障碍仅仅因为女人在场就会消失。有时需要更直接的行动。

跟玛格丽特和辛西娅同桌吃饭的学生之一抛出了一个想 132

法。耶鲁第二天的重要校友午宴怎么样？如果学生在那里做点什么会怎么样？兴奋传遍了餐桌。耶鲁的大部分学生认为校友是录取更多女生的主要反对者。要是校友能放弃坚持一千个男人的限额就好了，学生们推论说，然后布鲁斯特和耶鲁集团就能自由地加快男女同校的步伐。校友午宴是陈述变革理由的绝佳机会。到当天结束时，玛格丽特和辛西娅已经拟定抗议计划，召集了一支执行团队，并且给团体起了名字：促进耶鲁进步男女会（Women and Men for a Better Yale）。尽管团体有男有女，但只有女人会参加抗议。这样校友们可以亲眼看见他们听说了诸多事迹的合校女生。

　　第二天下午一点，一大群西装革履的校友和他们身穿酒会礼服的妻子并肩进入大学餐厅，在校友午宴上入座。客人开始用餐和彼此闲聊。他们没人注意到其中一个给他们端菜的勤工俭学学生打开了讲台后一扇上锁的门，让女孩们进来。四十个女孩，都是跟玛格丽特和辛西娅一样的大一新生，进入了餐厅。她们中的一些人拿着抗议牌："终止女性压迫"和"女性站起来"。尽管大多数人穿了牛仔裤，但是玛格丽特穿了一条连衣裙，用蝴蝶结把长发整齐地扎在脑后。她走上金曼·布鲁斯特和一些其他重要人士就座的讲台，用她能发出的最平静的声音，问了布鲁斯特一个问题："布鲁斯特先生，我想对校友们说几分钟话。可以吗？"

　　布鲁斯特吃了一惊。校友午宴通常是无趣且墨守成规的事务，不是进行即兴抗议的场所，但是布鲁斯特天性宽厚，乐于倾听学生的观点。他打手势示意玛格丽特去麦克风那里，于是她走上前去，看向人群。尽管她在高中演过戏，也曾作为优秀毕业生代表六十七名学生致辞，但她从没在这么多或者这么可能怀有敌意的听众前演讲过。玛格丽特用右手拿起麦克风的长柄，眼睛向下扫视左手里的笔记，开始讲话。

"我们人数不够，"玛格丽特告诉校友们，"我们分散在极小的团体中。"在玛格丽特讲话时，其他大一女孩在校友和妻子们就座的长方形宴会餐桌之间沉默地来回走动，散发传单，上面写了女生人数稀少造成的挑战。姬特·麦克卢尔是抗议者的一员。前一晚，当范德比尔特大楼传开消息说促进耶鲁进步男女会计划开展行动，姬特毫不犹豫地说她会参加。按照耶鲁的速度，到她毕业时，女学生的数量依然会大大少于男生，甚至没人说要实行不限性别的招生。然而，计划抗议是一回事，姬特发现，实际执行起来很吓人。在那个装满重要男人的巨大房间里走动令人惊恐，因为你知道自己不应该在那里。

玛格丽特讲了三分钟。"在招收一千名'男性领袖'的同时只招收二百五十名女性不仅是性别歧视，也是糟糕的教育。"她说。然后她介绍了他们团体的解决方案："把 1974 届学生的数量限制在一千人……七百名男人和三百名女人。"玛格丽特要求耶鲁在当周结束前同意团队的提议，这引发了人群里的零星笑声，布鲁斯特也轻笑了一声。那可不是耶鲁办事的规矩。玛格丽特走下讲台，学生抗议者跟入场时同样迅速地离开了大学餐厅。

姬特希望布鲁斯特会对校友们说明给女性提供同等机会的理由，但这不是他的意图。在开始他事先准备好的、关于耶鲁的经济经营状况的演讲之前，布鲁斯特回应了玛格丽特·库恩的批评。他首先寻求听众的同情，说他最近经受了不仅来自学生还有来自校友的"骚扰"。尤其刺痛布鲁斯特的是近期的一本书，《强奸耶鲁》(The Rape of Yale)，作者是一名耶鲁校友，

134

他指控布鲁斯特是激进左派。"和耶鲁结婚七年后，"布鲁斯特告诉人群，"被岳父指控强奸实在是有点无情。"

　　布鲁斯特对校友的担忧不无道理。有些人，就像《强奸耶鲁》的作者，认为布鲁斯特应该把关于民权和越南的看法藏在心里。很多校友愤怒于他们的孩子不再像曾经那样容易进入耶鲁了，因为布鲁斯特和英基·克拉克减少了招生时对校友子女的优待。尽管很多耶鲁学生认为情况并非如此，但其实布鲁斯特和校友之间并没有进行大型讨价还价，以坚定保留本科男生的数量为条件换取男女同校。最终决定做得如此匆忙，因此几乎没有与校友商议。有些人可能担心，因为招收女性而生气的校友会停止向耶鲁捐款，但是在男女同校的第一年，校友捐款逾460万美元，又创新高。关于男女同校，假如布鲁斯特和校友间真有问题的话，完全是他自己造成的。

　　在耶鲁宣布将实行男女同校后的那周，布鲁斯特向一个耶鲁校友基金会的听众承诺，耶鲁的男女同校决定不会影响耶鲁招收的男人的数量。两个月后，他向另一个校友基金会重申了这个承诺。在玛格丽特·库恩刚讲过话的校友宴席上，布鲁斯特补充了一个耶鲁不能减少千名男领袖的新理由："对校友的责任。"承诺也许做得并无必要，但是布鲁斯特不打算食言。然后布鲁斯特重复了他关于耶鲁使命的标准台词。男女同校"非常成功"，他评论道，但是耶鲁"对国家负有教育责任"。它不能考虑任何"以男人数量为代价来增加耶鲁女人数量"的措施。

　　至于抗议者们本身，布鲁斯特轻蔑地称女孩们为"太小的一群女本科生"。但是读过《耶鲁日报》1月社论的人——很多校友订阅了这份刊物——知道呼吁变革的不仅仅是女性。促进耶鲁进步男女会的名字和成员组成也说明了这点。然而布鲁斯特也轻蔑地打发了支持更平等的性别比例的耶鲁男人："我们不能把女人当作示好的礼物，每年给他们一些。"说完了男女同校的评论，布鲁斯特回到他关于耶鲁财政的演讲。当他做完总结时，校友和妻子们起立鼓掌，然后整个房间的人都站起来唱耶鲁校歌《美好校园年华》(*Bright College Years*)，拿出手帕，依照传统，在唱到结束语时把手帕挥舞过头顶："为上帝，为国家，为耶鲁。"

　　雪莉·丹尼尔斯不在抗议现场。大二大三女生没有人在——组织活动的是大一新生。但就算她知道这件事，雪莉也不太可能去。把耶鲁学生的社交生活隔绝开的种族界限也割裂了耶鲁的大部分学生政治行动。在校友午宴抗议的开头，几名黑人大一女生跟她们的白人同学一起进入大学餐厅，但是她们不喜欢玛格丽特·库恩说的话，因此提早离开了。"我们听了演讲，但它听起来更像是反对男性，而不是支持女性，所以我们走了。"其中一人后来解释道。关于性别问题的任何裂痕都威胁了耶鲁两百名黑人本科生的团结，他们几乎都是耶鲁黑人学生联盟的成员。此外，耶鲁的黑人女性并不认为她们的男同学是问题所在。

　　"女性在耶鲁黑人学生联盟感到受尊重。"洛杉矶医学预科生卡萝尔·斯托里说。团体"给人的感觉是因种族而团结，而不是因性别而分裂"。白人女学生在她们加入的由男性领导的白人行动团体里并不经常体验到同样的尊重。在那里，女性

136

"得不到讲话的角色",大三学生朱迪·贝尔坎(Judy Berkan)说,她参与了学生争取民主社会组织和几个左派的专门倡议行动。"我们是舔信封的人。"贝蒂·施潘对于她在赖特大楼的静坐抗议有同样的感受。没人喜欢当隐形人。

在黑人之家,黑人女性并没有体验到那种对发声的抑制。在耶鲁黑人学生联盟制定策略的会议上,男人们倾听雪莉和其他黑人女性说话。有时讨论变得很激烈。雪莉并不畏惧说出心声。跟很多白人领导的学生组织不一样,联盟的女性很快就上升至掌权的职位。在第一学期末,雪莉和她的同学希拉·杰克逊(Sheila Jackson)当选两个高层领导职位:希拉成了联盟的财务主管,而雪莉成了联盟下属一个最大的委员会的主席,即招募、指导和咨询委员会,它负责团体的重要活动——招募黑人学生来耶鲁,并且在他们入学后确保他们毕业。在圣诞节和春假期间,耶鲁的黑人本科生前往十几座不同城市的黑人高中,从洛杉矶到底特律、小石城和费城。耶鲁支付机票、食物和当地交通的开支;学生们跟家人或朋友住在一起。除了协调所有那些学生访问,雪莉还管理10000美元的年度预算,并且定期跟招生副主任W. C. 鲁宾逊(W. C. Robinson)和萨姆·昌西会面,鲁宾逊是耶鲁少有的黑人行政人员之一,而昌西由布鲁斯特任命负责增加耶鲁招收的黑人学生数量。雪莉还管理耶鲁黑人学生联盟的助学金计划以及针对未来学生的咨询和指导项目。这正是她在那年冬天的联盟选举来临时想要的职位。

然而耶鲁黑人学生联盟的优先事项并不包含很多影响黑人女性的问题。关于那些问题,黑人女学生需要自己行动。让四十名黑人女性作为团体定期开会的尝试没有超过一个月,但是在黑人之家,大二大三女生一直在彼此谈话。她们如何融入美国社会？身为黑人女性意味着什么？讨论很重要，雪莉评论道："因为很多时候，黑人女性并不思考她们是谁、她们是什么身份以及她们需要做什么。我们基本上为世上其他所有人服务。"

雪莉开始自己研究女性问题，而在她的研究中，有一件事尤为突出："有种图腾柱那样的等级制度，黑人女性永远处于底部。"美国的工资统计为雪莉的陈述提供了数据。1970年，白人男性的年薪中位数是7900美元。黑人男性的数字跌到了5300美元，白人女性是4600美元，而黑人女性只有3500美元——不到白人男性的一半。

耶鲁黑人学生联盟的一些男人争论说，黑人女性得到了黑人男性不会被雇用的工作。"瞧，"雪莉说，"我看了统计数据，那不是事实。我们依然赚得比你们少。我们依然得不到你们作为黑人男性可以得到的工作。"《时代》杂志没有反对。"黑人女性是劳动人口中收入最低的成员。"它报道说，"受过八年级教育的黑人男性的收入中位数高于受过一些大学教育的黑人女性。"正如雪莉评论的那样，"那不是男人们喜欢听到的对话"。

雪莉的朋友薇拉·韦尔斯加入了那些讨论，但她更关注耶鲁的另一个问题，也就是黑人女教员的缺席。她在大学的前两年大不相同。转学来耶鲁之前，薇拉上的是霍华德大学（Howard University），华盛顿特区的一所传统黑人大学。但是在大二结束后的夏天，薇拉跟霍华德法学院的一名毕业生结婚，还没拿到学士学位就跟他搬到了纽黑文。薇拉的母亲，匹兹堡的一名美容师，非常失望。薇拉是家族里第一个上大学的人，现在她却不能毕业。然而，薇拉和她的新婚丈夫搬到纽黑文几个月后，耶鲁宣布它将实行男女同校，薇拉获得了第二次机会。之后的 9 月，她成了大三年级的七名黑人女性之一。

在耶鲁，薇拉震惊于全体教师有多白。"在我看来太奇怪了。"薇拉说。在耶鲁数百名教员和行政人员当中，只有五名是黑人女性——两个在护理学院，两个在耶鲁儿童研究中心，还有一个在戏剧学院，并且她们没人教本科生。黑人女性也在耶鲁的课程中缺席。新开设的女性研究课程的教学大纲没有提及黑人女性，耶鲁美国黑人研究项目提供的课程也几乎只关注男性。因此薇拉疑惑：为什么他们不能在耶鲁开设一门关注黑人女性的课并且聘请一名黑人女教授执教呢？

当薇拉把她的想法告诉美国黑人研究项目的主任时，他说他的预算里挤不进一门黑人女性课程了，但是建议她试试让这门课作为住宿学院研讨班通过，也就是沃瑟曼把"男性社会中的女性"塞进课程中的路径。薇拉跟她的同学塞西莉娅·麦克丹尼尔（Cecelia McDaniel）说起她了解到的关于开设一门黑人女性课程的情况。"这是我们应该做的事。"两个学生达成一致。整个春天，薇拉和塞西莉娅制订了一个课程提案，这门课将研究从恩津加（Nzinga）和娜芙蒂蒂（Nefertiti）到索杰纳·特鲁思（Sojourner Truth）和罗莎·帕克斯的黑人女领导者。西尔维娅·布恩（Sylvia Boone），塞西莉娅在纽约的亨特学院（Hunter College）的教授之一，将会教这门课——耶鲁没人了解课程材料。课程通过时，薇拉激动不已。"黑人女性：昨天和今天"将在当年秋天开设。

——♀——

促进耶鲁进步男女会组织的校友午宴抗议的新闻迅速传

遍了校园。"那是件非常'不耶鲁'的事。"两名女研究生评论道。这个故事讲起来更令人称奇。这句话传遍了餐厅：你听说了吗？你听说一群大一女孩刚做的事了吗？

　　刚听到发生了什么时，埃尔加·沃瑟曼深感震惊。增加耶鲁的女学生数量至关重要。沃瑟曼已经知道这点好几个月了。但是这种行动——偏偏选择打断冬季校友聚会——可能会带来反作用。在试图改变一个像耶鲁这样固执的地方时，你必须十分谨慎，沃瑟曼想。你不能太咄咄逼人。上个月，在她告诫女性顾问理事会里的请愿爱好者不要建议耶鲁减少男学生的数量时，她说明的就是这个观点。如今却来了这一出。连同情女孩们的目标的人都可能因为她们的做事方法而心生厌恶。"她们本应安静地把问题提交给校长，而不是在这里大闹一通。"一名校友抱怨道。没错，沃瑟曼想。如果变革跟"激进元素"（这是沃瑟曼的说法）联系在一起，那么连她希望的递增式进步也会受威胁。

　　把身穿连衣裙、头扎整齐马尾辫的詹金敦高中（Jenkintown High School）优秀毕业生玛格丽特·库恩描述为一个"激进元素"确实看起来过于牵强了。把校友活动打断了三分钟，这也许给布鲁斯特制造了一些不适，但他总是反应迅速，而且女孩们安静地离开了。"我们不是投弹手，"促进耶鲁进步男女会的一名男性成员解释道，"我们所有人都试图在系统内努力，而不是把它炸毁。"然而，大多数人是从媒体报道中了解到抗议的，而《纽约时报》在描述事件时可没说学生们的好话。

　　《纽约时报》把抗议登在周日版的头版。"约四十名耶鲁大学的新合校女生入侵了一次安静的校友日午宴……她们拳头紧

140

握且拿着标语牌，抗议男女比例。"文章如此开头。"一名合校女生大步迈上讲台，抓起麦克风，给一千名震惊的来宾上了一课。"玛格丽特·库恩几乎认不出这描写的是她自己。

其他报纸跟进了新闻，包括《洛杉矶时报》（*Los Angeles Times*）新闻社。《纽约邮报》（*New York Post*）派了一名摄影师，在范德比尔特的入口通道门前给辛西娅·贝克顿和玛格丽特拍了照。第二周，当报道在斯波坎流传时，玛格丽特被描述成既是一名"好斗分子"也是一名"漂亮的新生"。玛格丽特的父亲把《纽约时报》的文章保存了下来，展示给朋友们看。他为她的行动自豪。但是对玛格丽特来说，在 18 岁时被醒目刊登在《纽约时报》头版的经历有点难以承受。

校友对于学生抗议者的恼怒程度似乎远远不如《纽约时报》。"她们的诉求很合理。"一名在午宴现场的耶鲁毕业生评论道，而且在玛格丽特讲完话时，校友们鼓掌了。很多人把新来的女学生看作耶鲁大家庭的一部分——既是象征意义上的，也是字面意思上的。亨利·贝克顿不是唯一一个有女儿在耶鲁上学的人。贝克顿本人一点也没有受到抗议的困扰，之后他还去了辛西娅和玛格丽特在范德比尔特大楼的房间。"他是个非常好的人，"玛格丽特说，"他似乎被整件事逗乐了。"

然而沃瑟曼对于校友反应的忧虑并非毫无根据。"我觉得她们有点放肆，"1926 届学生的一员说，"你邀请她们来这里，现在她们想接管这个地方。"一个男人对姬特·麦克卢尔说了恶劣的话，她当时只不过才十几岁而已："难怪你是女权主义者——你长得真丑。"但是比这名校友的回应更令人震惊的是女孩们的几个男同学的评价："妇女解放？你们需要的是痛快来一发。"姬特用细致的手写体在日记里写下这些评论。然后她在末尾补充道:"这些反应让我不安和惊讶。"

———— ♀ ————

校友午宴抗议一周后,一名打扮成自由女神像的研究生在午餐时间进入伯克利学院的餐厅,由六名女研究生和姬特·麦克卢尔陪同。自由女性会议将于接下来的周末在耶鲁法学院举办,会议的组织者想确保每个耶鲁本科生都知道此事。一行人进入餐厅时,姬特用长号吹了一支奏鸣曲,现在所有的眼睛都盯着她们,女人们表演了一出滑稽短剧。"拿走她的火炬,给她一个拖把!"她们喊道,假扮成骚扰自由女神的男性沙文主义者。"拿走她的王冠,给她一些卷发夹!"伯克利学院的一些学生鼓起了掌。其他人起哄。姬特和其他女人散发了印有自由女性会议细节的传单,然后她们转移到下一个住宿学院的午餐人群中,重复她们的表演。

两天后,会议开始了。周四晚的重头戏是女权主义电影展映,但周五晚的两个奠定基调的演讲者吸引了最多人——约五百名女性和数量可观的男性群体。激进女权主义者凯特·米利特和内奥米·韦斯坦将发表演讲,每个人都想去听。米利特第一个上台。她将在几周后为她在哥伦比亚大学的博士论文答辩,论文将在当年晚些时候作为《性政治》(*Sexual Politics*)一书出版,它把马克思主义理论应用到性别政治领域,成了第二波女权主义的奠基作。当凯特·米利特走上台时,一阵激动传遍了法学院礼堂,她传达的信息比当月早些时候贝蒂·弗里丹在耶鲁做的演讲要大胆得多。女性要做的不只是修订几条法律,米利特告诉面前的人群。态度、假设、系统和权力结构都

143

需要改变。但希望是有的。"我们占53%——是全国最强大的政治力量！"她宣称。"没错！"人群发出喊声。

给凯特·米利特的掌声刚落下，内奥米·韦斯坦就走上了讲台。韦斯坦住在芝加哥，不如住在纽约的米利特有名，但她在那天晚上分享的个人故事让听众中的很多女性产生了共鸣，尤其是研究生。韦斯坦29岁，拥有哈佛的心理学博士学位和芝加哥的罗耀拉大学（Loyola University）的教职。当晚在纽黑文，她对听众讲了她以学术为业的目标和阻碍她的性别歧视：一座哈佛图书馆禁止女性入内，免得她们让男人分心；一名哈佛教授禁止她使用所需要的研究设备，因为作为女性，她可能会把它弄坏；芝加哥大学的亲属回避规定让她无法入职，因为她丈夫在那里教历史。韦斯坦曾以为只要更努力、更聪明，她就能到达她想去的地方。但是她认为，个人资历，不管多么完美无瑕，对于女性来说都是不够的。韦斯坦的信息很明确，一名女研究生之后写道："社会结构的变革需要一次社会运动。"你无法独力完成。

耶鲁女性中没几个人会同意她的看法。个人成就到目前为止对她们来说都很管用。她们在耶鲁，不是吗？"对我来说，你做的事情是，你去上课，你参与，你表现良好，你给别人留下好印象，让他们觉得有女性在身边、让女性作为平等同伴有多好。这就是你做的事。"一名大二女生说。

曲棍球运动员劳丽·米夫林也不觉得有必要参与女性团体。确实，耶鲁缺乏任何女子运动队的情况让她吃惊，但她已经在着手改变此事了。努力前进就好，劳丽想。努力前进，在你的学科领域、在你的运动方面、在《耶鲁日报》里出人头地就好。不管你要做的是什么，好好做，让人看到你擅长它。

　　大多数女性甚至没想过要挑战耶鲁实行男女同校时制订的规矩。她们只是觉得能在这里就很幸运。被耶鲁录取"像是一种慷慨"，洛杉矶医学预科生卡萝尔·斯托里说。"第一年……女生们觉得非常感激，"埃尔加·沃瑟曼评论道，"她们觉得自己像是受邀进入一个奢华之家的客人，我们请她们来真是太好了。"有些女孩干脆低调行事，进入了求生模式。让我完好无损地读完大学，拿到学位就好，一名大一女孩在尤为艰难的日子里会如此跟自己说。

　　无论如何，耶鲁女性如此不同。很难想象她们要怎样联合起来引发变革。她们成长于不同的地方。她们学习不同的科目。她们住在不同的住宿学院，将在不同的年份毕业。她们来自收入不同、宗教不同且政治观点不同的家庭。"我们就像任何其他混杂人群一样差异巨大。"一名在堪萨斯长大的大一新生说。她父亲是一名没读完高中的邮递员，她母亲是家庭主妇。她和来自东北地区的寄宿学校女孩有什么共同点？把她们联结在一起的只有她们作为耶鲁女性的经验。然而，对于一些学生来说，作为耶鲁女性的共同经验就足够了。

　　自由女性会议卖完了所有的妇女解放徽章和印刷品，不得不向远至巴尔的摩的地方订购新物资。会议让想法类似的女性彼此认识，并且让耶鲁学生接触到女权主义的想法和目标。它产生了一份两页长的文件，《促进平等的非正式提议》（"Unofficial Proposals for Equality"），列出了优先的行动事项：

　　　为什么不要求从 1974 届起采纳男女对半的本科招生　　146
　政策？

　　　为什么不要求开设一个由女性设计、管理和教授的女性研究系?

为什么不要求耶鲁废止为男女分设的工作类别和男女工资不平等?

为什么不要求耶鲁和耶鲁–纽黑文医院公开要求终止康涅狄格州的反堕胎法?

为什么不要求提升全职女教员的百分比,直到数字至少与耶鲁女学生的百分比相同?

对于姬特·麦克卢尔来说,自由女性会议办得好极了。姬特认识了其他女权活动者,她们给了她电话号码,以便之后联系,而且在周六的会议上,会议组织者向人群指出了姬特,称她想建立一支全女子摇滚乐队。之后,三个女人来找姬特,问她是否想加入她们的乐队。她们已经排练过一次了,甚至已经给乐队取了个名字:纽黑文妇女解放摇滚乐队。弗吉尼娅·布莱斯德尔(Virginia Blaisdell)吹圆号,珍妮弗·奥博德(Jennifer Abod)是主唱兼鼓手,而朱迪·米勒(Judy Miller),最初想到办乐队的人,买了一套二手架子鼓,正跟着弗吉尼娅的丈夫学打鼓。来一个长号手真是太好了。姬特当然答应了她们的邀请。纽黑文妇女解放摇滚乐队获得了一位非常投入的乐手,而姬特·麦克卢尔离达成她来耶鲁时心怀的目标近了一大步。

对于参加了自由女性会议的人来说,这个周末带来了一阵希望和激动的热潮。然而会议后的狂喜多少被会议最后一天

发生的事所冲淡，它早早提醒众人，变革不会迅速或轻易就实
现。日程安排中周日下午要进行最终聚会，男男女女可以"来
一起讨论和解决问题"。当参与者到达法学院参加最后的会议
时，他们发现六百人——主要是学生——在排队等候另一个活
动。耶鲁法学院电影社在举办另一个色情电影节，它把今年的
活动安排得与自由女性会议相重叠。罗斯·梅尔电影节（Russ
Meyer Film Festival）重点放映由全国领先的低成本性爱电影制
作方出品的六部电影。"罗斯·梅尔来了：拿好爆米花。"贴满
全纽黑文的广告海报写道。

电影社决定让色情电影节和自由女性会议同时举办，就
像之前那次定在男女同校周的第一天，这是一个故意的滑稽笑
话。妇女解放会议？我们会给她们点颜色看看。当时全国激烈
辩论的问题给了罗斯·梅尔的裸体色情片放映一点点体面：色   148
情是艺术，还是说它只是淫秽？它应该作为言论自由的一方面
被赞扬，还是由于下流而被禁止？然而，至于为什么六百名小
伙子和少数几名女性那个周日在法学院排队等候，与这样的哲
学辩论基本无关。

罗斯·梅尔从好莱坞飞过来参加电影节，还带了两个小
明星，"美丽的大胸娘们"，用一名耶鲁学生作者的话说。作
为耶鲁电影节的焦点为梅尔的色情电影带来了信誉，他在耶
鲁校园里走动时后面跟着一群东海岸的记者和《芝加哥太阳
报》（Chicago Sun Times）的一个年轻影评人罗杰·埃伯特
（Roger Ebert）。那个周日塞满法学院礼堂的人群欣赏到了罗
斯·梅尔双重展映：《切莉，哈莉和拉奎尔！》（Cherry, Harry,
and Raquel!）和《小野猫公路历险记》（Faster Pussy Cat, Kill!
Kill!），后者的主演是"踏上暴力和诱惑的旋风之旅的三名瓦图

西（Watusi）舞者"。罗斯·梅尔是美国电影界"最后一个未被
发掘的伟大天才"，罗杰·埃伯特在写给读者的开场语中宣称。

几天后，罗斯·梅尔和他的"大胸娘们"回到了好莱坞的
家中，他的才华暂时被遗忘了。相反，耶鲁的谈话围绕着校园
在前几周见证的女权行动。自从开始男女同校，耶鲁对女性的
歧视第一次把越南和种族的话题推到了一旁。在不到一个月的
时间里，耶鲁见证了大一女生的校友午宴抗议、促进耶鲁进步
男女会的行动，现在又有了自由女性会议。

所有这些活动激发了《耶鲁日报》的兴趣，它在头版刊登
了一篇长篇报道，向未关注美国妇女运动的人说明了运动的来
龙去脉。文章旁边登了一幅凯特·米利特的照片，这是女人登
上《耶鲁日报》头版的罕见例子。招生主任英基·克拉克此时
已宣布自己将离开耶鲁，成为纽约一所预科学校的校长，他公
开说出了他对于耶鲁男女同校状况的看法。耶鲁对于女性的限
额"不健康"，克拉克告诉《耶鲁校友杂志》，它应该被废除。
在每个耶鲁学院的餐厅，促进耶鲁进步男女会散发请愿书，呼
吁耶鲁采取不限性别的招生政策。

在 1970 年 3 月 7 日的耶鲁集团会议上，问题到了非解决
不可的地步。促进耶鲁进步男女会呈上了请愿书，由一千九百
名学生签名，超过了全体学生的三分之一。集团成员跟学生团
体代表见了面，称学生们的理由令他们印象深刻。然后十五名
耶鲁董事，每个都是白人男性，投票决定不改变耶鲁的性别
限额。

"我以为像平等录取男人和女人进入耶鲁学院这样的问题
不会被视为对耶鲁的极大威胁，"姬特·麦克卢尔在日记中写
道，"我错了。"

07

姐妹会

在 3 月 7 日耶鲁集团投票维持耶鲁招生限额不变后，促进 耶鲁进步男女会解散了。那些年的耶鲁行动团体通常很短命，围绕着某个事件组织起来——例如向华盛顿进军（March on Washington）或者一次政治运动——在结束后立刻解散。新团体出现，然后在几周内关门。然而，女研究生联盟和耶鲁法学女性协会并没有屈从于这个模式，两个团体都定时见面，讨论她们在耶鲁见到的对女性的歧视以及她们能做什么来阻止它。第二学期过半，还没有类似的本科女生团体，但是在集团投票一周后，姬特·麦克卢尔和贝蒂·施潘决定改变现状。"耶鲁女性会议，"她们的传单写道，"范德比尔特休息室。周一晚七点半。"贝蒂拿出了她的订书机，到当天结束时，通知已经贴满整个校园。

在耶鲁，大一女生和大二女生成为朋友是不寻常的，而 姬特和贝蒂的情况尤为特殊，她们身处不同的住宿学院，没有上相同的高中，甚至没有在美国同一地区长大。但是贝蒂和姬

特有一个共同点：她们对于女性在耶鲁受到的对待感到极为失
望。在校友午宴抗议前，姬特以为金曼·布鲁斯特会是耶鲁女
学生的同盟，但是现在她知道情况并非如此。如果要让改变发
生，姬特决定，那么本科女生得自己组织起来，推动变革。姬
特在自由女性会议上认识的一些纽黑文女权主义者敦促她创办
一个耶鲁本科生的女性团体。"我们会告诉你怎么做。"她们承
诺，但是她们不能代劳。

　　贝蒂没去自由女性会议，她也不像姬特那样参与了纽黑文
妇女解放组织。但是贝蒂厌倦了在她前往的男人的政治会议上
无人倾听，她想念和其他女性在一起的感觉。总是只跟男人在
一起让人精疲力尽。她和姬特在两人都经常出入的耶鲁左翼圈
子里认识，两人开始谈论她们见到的问题。贝蒂喜欢姬特的风
格。姬特"跟钉子一样坚强"，贝蒂说，"而且坦率直言"，贝
蒂喜欢创立女性团体这个想法。因此她拿出了她的订书机。贝
蒂和姬特都不确定会不会有别人来她们的会议，但是她们"能
有什么损失呢？"贝蒂问。如果没人来，贝蒂和姬特的情况也
不会比目前更糟。

　　周一晚上七点半，贝蒂和姬特在范德比尔特大楼的休息室
见面。其他女性很快加入了她们：一名想念与其他女孩做伴的
新生，另一名为不限性别的招生请愿收集签名的新生，还有大
三学生朱迪·贝尔坎，她跟贝蒂一样厌倦了她在耶鲁的白人激
进团体里受到的对待。朱迪出席了2月的自由女性会议。它给
了她"一种难以置信的鼓舞"，朱迪说，"这是我到耶鲁后第一
次真正跟女孩说话"。也许范德比尔特大楼的这个女性团体可
以提供同样的感觉。

　　到会议开始时，接近二十名学生聚集在范德比尔特休息

室。她们一起坐在沙发和扶手椅上，有人坐在地毯上。几乎没人之前就认识。一开始，贝蒂和姬特让每个女孩自我介绍，说说自己为什么来参加会议。新生玛丽·鲁登（Marie Rudden）来这里是因为她厌倦了独自应对身为耶鲁女性的挑战。"有种感觉，好像你是奇珍异品，好像你并不真正属于这所大学。"她说道，"能谈论这些似乎很有帮助。"其他人说出了类似的理由。

范德比尔特休息室的女孩包括大一、大二和大三学生。她们来自多个耶鲁学院：伯克利、卡尔霍恩、摩尔斯、皮尔逊、西利曼和特朗布尔。把二十名女性聚在一个房间，跨越了如此多的此前把她们分隔开的界限，这很了不起，然而那天晚上在房间里的二十名女性只是耶鲁五百七十五名女学生的一小部分。在大一学生里，姬特·麦克卢尔在，但劳丽·米夫林不在；大二学生中，贝蒂·施潘来了，但是康妮·罗伊斯特和雪莉·丹尼尔斯都没来。

没有黑人女性参加会议。在接下来的三年里也不会有。范德比尔特休息室里的学生都是白人，除了罗安清（Anna Tsing Lowenhaupt），她的母亲是中国人，父亲是白人。团体的白人比例之高是可预见的，至少在 20 世纪 70 年代的耶鲁是如此。从统计数据上说，如果要反映耶鲁的种族构成，这个规模的聚会应该包括 1.5 名黑人女性，但即使如此，"我也不确定我们能否给黑人女性提供任何东西"，贝蒂说。雪莉·丹尼尔斯和她的朋友薇拉·韦尔斯也致力于解决女性的关切，但是这种行动用她们自己的方式进行，而不是作为白人女性成立的团体的一部分。

自我介绍结束后，学生们开始谈论接下来该做什么。她们当中没几个人对妇女解放运动所知甚多。姬特也许在高中时就加入了一个女性团体，但是**女权主义**这个词对贝蒂来说是新的，对剩下的几乎所有人也是如此。然而，会议上有一名新生，一名来自曼哈顿的黑发女孩，她跟纽约激进女权团体"红袜"（Redstockings）有联系。她从那里了解到一种做法，她觉得耶鲁女性应该试试，它叫作"意识觉醒"（"consciousness-raising"）。

那时，纽黑文妇女解放组织已经举办了好几个月的意识觉醒活动，姬特在高中时参加的女性团体也在使用"意识觉醒"。女性以十几人为一组坐在一起，分享故事，比如在高中的经历，"拥有乳房的重要性，当聪明人是什么感觉，以及……你能不能主修数学或科学"。从她们的个人故事里，模式浮现出来，女人们意识到她们以为的个人问题实际上是别的女人也在经历的事。加州大学伯克利分校的女权主义内部通讯的标题总结道：那不是我的问题，宝贝。身处意识觉醒团体改变了女性看待世界的方式。一天，纽黑文团体里的一名女性看着报纸头版，意识到上面不包含哪怕一个女性的名字。"我一辈子都在读这份报纸，"她说，"而我从没注意到这点。"

范德比尔特休息室的女学生同意尝试"意识觉醒"和在下周见面。"我们需要一个名字。"一名学生说。另一个人提议成立"姐妹会"（"The Sisterhood"）。房间里的每个人都满怀热情。就这么决定了。耶鲁姐妹会成立了。

154

从1月起，耶鲁对于女本科生数量的限制就一直遭受抨

击——来自《耶鲁日报》，来自沃瑟曼的学生顾问理事会，来自自由女性会议，来自促进耶鲁进步男女会，也来自在呼吁终结耶鲁性别限额的请愿书上签名的一千九百名耶鲁学生。然而在这个日益激烈的辩论中，一个重要群体始终保持沉默：全体教师。耶鲁的招生限额难道不让他们担忧吗？显然没有，如果一份1962年教师报告中表达的观点依然没变的话，情况至少如此。如果耶鲁招收女学生，报告宣称，"男生的数量不应该缩减"，这个立场比金曼·布鲁斯特第一次就此话题公开声明早了六年。

至于全体教师在那之后有没有改变立场，没人知道，因为教学院长再也没把这个问题放上教师会议议程，也没有哪名耶鲁教授以个人身份公开反对这个做法。3月26日，那种状况改变了，因为助理教授基思·汤姆森（Keith Thomson）寄了一封信给布鲁斯特，在反对耶鲁政策的记录上添加了至少一名教员的名字。

汤姆森是耶鲁招生委员会的十名教员之一，这群人决定哪些学生能进耶鲁，哪些不能。1969年，委员会只专注男申请者，埃尔加·沃瑟曼和萨姆·昌西处理女性的招生，但是在1970年，1974届的女申请者进入了常规招生程序，跟男人一样有两个审读者和最终的打分系统：最有实力的申请者是一，相对有实力的是二，不太出色的申请者是三，最弱的这组是四。招生办的员工进行最初评分，而最终决定由全体招生委员会做出：十五名职工，十名教员，四名教学院长，还有埃尔加·沃瑟曼。在委员会的三十名成员里，只有五名女性：沃瑟曼、助理教学院长伊丽莎白·托马斯、讲师葆拉·约翰逊（Paula Johnson）和招生办员工里的两个初级成员——招生办的资深员工都是男人。

招生程序在秋季开始，包含招募、面试和处理申请资料，但是 3 月是做决定的月份。招生委员会的工作以 2 月 27 日与布鲁斯特开会为开端，他喜欢在伍德布里奇厅专门召集并亲自指示委员会成员。他们每个人都已经收到了一份他在 1967 年寄给招生办员工的"直觉判断"（"hunchy judgment"）信件的副本，布鲁斯特重申了他在信里提出的中心观点：招生委员会的工作是录取看起来最有可能成为领导者的候选人。

3 月 2 日，周二，工作正式开始。那天早晨委员会在展望街招生办二楼会议室集合，他们很快会对这个房间感到厌倦。日程繁重：从早上九点十五到晚上九点半，周一到周五不间断，午饭和晚饭各有两小时休息时间，然后在周六再开七小时的会，外加周日下午的三小时。招生主任英基·克拉克希望在 4 月初完成工作。如果一名教员有课或者一名行政人员要开会，他们就会缺席那次招生会议。由在场者的多数票决定是否录取。

156   到 3 月 26 日，委员会已经以这样的日程安排繁忙地度过了超过三周：录取，拒绝，拒绝，拒绝，拒绝，拒绝，拒绝，录取，拒绝，拒绝，拒绝，拒绝，拒绝，拒绝。对于女申请者，"拒绝"的频率是男性的两倍，这是性别限额导致的结果。目睹了三周耶鲁政策对女性录取几率的影响后，助理教授基思·汤姆森给布鲁斯特寄了一封信。

"亲爱的布鲁斯特校长，"他以此开头，"我天生不爱在请愿书上签名，也不爱写要挟信，但是这件事在过去几天里对我造成了相当大的影响。"汤姆森解释道，问题是耶鲁的招生政策导致委员会拒绝了四百名**完全具备录取资格**的女候选人，并且让另外二百五十名拥有"很多男性候选人艳羡不已的条件"的女候选人候补。汤姆森提出了一个不算过分的解决方案：腾出 1974 届里为男性保留的一百个名额，把位置让给女性。否则，招生委员会将被迫"拒绝大量特别符合要求的女性，同时录取大约 10% 的……**相对**不那么瞩目的男性"。

尽管分配给汤姆森的任务令他极为痛苦，但耶鲁并不是唯一一所对女申请者有偏见的大学。美国教育理事会（American Council on Education）1970 年的一份研究发现，在班级里排前五分之一的男性高中生有 92% 的几率被一所美国精英大学录取，而这个数字对那些排名最靠前的高中女生来说降到了62%。类似差距出现在每个层面上。连那些最弱的男性候选人，也就是处于班级后五分之三的人，他们当中申请精英大学的人有 36% 被录取，相比之下，女性只有 4%。在很多这些大学里，你得费劲阅读统计数据才能看出歧视的模样。耶鲁直接把政策公之于众：1974 届学生将包含二百三十名女性和一千零二十五名男性。多出来的二十五个学生是为了保证最终能有一千名男性领袖毕业。

汤姆森把信寄给布鲁斯特的次日，英语讲师葆拉·约翰逊，另一名招生委员会成员，也给布鲁斯特写了信。她在开头强调了她"对耶鲁的感激和忠诚"，好像观念分歧使之变得可疑，然后重申了汤姆森的观点，即对女性数量的限制造成了不公平。耶鲁的政策，她写道，"造成了比单纯把女性排除在外残酷得多的双重标准"。正如基思·汤姆森前一天的信，葆拉·约翰逊的信也是一种充满勇气的行动。约翰逊和汤姆森都不受终身教职的保护，到耶鲁决定他们能否留在教师团队中时，这样的公开挑战不会被忽略。

　　一周后，布鲁斯特收到了第三封关于这个问题的信，这封来自埃尔加·沃瑟曼。"你收到了来自基思·汤姆森和葆拉·约翰逊的两封深思熟虑的信，他们准确指出了在筛选女性时遇到的严重问题。"她写道。然后，直击重点，她补充道："如果我们能增加录取女性的数量，问题显然就会减轻。"沃瑟曼依然没有公开就此问题挑战布鲁斯特。她把她的顾虑限制在信里。但是布鲁斯特现在肯定知道她的感受了。

　　4月初，《耶鲁日报》在头版刊文，报道男女同校第一学期的课业成绩。尽管女性面对诸多挑战，她们表现得依然比她们的男同学优秀。

　　"我们当然更聪明了，"文章发表后，一名大二学生逗她的男友说，"你觉得我们为什么能来这里？"大二和大三女生在31%的课程中获得了优异，这是耶鲁最高的评分等级，相较之下，男生的数据是23%。大一女生获得了22%的优异，跟大一男生相当，但是在第二档良好上以49%超过了男生的41%。如果学术成绩是耶鲁女性需要跳过的障碍，那么她们可以轻松跨越。但是在耶鲁，强调"品格"高于智力的做法并不仅限于招生，在学术上表现优秀并不是大多数学生希望同学了解的成就。正如作家玛丽·麦卡锡（Mary McCarthy）评论的那样，"对学习的不适当郑重"在耶鲁被认为是"未开化的"。学生领袖因他们在课堂外的成就出名，而不是课堂内的。

　　那么这让耶鲁女性陷入了何种境地？耶鲁也许并不看重她们学业上的成功，但是假设她们退步了，情况会被注意到。对

很多耶鲁女性来说，她们的课程作业不仅是证明女性有资格当
耶鲁学生的测试，还是个人欢乐的来源。

"我们都非常专注于学习。关心它，为之努力。"一名来
自缅因州的大三女生说。"我爱学习。"来自马萨诸塞州的新生
帕蒂·明茨说。"我会走到图书馆书架前，或者找一张小书桌
和一把舒服的椅子，坐下来阅读。"帕蒂的同学，洛杉矶医学
预科生卡萝尔·斯托里，在实验室里找到了相同的激情。"科
学……对我来说是一个充满强烈新奇和趣味的领域。"

尽管学术对耶鲁女性很重要，它对耶鲁来说却没那么重
要。正如经济学教授埃德·林德布卢姆解释的那样："耶鲁的
官方传统是，我们不培养知识分子，我们培养领导者。"因此，
耶鲁女性的价值不由她们表现优异的课业来衡量，而是由她们
在很大程度上被排除在外的课外活动衡量。总统乔治·W. 布
什，1968 届耶鲁学生兼德尔塔·卡帕·厄普西隆（Delta Kappa
Epsilon）兄弟会成员，在多年后的一次耶鲁毕业典礼上对毕
业生致辞时体现了这种对学术成就的漠不关心："对获得荣誉、
奖项和杰出成绩的人，我说干得好。对拿 C 的学生，我说你也
可以成为美国总统。"

姬特·麦克卢尔没有成为总统的野心，这是件好事，因为
她在耶鲁的成绩比乔治·W. 布什好得多。她在美国社会史课
上获得优异，在革命思想和共产主义课上获得良好，并且高分
通过了美国爵士乐课。但是到第二学期，比课程更加占据姬特
生活中心的是"音乐，音乐，音乐"。姬特在自学萨克斯，并
且在一个职业铜管五重奏里当长号手赚钱。纽黑文妇女解放摇
滚乐队发展得很好。"我们过得很开心。"新生凯特·菲尔德
说。那年春天她在乐队里弹吉他。凯特跟姬特住在范德比尔特

159

的同一个入口通道，两人通过姐妹会认识。凯特从未告诉姬特诗歌教授试图诱奸她的事。她几乎没将此事告诉任何人。但是凯特参加姐妹会的会议，现在她加入了妇女解放摇滚乐队。

那年春天，乐队里有六名女性：2月在自由女性会议上最初找到姬特的三名女性，以及来自耶鲁的三名新生，姬特·麦克卢尔，凯特·菲尔德和罗安清。乐队成员作为乐手的技能差异极大。有几个"几乎不知道怎么演奏她们的乐器"，而姬特和圆号手弗吉尼娅·布莱斯德尔都是熟练乐手。罗安清也受过正式音乐训练，但是她拉大提琴，不是常见的摇滚乐队乐器。"嗯，够接近了，"当罗安清拿出大提琴时，姬特说，"我可以教你弹贝斯。"

乐队在道富街（State Street）的一个阁楼里排练，过了纽黑文绿地再往下走几个街区就是，布莱斯德尔经常用她的巴拿马米色大众甲壳虫敞篷车捎她们过去。姬特和其他女性在那个阁楼里一待就是好几个小时，练习翻唱歌曲并且用滚石乐队的歌填女权主义歌词。有时别的女乐手会在城里，她们会一起即兴演奏。纽黑文妇女解放摇滚乐队还没有好到足以当众表演，但是加上足够的练习，姬特知道她们能做到。然而，周一晚上练习取消。耶鲁姐妹会在那个时候开会，乐队里的三名新生都是成员。

到4月，大约十几名女学生定期参加范德比尔特休息室的姐妹会会议。意识觉醒成了夜晚的重点。学生们分享她们在耶鲁的经历。她们谈论有时会发生的事：她们在课堂上发言，说出的话却得不到教授和男同学的理会；十分钟后，女生们会看到另一名学生，一个男人，说出了一模一样的意思，全班回以一片赞赏，好像本杰明·富兰克林走进来提出了高见。这在贝蒂·施潘身上发生了不止一次。"我以为我只是表达能力不够强，而表达能力很强的朱迪·贝尔坎觉得她表达能力不够强，还有达利娅·鲁达夫斯基（Dahlia Rudavsky）也觉得她表达能力不够强。"贝蒂说，"事实证明这不是我们的问题，不是吗？是他们的问题。"

她们也提起了女性从男性那里受到的无休止的关注。在耶鲁"当女学生"的感觉从来不"正常"，新生玛丽·鲁登说，"想要感到正常很难"。随着时间过去，一些女性分享了她们跟耶鲁男生约会的故事，她们被迫接受自己不同意或不想要的性行为。很多人在事后与悔恨和羞愧斗争，好像不知怎的这是她们的错。这些故事让贝蒂·施潘震惊。"我完全不知道有这种事。一点也不知道。完全不知情。而遭遇了这种事的其他女性，完全不知道它如此普遍。"

在耶鲁性咨询服务中，洛娜·萨雷尔也开始听到这样的故事。"性侵和强奸不是我们意识或者校园意识的门面和中心，"她说，"它依然非常遮遮掩掩，好像在假装这种事从未发生。"然而，有时在跟学生讨论时，萨雷尔会听到，"哦，我第一次的体验不太好"。随着她们继续谈话，"事实证明那是性侵。女生们不想承认自己……在一些例子里，可以用上**强奸**这个词，把自己看作那样的受害者并不容易。因此有很多否认。当然，在专业层面上也有一种否认"。

找到例如姐妹会或萨雷尔夫妇办公室这样的安全地方来谈论自身遭遇的女学生，比那些没做到这点的人要幸运，但是没什么能阻止侵犯耶鲁女性的男学生继续。当时甚至还没有话语来给这种经历命名。**约会强奸**（date rape）这个术语要过十七年才会被发明。

162

在会议上，姐妹会成员密切关注的不仅是每个女孩说的内容，还有团体进行对话的方式。"比如每个人轮流说话，没人打断别人，没人攻击别人，诸如此类"——姐妹会对此很重视，一名成员说道。会议开始时，每名女性都抓一把扑克筹码，每次说话，她都扔出一个筹码。用完筹码后，她在那次会议里就不能再说话了。以这种方式，姐妹会确保每个人的声音都被听到。

就像姐妹会做的很多事那样，对于谈话形式的选择并不符合一些学生心目中的抗议模式。在范德比尔特休息室，没有晃着拳头的愤怒演讲者，没有扛着旗帜的游行者。然而姐妹会也挑战了耶鲁的文化，它和更常规的策略所造成的挑战一样确切。在耶鲁这个地方，男学生会花数小时进行"自由讨论"，占领中心舞台的是敏捷机智的人，然而姐妹会拒绝那种竞争式谈话的模式。耶鲁的女学生被期望作为男人的"母亲、情人、姐妹、知己"随叫随到，然而在姐妹会的会议上，没有男人在场。在耶鲁，女性除非有约会，周末不外出，但是姐妹会的女性会外出。"她们会鼓起勇气一起去剧院。换句话说，她们不等待约会。她们会跟女人成群结队去。"一名震惊的大一女生说道。

姐妹会并不适合所有人。一些学生"想到我们要坐成一圈，讨论时尚和她们的男友，就变得结结巴巴了"，贝蒂说。那些女性很少再来。但是对其他人来说，周一晚上的姐妹会会议成了让一周其余时间变得可以忍受的支柱。"我真的很喜欢和别的女性在一起。"贝蒂说。姐妹会"是我的安全港湾。那是我应该去的地方。我认为我们中的很多人都这么觉得"。在第一年春天，姐妹会没有公开谈论在当时令耶鲁动荡的问题。

团体确实只是刚起步。然而即使没有姐妹会的声音，关于女性在耶鲁的地位的谈话声量也越来越大了。有些日子，似乎这是大家唯一谈论的事。

4月6日，成堆的《耶鲁转折》(*Yale Break*)——耶鲁新出的女权主义报纸，出现在了耶鲁的餐厅、办公室和图书馆。有三千份免费报纸可供取阅。刊物由女学生、秘书和教师妻子写成。"散则败。"("Divided We Fall")大标题写道。同一天，《耶鲁日报》将耶鲁的招生歧视刊登为头条新闻，第四名招生委员会成员表达了他的不满。如果耶鲁在不考虑性别的情况下挑选1974届学生，副教授约翰·奥斯特罗姆(John Ostrom)告诉报纸，刚刚寄给男性的三百封录取信本应寄给女性。

《耶鲁校友杂志》加入辩论，用整个4月刊讨论男女同校。史上第一次，女学生的声音填满了杂志的页面。"我们极度需要更多女孩。"新生萨拉·皮尔斯伯里(Sarah Pillsbury)说。她是一位杰出校友的女儿。另一位校友的女儿表达了相同的意思。她父亲是康涅狄格州参议员。

《纽约时报》跟进了新闻，从招生主任英基·克拉克那里引用了一句话。招生委员会"对于拒绝很多非常符合要求的女性感到挫败"，克拉克说，"每十四名女申请者中只有一名……能被录取，相比之下，男性是每7.5名录取一名"。《纽约时报》的文章不仅谈论了耶鲁的招生，还按时间顺序记录了女性的政治行动。"一场争取女性权利的整体运动被组织起来。"报纸报道。法学院女生在莫里俱乐部的静坐，校友午宴抗议，自由女性会议和学生请愿——全都写进了《纽约时报》的文章里。耶鲁餐厅回响着关于男女同校以及耶鲁女性行动的议论。

"终于，"一名大三男生评论道，"女性开始被视为一个需要处理的因素。"从 1 月开始积蓄的势头似乎将要为耶鲁女性带来改变。但是就在那时，离耶鲁校园两个街区外的一场高调审判以及随之而来的大型抗议转移了耶鲁的注意。不可能是别的原因。两件事都很紧急，但是耶鲁女性的需要再次被遗忘了。

———— ♀ ————

那年春天在纽黑文开始的审判围绕着一桩 1969 年的谋杀案展开，死者是一位名叫亚历克斯·拉克利（Alex Rackley）的黑豹党成员。这个案子吸引了全国的注意力，因为被告十分出名：九名黑豹党成员，五男四女，包括全国党主席博比·西尔（Bobby Seale）和纽黑文黑豹党领导人埃丽卡·哈金斯（Ericka Huggins）。很多左派人士认为西尔和哈金斯是被陷害的，是政府开展的旨在摧毁黑豹党的大型运动的一环，因此黑豹党支持者们计划从 5 月 1 日的周末起在纽黑文绿地进行抗议集会，那里跟耶鲁校园之间只隔着大学街（College Street）。但是 4 月 14 日之前，耶鲁对于即将到来的抗议集会或审判本身都没有太过注意。

165

那天早晨，负责案件的审判长让旁听人员大为震惊，因为他以藐视法庭的理由把只是在法庭访客区说话的两个黑豹党人判处六个月监禁。此事的新闻迅速传遍校园，法官对如此轻微的违规处以如此严重的刑罚，让人担心会出现更严重的司法不公，宣判压根没有实施谋杀的西尔、哈金斯和其他黑豹党人有罪。那种担忧反过来加深了大多数耶鲁学生对于种族不公的忧虑，这种忧虑使很多人在耶鲁周边的黑人社区做志愿活动。

　　耶鲁男生女生都在纽黑文公立学校当助教。他们替黑人为主的耶鲁餐厅员工的孩子创立了一个日托中心。他们在一家当地非营利机构工作，其目标是建造低收入住房。他们早起去学童免费早餐项目工作，那是黑豹党经营的，他们在纽黑文有一个社区帮扶项目网。"空气中有种特殊的精神，"耶鲁新生达里娅尔·斯尼德说，"好像全体年轻人的心态是我们要做得比我们的父母好，我们要把这个世界变得更美好。"

　　耶鲁的学生也看到了他们的同辈在其他常春藤联盟校园里——哥大、宾大和哈佛——举行罢课和静坐，以此阻止正在损害黑人街区的大学扩张。因此在4月14日，当法官在黑豹党审判上做出严厉惩罚的新闻传开时，耶鲁学生准备好了倾听。很多人相信耶鲁有责任确保黑豹党被告人受到公正对待，因而几天之内，这场审判和学生们应该为它做什么，成了耶鲁所有人唯一谈论的话题。

166

　　一系列大型会议把越来越多的学生拖入对话：4月15日哈克尼斯厅（Harkness Hall）汇集了四百人；4月19日巴特尔教堂（Battell Chapel）汇集了一千五百人；4月21日，耶鲁最大的场地，英格斯冰场（Ingalls Ice Rink）汇集了四千五百人。从这些会议里冒出了这个想法，即学生罢课可以迫使布鲁斯特和耶鲁集团要求对黑豹党人进行公平审判，以及同样重要的，增加耶鲁在这方面的努力：终结种族歧视对毗邻的两个黑人社区的蹂躏。到4月22日，罢课开始了，四分之三的耶鲁学生停止去上课。5月1日支持黑豹党的抗议——学生们称之为"五一"——会让全国看到，耶鲁学生不会对发生在家门口的不公袖手旁观。

　　然而，在那时，另一件令人担忧的事显露了出来，它将跟种族公平的目标一样主宰耶鲁。4月15日，在一群来自波士顿的愤怒抗议者在哈佛会合后，一场四小时的暴动使得二百四十一人住院，造成了10万美元的财产损失。"当哈佛被故意破坏后……我们第一次理解了会有危险的事发生（在耶鲁）。"副教学院长约翰·威尔金森说。阿比·霍夫曼（Abbie Hoffman），激进左派易比派（Yippies）的联合创始人和哈佛暴动的带头者，进一步激发了对暴力的恐惧，因为他在一个纽约电台宣布，哈佛暴动只是将在耶鲁发生的更大混乱的序曲——耶鲁被有些人看作越战以及国家的种族和阶级不公背后的"体制"象征。耶鲁的"五一"抗议，霍夫曼说，将是"历史上最大的暴动"。

167　　　　到那时为止，哥大和哈佛等校园应对重大抗议的方法都是叫武装警察来恢复秩序，这种应对方式没能阻止暴力，还有人认为它只是把情况变得更糟了。耶鲁面对的挑战比任何校园至今见过的都大。三万抗议者，耶鲁全体本科生人数的七倍，将要涌入纽黑文参加"五一"集会，其中有很多人打算破坏耶鲁。咨询过专家后，金曼·布鲁斯特决定用一种新办法应对大型抗议。耶鲁将欢迎"五一"抗议者入内，提供免费餐食和过夜的地方，因此大学将成为寻求正义者的同盟而非敌人。然而，没人能打包票说布鲁斯特的非正统策略会被证明是天才之举还是史无前例的破坏和受伤的祸根。

　　　　随着"五一"的临近，暴力的威胁弥漫校园。《纽约时报》连续几天刊登头版文章，报道预期的破坏。耶鲁周围街上的店主锁上了门，用木板封上了窗户。耶鲁和纽黑文为"五一"做的准备"好像它是一场即将来临的飓风"，耶鲁橄榄球队的一名成员说，而让焦虑雪上加霜的是成群的记者和摄制组，总

计超过六百人开始涌入纽黑文，好抢占前排来观察预期的
暴力。

　　在这种高涨的紧张态势之中，金曼·布鲁斯特说了一句可
能会让他丢工作的话。数百名耶鲁教员在斯普拉格礼堂集合，
讨论黑豹党审判和学生罢课，在会议中，布鲁斯特提出了他
的观点："我怀疑黑人革命者能否在美国任何地方得到公正审
判。"两天后，这句话上了《纽约时报》的头版，全国的保守
派都十分愤慨，耶鲁校长竟然会质疑美国司法体系的公平性。
第二周，美国副总统斯皮罗·T. 阿格纽（Spiro T. Agnew）称耶
鲁的董事们应该用一个"更成熟负责"的校长替代布鲁斯特。
学生们钦佩布鲁斯特说的话，认为这很勇敢，尽管集团站在他
那边，但是布鲁斯特永久伤害了他在较保守的耶鲁校友心中的
形象。

　　与此同时，了解抗议即将来临的家长日益担心，有的叫
儿女回家。很多学生也担心安全，餐厅的谈话转向了一个新问
题：你要走还是留？卡萝尔·斯托里决定离开，提早开始她
的暑假工作。"人们说，在'五一'前后待在这里不是个好主
意。"卡萝尔说。而且随着罢课的进行，不再有任何课可上了。
另一名大一女孩在跟父母诚挚地谈了几次后离开了。"你可以
留下来，一切都可能很好，"她母亲告诉她，"但如果发生了什
么事而你想离开，你可能没办法走。"还有一名大一女孩离开
了耶鲁，因为她的室友计划让一些示威者睡在她们的地板上。
"那种可能性让我觉得受到了人身威胁，那是我不认识的人。"
她说。随着"五一"前夕的到来，只有三分之二的耶鲁学生留
在校园。

———— ♀ ————

康妮·罗伊斯特没有离开。纽黑文是康妮的城市，她不会在暴力的威胁下抛弃它。劳丽·米夫林也没有离开。对劳丽来说，"五一"抗议是站出来证明自己属于反对越战和种族歧视不公的人的时候。"我们这一代将会不同，"劳丽说，"我们不会忍受这些事。"姬特·麦克卢尔也哪都不会去。她花了越来越多的时间跟纽黑文妇女解放组织的女权主义者待在一起，她们从 11 月起就在抗议入狱的黑豹党女性遭受的对待。雪莉·丹尼尔斯和贝蒂·施潘也留下来参加"五一"。两人都专注于让周末保持非暴力，尽管她们采取了不同的办法来达成目标。

雪莉担心纽黑文黑人高中生的安全。几个波士顿黑豹党人来到纽黑文，鼓动高中的孩子，鼓励他们走出学校，制造麻烦。他们推断，如果警察反应过度，随之而来的新闻标题可能会迫使当局采取行动来矫正长期存在的歧视。雪莉在希尔豪斯高中辅导学生，黑豹党出现时，她就在那里。她试图劝说学生回到课堂，但是没有多少人听她的。"孩子们不知道他们在惹什么麻烦。"雪莉说。但是耶鲁黑人学生联盟知道。它在 11 月的"阻止警察"集会前就很担心纽黑文警方。黑人青少年最不应该做的就是刺激警方进入对抗。

在一名波士顿黑豹党人参加耶鲁黑人学生联盟会议时，问题爆发了。来耶鲁前，雪莉在参加西蒙斯学院的黑人学生团体时就认识这个男人，她不喜欢他做事的方法。"你不能对孩子做这种事，"她告诉他，"有人会受伤的！"

雪莉非常生气，因而其他成员把她送出了房间，但是他们也担心更年轻的学生，几天后，耶鲁黑人学生联盟公开反对任

何可能伤害纽黑文黑人社区的行动。如果黑豹党试图挑动黑人
青少年，联盟将不会支持他们。

贝蒂·施潘也担心发生暴力的可能性，但更专注于这个危
险的混合体：数千名抗议者，其中有人决意实施暴力；以及康
涅狄格州州长下令来纽黑文维持周末秩序的四百名年轻且无经
验的国民警卫队队员。贝蒂和一大群姐妹会成员自愿接受训练，
学习如何让冲突降级并且在"五一"的周末充当和平保安官。
在示威期间，保安官们会被安排在纽黑文绿地的人群中间。如
果出现紧张局面，保安官会迅速介入，让事情稳定下来，首先
派出去的是小群的女性，因为认为女性不像男性那样容易激发
冲突。她们应该努力安抚愤怒的抗议者，贝蒂和姐妹会的成员
接受指导："如果他愿意的话，亲吻他的脸颊。表现得非常女性
化。"知道其他姐妹会成员在"五一"当天跟她在一起，这对贝
蒂有所帮助。这让和平保安官的职责变得不那么可怕了。

和平保安官倡议规模巨大，有数百名本科生、研究生和
纽黑文居民自愿服务。姐妹会成员凯特·菲尔德负责协调行
动，这是她在学生罢课筹划委员会（Student Strike Steering
Committee）职责的一部分，而她是其中唯一的女成员。凯特
只是一名新生，但她充满活力，知道如何组织，耶鲁牧师菲
尔·扎德（Phil Zaeder）说，他在学生罢课筹划委员会总部所
在的那栋楼里工作。凯特是一个"非常有成就、令人敬佩、了
不起的人"，扎德说，贝蒂·施潘也深深佩服凯特毫不妥协地
坚持非暴力。贝蒂参加了几次学生罢课筹划委员会的会议，当
波士顿黑豹党人主张使用武器时，贝蒂和凯特站起来反对他
们。"不许用枪。"姐妹会的女性说。贝蒂为她们在此事上的团
结一致而自豪。"女性，我们同心协力。我们坚决坚持这点。"

贝蒂说。

　　与此同时，康妮·罗伊斯特参加了一个不同的行动来阻止暴力。罢课筹划委员会很快专注于娱乐，将其作为策略的一部分——无聊的抗议者会制造事端。委员会为"五一"集会邀请了几支乐队，康妮联合了耶鲁戏剧学院戏剧专业的黑人学生，在大学剧院的主舞台上演原创剧作《黑人庆典》(*Black Celebration*)。演出将把收益捐给迪克斯韦尔大道（Dixwell Avenue）上的约翰·哈金斯自由诊所（John Huggins Free Health Clinic），那是纽黑文黑豹党经营的机构。尽管很多美国人把黑豹党和暴力联系起来，并且很多成员确实符合那种刻板印象，但是整体上黑豹党在 1968 年放弃了早期的好斗，开始建立项目帮助城市里的黑人社区。《黑人庆典》的捐助对象约翰·哈金斯诊所，就是一个这样的成果。

　　康妮跟"五一"的联系比她在《黑人庆典》中的角色更深入。除了贝蒂·施潘，很少有耶鲁学生知道，黑豹党人约翰·哈金斯，也就是诊所以之命名的人，是康妮的表叔。跟康妮一样，约翰·哈金斯在纽黑文长大。从希尔豪斯高中毕业后，他加入海军，参与了越战。回到美国后，他前往洛杉矶，在那里领导当地的黑豹党，直到 1969 年 1 月，他被一个对立组织的成员们杀害。

　　约翰·哈金斯的死令康妮的家族极为难过。他的父亲是康妮的叔祖父，家族长老之一，约翰和他的妻子埃丽卡，另一名黑豹党人，有一个三个月大的女儿。葬礼后，埃丽卡带着婴儿搬到了纽黑文，好跟约翰的家族住得更近，她很快成为当地黑豹党的领导。当警察因为亚历克斯·拉克利的谋杀案逮捕当地黑豹党时，埃丽卡·哈金斯被送去了奈安蒂克（Niantic）的州立女子监狱，跟女儿分离。宝宝的祖母，也就是康妮的婶婆，照顾孩子，康妮的父亲帮忙开一小时的车送宝宝和祖母定期去奈安蒂克探访，好让埃丽卡·哈金斯能跟她的宝宝待一会儿。

康妮在"五一"期间待在纽黑文的决定并非缘自她跟约翰和埃丽卡·哈金斯的家族纽带。无论如何她都会在那里。在那个周末做好她分内的事来阻止暴力"是正确的事"，康妮说。然而，跟其他耶鲁学生不一样，"五一"事件以非常不同的方式编织进了康妮的生活。她的家族关系紧密。发生在约翰·哈金斯和他的年轻家庭身上的事依然让他们感到疼痛。然而，耶鲁没有多少人知道有一个同学跟"五一"的联系如此之深。

随着"五一"的临近，一种危机即将到来的感觉充满了整个康涅狄格州。州长约翰·登普西（John Dempsey）部署了国民警卫队，然后又害怕国民警卫队无法独自控制暴力，给美国司法部长约翰·米切尔（John Mitchell）发电报要求联邦部队支援。4月30日，两千名陆军伞兵和两千名海军陆战队员从北卡罗来纳州飞过来，驻扎在纽黑文附近的空军基地。当夜，尼克松总统进一步加重了紧张气氛，因为他宣布美国入侵柬埔寨，令以为战争已接近尾声的全国人民震怒。第二天，5月1日早上，装满示威者的包车巴士开始到达纽黑文参加抗议。引发耶鲁大火的火种已经就绪。

173

当天，三万名抗议者涌入纽黑文。持枪并戴防催泪瓦斯面具的卫兵并肩排列在街上，而国民警卫队的坦克在耶鲁塞布鲁克和达文波特学院旁的约克街上待命。然而，耶鲁坚持执行布

174

鲁斯特的计划，向抗议者敞开大门。数百名耶鲁学生，有男有女，自愿参与实行策略所需的细节工作。有些人戴上干净的塑料手套，把固定份额的糙米和沙拉一把把分给众人。其他人在达文波特学院设立的日托中心照顾抗议者的孩子，或者自愿当和平保安官和卫生员，另有其他学生轮流在学院里安全巡逻。

　　抗议在5月1日下午开始，学生和外来者把纽黑文绿地挤得水泄不通，同时布鲁斯特和萨姆·昌西驻扎在附近的一个秘密指挥部里。但是天气晴朗，集会上的乐队不错，还有数百朵黄水仙正在盛开，那是耶鲁在那年秋天为了美化校园以迎接新来的女学生而种的。在集会上排长队的演讲者倾向于漫谈，而非煽动人群实施暴力，和平保安官阻止了最激进的抗议者造成伤害，而耶鲁黑人学生联盟成员走在纽黑文的街道上，防止高中的孩子惹麻烦。

　　到晚饭时间，预期的混乱无一发生，抗议者散入了耶鲁的十二个住宿学院。但是到当晚九点半，有消息迅速传开，说警方在纽黑文绿地逮捕了几名黑人男性，这是个不实传言，但还是激发了来到纽黑文的一些人心中的潜在愤怒。一千多人回到绿地，喊着，"操布鲁斯特！操耶鲁！放黑豹党人出狱！"暴民投掷了石头和一个臭气弹，但是纽黑文的警察局长阻止了年轻的国民警卫队因为缺乏经验而犯错。警察发射了一个又一个催泪瓦斯，而纽黑文黑豹党人尽管早先有几个成员呼吁暴力，却努力安抚愤怒的抗议者。随着催泪瓦斯在他们身边爆炸，黑豹党人驾驶广播车在纽黑文绿地来回绕圈，敦促人群散开。暴力只会给附近的黑人社区带来伤害。凯特·菲尔德一听到那里的麻烦，就把和平保安官们派回了绿地，尽管她被一罐催泪瓦斯击中头部，晕了过去，但保安官们的训练被证明是有效的。抗议者平静下来，回到了耶鲁的住宿学院，没人严重受伤，也没造成重大损害。

第二天，人群只有 5 月 1 日规模的一半。再一次，计划的集会顺利进行，但是当晚，学生们还在离开绿地时，两百名白人激进分子组成的一群人开始朝警察扔石头和瓶子。劳丽·米夫林正在随着人群走回宿舍，国民警卫队突然开始发射催泪瓦斯。她能听到每罐瓦斯被发射到空中时不祥的"砰"的一声。几秒后，腐蚀性的白色烟雾在人行道上扩散，学生们的眼睛被化学烟气灼烧。当他们试图呼吸时，感觉像在吞火焰。*他们为什么这么做？*劳丽想。*我们什么都没做。我们没在搞破坏。*

和大部分学生一样，劳丽不知道麻烦的原因。天色很黑，一切都很混乱。催泪瓦斯翻滚涌入榆树街和大学街，劳丽开始跟着朋友们跑向老校区。催泪瓦斯罐在身边爆炸，很快就无处可逃了。姬特·麦克卢尔也撤回了范德比尔特，但是催泪瓦斯充满了走廊。"怎么办？"姬特的室友迪克西（Dixie）问。"我无法呼吸。"姬特教她如何把一块湿毛巾捂在脸上，并且蹲下来待在化学烟雾下方。姬特之前经历过这个，当时康奈尔的学生争取民主社会组织成员说服她参加 1968 年芝加哥的民主党全国代表大会。第二次被催泪瓦斯灼烧的感觉同样疼痛。

瓦斯蔓延到了耶鲁的住宿学院。"整个校园都饱和了。"一名伯克利的大四学生说。他在接下来的几小时里一直用湿毛巾擦眼睛。贝蒂·施潘那时也回到了伯克利。就她所知，"五一"事件已经结束了，然后突然间，催泪瓦斯从门缝渗进来。贝蒂无法理解。"为什么朝我们扔催泪瓦斯？"但是再一次，绿地的人群散了。

到 5 月 3 日，周日，来纽黑文过周末的三万名示威者离开了。"震惊，就像狂野的摇滚乐突然停止，"大二学生莉迪娅·特莫肖克在日记中写道，"没人在这里了。"周末过去了，没有造成一例严重受伤，从未踏足纽黑文的海军陆战队和伞兵回到了北卡罗来纳。尽管所有的预测都说不会如此，耶鲁及其学生还是成功保持了周末的和平。然而，希望释放黑豹党的人失望了。审判继续，埃丽卡·哈金斯依然待在奈安蒂克的监狱里，而她的女儿，此时已经满一岁了，依然由别人抚养。

春季学期还剩三周，但是课程从未真正恢复。5月4日，在一次反战抗议中，俄亥俄州肯特州立大学（Kent State University）的四名手无寸铁的学生被国民警卫队士兵射杀。十一天后，事情再次发生，在一次抗议后，密西西比州高速公路巡逻队和当地警方朝杰克逊州立大学（Jackson State University）的一间学生宿舍开火。两名学生死亡。那时，全国四百四十八个校园在罢课，学生的诉求与民主和战争相关：美国撤出越南和柬埔寨；终止对政治少数派的压迫；停止美国大学的军事研究。如今耶鲁没人去上课。学生们可以申请延期，在暑假里完成课业。那年的考试是非强制的。"当时一片混乱。"一名耶鲁教授说。男女同校的第一年没有画上圆满的句号，就这么散了。

埃尔加·沃瑟曼认为"五一"对女学生来说是好事。危机第一次在耶鲁创造了一个不排除女性的"我们"。然而自愿当和平保安官并且长期参与反战活动的姐妹会成员朱迪·贝尔坎，对"五一"的看法不同。"'五一'抽干了我们在做的很多事的氧气。"朱迪说。与"五一"和越战相比，"男性活动家有种感觉，我觉得我们也相信了它，那就是我们作为女性的斗争有点微不足道。因此它抽干了氧气"。

08

打破规则

埃尔加·沃瑟曼跟耶鲁大部分人一样为"五一"危机而忙碌。她参加了抗议前举办的数个会议，带着日益增长的担忧阅读对于混乱和暴动的预测。然而她没让"五一"使自己分心。耶鲁依然对它的女学生不公平，尽管校园里的其他人因为"五一"而失去了对那个问题的关注，但是沃瑟曼和她的男女同校委员会没有。

4月21日，委员会齐聚一堂，举办双周例会。那时，面对即将到来的暴力威胁，耶鲁处于狂乱中，但是除了两人，沃瑟曼委员会的所有成员都出席了。在提前寄出的信件里，沃瑟曼附上了一些她针对刚被录取为1974届学生做的计算。在那年，高中女孩需要在年级里排到前5%才能被耶鲁录取，而排前30%的高中男孩就能进。委员会很震惊。耶鲁的性别限额"在理智上是站不住脚的"，有些人在会议上说。"不理性。"历史教授埃德蒙·摩根（Edmund Morgan）说。

两周后，沃瑟曼再次把耶鲁的性别限额放上委员会议程。

那时，"五一"抗议者的人潮来了又走，学期差不多结束了。只有三名委员会成员缺席了会议，在场的包含沃瑟曼花名册上几个最有分量的名字：首席精神病学家鲍勃·阿恩斯坦、普利策奖得主约翰·赫西、耶鲁学院教学院长乔治·梅、历史教授埃德蒙·摩根、法学教授埃伦·彼得斯和助理教学院长伊丽莎白·托马斯。

沃瑟曼正在准备发布一份年终男女同校报告，它将会被广泛分发，作为耶鲁男女同校第一年的公开成绩单。然而，她不想让这份报告只署她的名字。她想把委员会成员们的名字放在封面上，因此，让他们支持她提出的建议至关重要，无论具体内容是什么。假如沃瑟曼计划宣布男女同校大获成功，那么这些名字就没有必要了，但她不打算这么做。

到那时为止，埃尔加·沃瑟曼很守规矩。不管私下的想法是什么，她都避免公开质疑布鲁斯特。她按规矩做事，这在耶鲁需要耐心，她承认大学校长拥有的诸多特权，并且从不过度施压。这给她带来了许多好处。女学生依然是一个少数群体，分散在耶鲁十二个学院中。女教员和行政人员的数量几乎少得不值一提。沃瑟曼自己的职位依然处于耶鲁行政结构之外，好像是为了确保她无法造成任何麻烦。如果耶鲁的女性一直遵守耶鲁的男性制定的规则，那她们永远也得不到自己需要的东西。1970年5月，史上第一次，埃尔加·沃瑟曼开始打破规则。

180　　在5月5日的会议上，男女同校委员会讨论了一些可以放进报告的建议，并且迅速聚焦在一个问题上：装点门面的女性数量。为了让男女同校取得成功，耶鲁需要快速增加女学生的数量，委员会认为只有一个办法行得通：抛弃一千个男人的限额。

房间里没人会误解他们正在考虑的事的分量——耶鲁最杰出的几名教授和行政人员对金曼·布鲁斯特提出公开挑战，但是到会议结束时，男女同校委员会决定了它的建议：对于1975届学生，耶鲁必须终止千名男性的限额，并录取八百名男性和四百名女性，男女比例2：1。委员会没有选择在当时当地投票，而是决定休会，确保缺席的三位成员不会反对以及在场的人不会改主意。他们将在5月26日再次开会，那时再投票决定建议。

与此同时，第二个问题在沃瑟曼的胸膛灼烧：她自己的职位和头衔。回到3月，当女性顾问理事会提起女性事业的话题时，她告诉坐在桌旁的大二大三学生："女人经常被排除在提拔人选之外，尽管她们可能有资历、技能和其他素质。"沃瑟曼本人非常了解那种经历的刺痛，到5月，她已经忍受了她的"特别助理"头衔及其暗示的次要角色一年。是时候给布鲁斯特发一份备忘录了。

"**机密**。"沃瑟曼在顶端写道，"关于男女同校的行政结构。"沃瑟曼挑选的时机很糟糕。她发出备忘录那天，布鲁斯特身处华盛顿特区，正在跟装满十五辆巴士的耶鲁学生一起游说国会终止越战。来自"五一"的肾上腺素也还没消退，布鲁斯特正沉浸在对他处理抗议的方式的广泛赞美中。埃尔加·沃瑟曼大概是他最没放在心上的事。

181

沃瑟曼继续写道："作为校长特别助理，我能够有效实施最初的男女同校规划。"但是既然最初的行政任务已完成，她观察到"如果不能直接参与大学的某个方面，处于边缘会越来越难应对（女性的）特殊需求"。沃瑟曼明确知道她想要的职位：副教务长，一个在卫斯理和布朗由女性担任的职位。如果耶鲁让一名女性担任资深行政角色，那只不过是在效仿同类。"我相信教务长办公室的职位将提供影响未来政策的最佳机会，"她写道，"在这个办公室的职务也能为女性参与耶鲁的决策树立一个重要先例。"

沃瑟曼把备忘录抄送给萨姆·昌西，然后寄给布鲁斯特。两天后她要和布鲁斯特开会，她希望在会后走出伍德布里奇厅时，她能拥有一个新职位和新头衔。然而，布鲁斯特再一次拒绝了沃瑟曼的要求。她将以第一年的状态继续度过男女同校第二年，作为布鲁斯特的特别助理。

两周后，男女同校委员会集合，为男女同校报告的年终建议投票。沃瑟曼首先分享了一些她刚从院长理事会的会议上得知的新闻。集团成员乔克·惠特尼（Jock Whitney）捐款 1500 万美元，给耶鲁建造两个新的住宿学院，足够容纳六百名学生。这会改变委员会的建议吗？然而，坐在桌边的男男女女没有动摇。即使在最好的情况下，耶鲁目前的学生也会在新房建成前早就毕业了。纠正耶鲁失衡的性别比"迫在眉睫"，他们同意这点，因而建议不变：对于 1975 届学生，耶鲁应该将男性新生的数量减少到八百名，为招收更多女性腾出空间。投票一致通过。

两天后，沃瑟曼把委员会的建议转寄给布鲁斯特。她如今在公开反对他以及他关于男女同校的首要基本原则——耶鲁不会因为招收一些女性而减少男性的数量。下一步要看布鲁斯特的。已经打破够多规则的沃瑟曼，将等布鲁斯特回应后再发布建议和完整报告。与此同时，男女同校委员会对他的"千名男领袖"的拒斥就像一枚定时炸弹那样待在布鲁斯特位于伍德布里奇厅的办公桌上，等待它被公布的那一刻。

———— ♀ ————

　　整个夏天，女学生们分散在各处。一个在新罕布什尔州的一家夏令营教游泳，帮忙赚钱交学费。另一个在纽约郊区接受了一份"麻木心灵"的文书工作，此前她去芭斯罗缤（Baskin-Robbins）应聘挖冰淇淋的工作被拒绝——女孩不够强壮，商店经理告诉她。贝蒂·施潘也做了一份秘书工作，在伊利诺伊州的一个办公室打账单。她讨厌这份工作，但她父母坚持要求她回家过暑假。在耶鲁的那一年——恃强凌弱的餐厅经理，然后是贝蒂的停学，最后是"五一"——对他们来说实在难以承受。

　　姐妹会成员凯特·菲尔德在缅因州，给一个夏季音乐剧场当电工。她本来以为她会待在纽黑文，在姬特·麦克卢尔的乐队里弹吉他并且做政治工作，但她很快意识到，她需要休息。"'五一'实在是太疯狂了。"凯特说——人群的密度；她被催泪瓦斯罐砸晕的夜晚；因为国民警卫队的坦克在外面的街上开过，造成房屋晃动，她在五点被吵醒的凌晨。凯特曾在耶鲁戏协当剧院技术员。这个技能给了她一张去别处的入场券。

　　那年夏天，很少有女学生保持联系。当时没有社交网络，也没有电子邮件。长途电话贵得让人觉得话费随着仓促的每分钟而上涨。无论女学生们对她们在耶鲁的第一年是怎么想的，她们的想法都是独自完成的，但是很多人依然得出了相同的结论。"缺了点什么，"一名来自俄亥俄州哥伦布市的大一女孩说，"我缺少女性朋友。"

183

　　室友帕蒂·明茨和贝齐·哈特曼（Betsy Hartmann）是在耶鲁待满一年后拥有亲密女性友谊的少数幸运儿中的两个。然而像其他耶鲁女性一样，她们的暑假也是分开过的。帕蒂在南达科他州，在一个拉科塔苏族保留地教夏校。贝齐在西雅图打工。整个夏天，两个女孩都在努力梳理在耶鲁第一年的困惑体验时，两人没有联系，但她们都意识到，如果要成为一所对女性和对男性同样好的大学，耶鲁必须改变。"有些事情需要变化，有些事情错了。"帕蒂得出结论。在西雅图，贝齐在想同样的事。

　　回到 5 月，两人曾经一起去过一次姐妹会的会议。在那之前，贝齐从未真正思考过妇女运动，但是在"五一"的周末，一个在耶鲁参加抗议的高中朋友告诉她，她应该研究一下这件事。"贝齐，你需要成为女权主义者，"他说，"我姐姐对女权真的很投入。"

　　因此贝齐叫帕蒂带她参加姐妹会的会议。团体就在范德比尔特大楼开会，也就是两个女孩住的地方。在会上，贝齐发现跟与她想法类似的其他女学生在一起很有力量，她们开始质疑耶鲁的既定条件并且对于女性受到的对待"开始觉得越来越愤怒"。贝齐的姐姐一定程度上也成了女权主义者，在西雅图的那个夏天，贝齐开始阅读西蒙娜·德·波伏瓦的《第二性》。那"就像灯光在我脑中炸开"，贝齐说。突然，她在耶鲁第一年经历的一切都开始说得通了。

　　尽管大多数耶鲁学生在夏天离开了纽黑文，但是有些人留了下来。姬特·麦克卢尔在那里，跟摇滚乐队一起练习，参加纽黑文妇女解放组织的会议，她们的讨论经常包含进行中的黑豹党审判和康涅狄格州女囚面临的状况。菲尔和洛娜·萨雷尔的人类性学委员会的学生那年夏天也都在纽黑文，准备一个秋季的新计划。到那时为止，团体把工作重点放在人类性学课程上：收集报名所需的匿名问卷，确认一堂一千二百名学生的课所需的种种细节，之后评估课程，并提出改进建议。课程的报名人数在耶鲁史无前例，但是人类性学委员会依然问道：我们怎么才能触及更多学生？

　　他们围在萨雷尔家的餐桌边开会，在其中一次会议上，冒出了一个新主意：他们为耶鲁学生写一本关于人类性学的书怎么样？学生们觉得，需求是巨大的。学生们来到耶鲁时带着如此多的错误信息，然而他们找不到一本可靠的书来求助。《你想知道的关于性的一切》刚上市不到一年，而书里包含的一些"事实"压根就不对。《我们的身体，我们自己》(*Our Bodies Ourselves*)，关于女性健康的开创性书籍，依然是一本订在一起的新闻纸小册子，很少有学生听说过它。让每名耶鲁学生都能接触到人类性学课程的内容，能够满足真正的需求。人类性学委员会有了它的暑假项目：它会写一本关于性的小册子，用来分给所有的耶鲁本科生。就像人类性学课程和性咨询服务那样，其他大学没有与之类似的事物。

185

　　整个夏天，学生们为这本书而工作，研究和撰写草稿。计划野心勃勃，但是委员会有资金承担它。人类性学课程的收入——一千二百名学生乘以5美元的费用——达到了6000美元。在秋天，当学生们报名课程时，每名耶鲁本科生都能得到一份免费的新册子：《性与耶鲁学生》(*Sex and the Yale Student*)。

　　菲尔·萨雷尔是此书的医学顾问，但编辑是三名学生。整个团队包括洛娜·萨雷尔，另外六名学生，还有副牧师菲尔·扎德。计划"给了我们一种非常好的目标感，还含有一种自豪的元素", 黛比·伯尼克 (Debbie Bernick) 说, 她是团队里的学生之一。"这些信息是新的, 有点吓人而且带有实验性。它影响了我们的感情。它影响了我们的关系。它不仅是书本知识。"

到《性与耶鲁学生》的初稿完成时, 小册子的篇幅达到六十四页。它涉及解剖、节育、怀孕和性病。"里面都是可靠信息。"黛比说。

菲尔·萨雷尔一直很谨慎, 总是把他跟耶鲁学生的工作及时而完整地告知耶鲁的高层行政人员。大学管理层不喜欢惊喜, 尤其是像性教育这样可能引发爆炸的话题。首席精神病学家鲍勃·阿恩斯坦先看到小册子的草稿, 一旦通过了他的检阅, 另外三名行政人员就得到了副本: 埃尔加·沃瑟曼, 助理教学院长伊丽莎白·托马斯, 还有本科教学院长约翰·威尔金森。

沃瑟曼从一开始就支持这个项目, 她的评论限于一些小的校订: 第七页的"alot"("许多"的两个单词错误连写) 应该改成"a lot"("许多"的正确写法); 第八页的"irregardless"("不管"的不规范写法) 应该是"regardless"("不管"的规范写法); 第十页的"public"(公共) 应该是"pubic"(阴部)。伊丽莎白·托马斯的评论更触及实质。在讲节育的章节旁, 她在边缘写道: "似乎只针对女性。"但是真正拿出红笔的还是约翰·威尔金森。

大家都知道威尔金森是耶鲁女性的同盟, 但是《性与耶鲁学生》把他逼到了临界点。"这是什么话!"圈出**性高潮前**(preorgasmic) 这个词之后, 他用他的连笔大字潦草写下这句话。"这有必要吗?"他在"所有男性都在某个时刻跟其他男性比较过阴茎尺寸"旁边用巨大的字母涂下这句话。当威尔金森看到第三十三页时——"去年处理了近五十起避孕套失效事件"——他能做的只有写下"停!"但是威尔金森让这本书通过了,布鲁斯特也一样,他最初同样震惊。学生们需要关于节育和性的可靠信息,而耶鲁长久以来都与审查保持距离。当学生们在 9 月回到耶鲁时,《性与耶鲁学生》将等待着他们。

————♀————

在人类性学委员会的学生们为他们的小册子不停工作时,埃尔加·沃瑟曼也很忙碌,她没有放弃她打破规则的新策略。将一份男女同校委员会全体同意的拒绝"千名男领袖"的建议递交给金曼·布鲁斯特,这是她对现状的第一次公开挑战。在夏天结束前,沃瑟曼又抛出了两个。

男女同校委员会批准了沃瑟曼在报告中提出女教员的问题,但是她决定采用的方式丝毫没有委婉矫饰。报告的附录 E 只包含两张图表,放在同一页上,你根本躲不开它们讲述的故事:耶鲁长久以来坚持优先聘请男性而非女性。学生和全体教员也许感受到了耶鲁聘请的女教授是多么少,但是沃瑟曼报告的附录 E 把问题放在了所有人眼前。在过去八年里,耶鲁将终身教授的总数从二百二十三增加到四百三十,但是在同一时期,有终身教职的女性数量从零增长到二。

耶鲁学院教员全体成员,1963—1970 年

	1963	1964	1965	1966	1967	1968	1969	1970
所有教员	562	588	606	620	668	817	869	839
终身教员	223	243	252	269	285	393	407	430

188

耶鲁学院教员中的女成员，1963—1970 年

	1963	1964	1965	1966	1967	1968	1969	1970
所有教员	24	25	26	32	32	48	52	43
终身教员	0	1	2	2	2	2	3	2

男女同校委员会报告，1970 年，附录 E

图表还没公开。它连同针对耶鲁招生限额的建议一起，待在布鲁斯特的桌上。但是就像那条建议，沃瑟曼的图表也违反了这个常规：对耶鲁不想处理的问题缄口不言。

在夏天结束前，沃瑟曼瞄准了最后一个目标：莫里俱乐部。法学院女生在 1 月的静坐让人注意到了耶鲁在拒绝女性入内的场所举办会议的习惯，但结果什么也没改变。不仅耶鲁院系继续在莫里举办会议，而且耶鲁继续在会后支付莫里的账单。被迫就此问题表态时，布鲁斯特拒绝采取行动。"耶鲁不能规定大学社区的成员可以在哪里吃饭，即使餐费可能确实由大学账户支出。"他和其他大学高级职员在 2 月宣称。沃瑟曼的男女同校委员会在那年春天的五次不同会议上讨论了这个问题，并且达成了一致结论：耶鲁在支持对女性的歧视。

一开始，沃瑟曼试图以不引人注意的方式处理问题。3 月，她和萨姆·昌西见了莫里的主席斯坦利·特罗特曼（Stanley Trotman），敦促莫里改变不接待女性的规矩。5 月，昌西给耶鲁的诸位系主任和教学院长寄了一封信，列举了允许女性入内的许多午餐场地。两个策略都没奏效。耶鲁男人们继续在莫里

189 举办会议，而且在 5 月底，特罗特曼告知沃瑟曼，俱乐部的规矩不会改变。到 6 月，沃瑟曼受够了。

"亲爱的教师成员，"她写道，"在我看来，在一个把大学

社区的有些成员专横地排除在外的场所里处理大学事务是不合适的。"沃瑟曼的信接下来讨论了在莫里的会议对女性的影响，也谈到存在其他耶鲁会场，然后沃瑟曼叫她的助理把信寄给耶鲁的每个教师。

整个夏天，她收到了几封表示支持的回信，但是从乔治·皮尔逊教授，唯一投票反对男女同校的教师成员那里，她收到的回信摸起来几乎烫手。"我在想你用的语言是否十分'合适'，那是信仰妇女解放的富有攻击性的女性的语言。"皮尔逊斥责道。他把信抄送给了萨姆·昌西。"无论什么情况，它都难以促成良好的感受。"

沃瑟曼也许想冲动地把皮尔逊的信揉成一团扔进垃圾桶，但是"皮尔逊"在耶鲁是一个重要名字，跟其他备受尊重的耶鲁男性一起，用大号字母刻在伍德布里奇厅顶部。亚伯拉罕·皮尔逊（Abraham Pierson）是第一任耶鲁校长，而乔治·皮尔逊是他的直系后代。沃瑟曼回信道歉："如果我的语气在你看来鲁莽或有攻击性，我很抱歉。我本意并非如此。"然而埃尔加·沃瑟曼没有退让。"我真心认为大学在一个全男性场所里处理事务是不合适的。"她告诉皮尔逊。解决办法看起来很明显。如果耶鲁男人鉴于莫里的歧视政策而不再涉足，那么莫里就不得不公平对待女性，否则就会破产。但是耶鲁男人喜欢去莫里，尽管一些人抵制了，但大部分人没有。耶鲁著名的威芬普夫斯继续每周一在莫里唱歌。运动队长们同意把他们的照片挂在墙上。耶鲁继续支付莫里的账单。如果女性想终结她们被莫里排除在外的状况，她们得找到一个不同的解决方案，而非依靠耶鲁男人的帮助。

190

—————♀—————

到 7 月底，姬特·麦克卢尔已经在纽黑文妇女解放摇滚乐队吹了五个月长号，而乐队本身，即使算不上很好，但绝对充满热情。它甚至有了一支姐妹乐队：芝加哥妇女解放摇滚乐队。内奥米·韦斯坦，2 月自由女性会议上的演讲者之一，在那年春天创办了芝加哥的乐队，两支乐队还有交集。纽黑文乐队的弗吉尼娅·布莱斯德尔是韦斯坦最好的朋友之一。芝加哥乐队的苏珊·奥博德（Susan Abod）是纽黑文乐队成员珍妮弗·奥博德的姐妹。

每支乐队的乐器组合可以说是五花八门。名单包含溜溜笛、手鼓、圆号、鼓和长号。芝加哥乐队刚成立时有十一名歌手，其中只有三个能唱歌不走调。韦斯坦把它比作"摩门教大礼拜堂合唱团的嬉皮版本"。但是没关系，有了足够的练习，她们很快就可以唱得跟詹尼斯·乔普林一样好，与此同时，她们都过得很开心。

然而，在 7 月底，某种类似恐慌的东西替代了纽黑文乐队早期练习时无忧无虑的特点。乐队定下了第一场公开演出，日期迅速来临。8 月标志着美国妇女赢得投票权的五十周年，在 8 月 26 日，全国各地的女性都会参加游行和示威，以此庆祝纪念日和抗议持续存在的歧视。纽黑文妇女解放摇滚乐队将在纽黑文演出，作为当天的活动之一。

女性平等罢工（Women's Strike for Equality），人们如此称呼 8 月 26 日的抗议，是当时涌现的对女性权益的大量关注的一部分。众议院刚开始就《平等权利修正案》(*Equal Rights Amendment*) 进行辩论，它提议禁止基于性别的歧视。国会女

议员雪莉·奇泽姆（Shirley Chisholm）正在竞选总统，她是
第一位寻求民主党提名的女性和两大党里第一个黑人总统候选
人。在国会里，伊迪丝·格林（Edith Green）正在尽最大努力
为女性推进平等机会。

　　格林是四百三十五名成员组成的美国众议院里的十名女
性之一。在过去十五年里，她代表俄勒冈州第三国会选区波特
兰，她还担任众议院教育特别委员会的主席。主席身份给了
格林提出法案和举行听证会的权力，在7月31日，就美国大
中小学对女性的歧视举行了七天的听证会后，格林得出结论，
"让我们不要自欺欺人了"，她告诉听证室里的人，"事实证明，
我们的教育机构并非民主堡垒"。

　　到20世纪60年代末，美国大学接受着数百万的联邦资
金，用于研究、助学金、给退伍军人的学费补助和给低收入学
生的资助服务。然而与此同时，它们继续歧视女性，她们的工
资标准比男人低，工作机会更少，被录取为学生的几率更低，
得到的助学金数额也更少。"接受联邦资金的男女同校机构没
有正当理由歧视女性，就像不能歧视少数群体一样。"格林宣
称。而她在那年夏天的听证会是终结那种不公正的第一步。到
得出结论时，格林的听证会产生了一千二百六十一页证言，全
部关于女性在美国大学面对的不公平。之前从没有类似的东
西被汇集起来。手里拿着这份证据，格林和她的同事竹本松
（Patsy Mink）开始起草法案，它将拒绝把联邦资金拨给歧视
女性的大学。

　　消息灵通的女性密切关注格林的进展，但是在很大程度
上，她的工作低调进行。毫无必要地招来反对不会有好事，格
林告诫她的支持者们。然而，没人不知道8月26日的女性平

192

等罢工。它是争取选举权运动后最大的女性抗议。四十二个州的女性游行示威，让全国听到她们的声音。在纽约市，一万名女性，有黑人有白人，手挽手游行走过第五大道。"终于，我们有了一个运动。"凯特·米利特在随后的集会上告诉布莱恩特公园里的人群。

　　在纽黑文，活动包括纽黑文绿地上的工作坊、电影和研讨会，但是当天最激动人心的活动，至少对姬特·麦克卢尔来说，是纽黑文妇女解放摇滚乐队的首演。为了她们当晚的演出，乐队租了耶鲁的德尔塔·卡帕·厄普西隆的场地，那是乔治·W. 布什曾担任主席的兄弟会。然而，那天晚上，即使是布什也将不会获准进入场地。演唱会的听众仅限女性。尽管姬特对于乐队的第一次演出很紧张，但是人群很喜欢她们听到的音乐。在第一组歌曲结束后，听众起立鼓掌，还有几个人举着一条十英尺长的横幅："为我们的姐妹起立排卵。"[1]

193　　　　五天后，《时代》当期把妇女运动作为封面故事。封面上有一张凯特·米利特的肖像，她卷起袖子，从报刊摊位上怒目而视。"谁走了很长的路，宝贝?"《时代》问道，模仿一支维珍妮（Virginia Slims）香烟广告[2]。带着那个问题，耶鲁男女同校的第二年开始了。

---

[1] 这里在玩文字游戏，"起立排卵"的原文是 Standing Ovulation，把 Standing Ovation（起立鼓掌）中的"鼓掌"换成头尾相似的"排卵"。

[2] 维珍妮是女士香烟，广告语里有"你走了很长的路，宝贝"。宣传吸烟是女性长期斗争后获得的权利。

09

反 对

9 月开始了，一年一度的学生之潮再次涌入纽黑文。耶鲁女性的数量今年高了点，因为耶鲁最后一届全男性的学生毕业了。随着 1974 届二百三十名大一女生的到来，耶鲁如今总共有八百名女本科生，但是考虑到有四千名男生，男女比例依然高达 5∶1。

在男女同校办公室那边，埃尔加·沃瑟曼正在敲手指。金曼·布鲁斯特还没有回复她 5 月 26 日的信，里面传达了男女同校委员会投票反对他的一千个男性限额的消息。他对于她之后寄过去的最终版男女同校报告也没有做出评论。那份报告已经让沃瑟曼越线了，但是在布鲁斯特回复前，她不准备再进一步，把它公开。因此，耶鲁很少有人知道委员会关于耶鲁性别限额的立场，没人看到附录 E 里的毁灭性数据：耶鲁几乎没有女教员。一切暂停，等待布鲁斯特回应。

至少出版《性与耶鲁学生》的最终步骤进行得不错。第一轮是一万本：五千给耶鲁本科生，五千给耶鲁教员、行政人员和研究生。耶鲁大学出版社一把册子印完，人类性学委员会的学生就需要找地方存放它们，因此成箱的《性与耶鲁学生》如今堆在沃瑟曼的办公室里。她乐意帮忙。然而，小册子在那里没放多久。委员会在 9 月 10 日开始发放，两周内，册子就送完了，耶鲁拿不出一本来寄给另外五十所想要发给自己学生的学校。"很多其他学校跟你们一样对耶鲁新出版的性学小册子感兴趣，所以我们目前没有库存了。"沃瑟曼写信给斯基德莫尔学院（Skidmore College）的招生主任。于是订购了第二次印刷。

那年秋天的课程从 9 月 17 日开始，但是另一个开端吸引了一些学生的注意。宣传姐妹会当个学年第一次会议的传单贴满了整个校园："范德比尔特休息室，9 月 21 日，晚上七点半。"到会议开始时，七十名女生填满了房间——大一、大二、大三和大四学生——几乎是上个春天会议人数的五倍。那是"数量巨大"的女性，马萨诸塞州的帕蒂·明茨说，她如今是大二学生了，感觉像是"学校里四分之一到三分之一的女性"。

会议一开始，姐妹会的老成员之一做了介绍，然后学生们按顺序说了自己来这里的原因以及她希望姐妹会能做到的事。年龄稍长的女孩们谈论她们在耶鲁的第一年感觉多么孤立，要认识其他女性多么难。1974 届的新生才到这里一周，但她们已经意识到挑战了。在来之前阅读关于男女比例的报道是一回事，亲身体验它又是另一回事。容纳所有新生的老校区方形庭院跟两个城市街区一样长。女性在方形庭院尽头的范德比尔特大楼，但是老校区的其他宿舍都装满了大一男生。

帕蒂·明茨仔细倾听每位在姐妹会会议上发言的学生。她惊讶于如此多的人拥有相同的目标。在耶鲁待了一年后，她知道有多少差异分化了耶鲁女性，然而在那天晚上，"有如此多的一致和团结，尽管我们是非常不同的人"。四十年后，帕蒂回顾那次会议，说道："那真的是我一生中最有力量的五次经历之一。"

团体对于继续举办姐妹会的意识觉醒活动充满热情，但是女孩们也等不及做出改变了。大多数耶鲁男人相信"男女同校是发生在女人身上的事"，一名大二女生在那年晚些时候评论道。男女同校早就该在耶鲁实行了。学生们提出了对于更多女性研究课程的需求。有些人观察到，她们在耶鲁待了一整年，却没有上过哪怕一位女教授的课。其他人提到缺乏针对女性的像样职业指南，要等很久才能预约上耶鲁性咨询服务的萨雷尔夫妇，一门防身课远远不够。为了采取行动，成立了数个小组委员会。

那天晚上女孩们在范德比尔特大楼提出的所有问题中，她们列为第一的是这个：耶鲁招生时的性别限额。在这点改变前，女学生在耶鲁将一直是少数，因而在每个其他要紧问题上，她们的发言权都会被剥夺。姐妹会成立了一个小分队来行动。1974届，它宣布，将是耶鲁根据性别决定谁能入学的最后一届学生。

秋天的到来标志着曲棍球赛季的开始，劳丽·米夫林准　　197
备好打球了。耶鲁也许还不知道它有了一支女子曲棍球队，但是劳丽和她的同学简·柯蒂斯肯定知道，还有五六所大学也知道，因为两个女孩在夏天写信问过它们愿不愿意跟耶鲁最新的球队对抗。由于耶鲁没有表现出要给自己的女性提供球队的迹象，劳丽和简决定自己组建。比赛不会是正式的，只是练习赛，但是四所附近的大学和一所当地高中同意了，在那之后，劳丽有了跟耶鲁体育系谈话的资本。"瞧，我们能做这件事。"她对分管耶鲁女孩的行政人员说，"有学校跟我们打比赛。你能给我们一块场地和一些器材吗？"

策略奏效了——算是吧。耶鲁给女子曲棍球队分配了 A 停车场，那是橄榄球赛期间人们野餐的地方。在举办了主场比赛的周一，女孩们过来时，她们的场地满是橄榄球球迷野餐留下的煤球、啤酒罐和其他杂物，她们得先把垃圾捡干净才能开始练习。即使在打扫后，场地也不好。击中曾经停在那里的车留下的车辙后，球会倾斜到意料之外的角度。耶鲁还给曲棍球队配了一名教练——算是吧。耶鲁的橄榄球校队那年有八名教练。对于女曲棍球员，耶鲁雇了一名当地高中体育老师，她在正职结束后每周来两个下午。她"真的是个不错的人"，劳丽说，但她不太懂怎么指导曲棍球。

198　　女子曲棍球队没有制服，用的球棍也是奇怪的大杂烩，有的是女孩们从家里带来的，其他的是劳丽说服耶鲁买来的。球队去客场比赛时，坐的车也是五花八门，那是她们从朋友那里求来和借来的——耶鲁不提供交通工具。名义上，球队有二十五名球员，派要求的十一人上场绰绰有余，但是要把大家凑在一起可不容易，有一次她们不得不从对方队伍借几名球员，免得要取消比赛。情况"混乱"，劳丽说。但是尽管如此，耶鲁女性那年打了曲棍球，在秋天的下午，你可以看到她们在朝着球门冲刺时避开 A 停车场上的车辙。

在其他课外活动中，有几个开始为女性留出位置，热情程度不一。政治联盟，耶鲁最大的学生团体，选举了一名大二女生为财务主管，但是当《耶鲁日报》宣布新的编辑团队时，十七人中十七个是男人。耶鲁戏协继续作为带头人，选举了两名女性担任六人理事会成员职位。其中一个是康妮·罗伊斯特。康妮继续在戏剧学生中找到了她在耶鲁的栖身之地。每次新演出，他们都一同卷入这些令人兴奋的事：排练、搭建布景、设计服装以及搞清楚首演之夜准备阶段的灯光和音效。

戏剧专业本科生作为团队一起工作，戏剧学院的教师之一，演员诺尔玛·布鲁斯坦（Norma Brustein），对他们呵护有加。他们都上布鲁斯坦的课，她还邀请他们去她家。当康妮因感染重度脑膜炎住院时，诺尔玛·布鲁斯坦拿着一大锅鸡汤出现了。"诺尔玛根本不会做饭。她是绝对的名伶。"康妮说。但是她带着鸡汤来帮助康妮恢复，还把康妮的戏剧同学带来了医院。"每个人都来了，"康妮说，"真的非常特别。"

199

康妮和贝蒂·施潘现在都住在校外了——康妮自己住一间公寓，而贝蒂在几个街区外，跟她在姐妹会认识的一名大二女生同住。像几乎所有耶鲁女性那样，康妮大部分时间跟她的男性朋友待在一起。她和其中两个几乎形影不离。但是每当康妮和贝蒂在一起，她们的友谊立刻就恢复原状。对贝蒂来说，知道康妮在那里就像有亲密的家人在身边。贝蒂在康妮面前可以完全做自己，康妮也信赖贝蒂。如果两个朋友中的一个有问题，她们会在一天的安排中挤出时间见面。康妮可能想听听关于男友的建议；贝蒂可能需要康妮在她对某个不公正现象过于愤怒时帮她冷静下来。有时贝蒂只是觉得在耶鲁不自在，而这个地方对康妮来说总是如此舒适。

有一次，康妮提议去一家新开的餐馆，一家名叫"祝福"

的中餐馆。贝蒂从没吃过中餐。她完全不知道怎么用筷子。
"好的，所以我知道怎么用筷子，你不知道，"康妮说，"我会
教你。没事的。没问题。"

　　两名女性还依靠彼此来填补自己没时间了解的空白。康妮
懂艺术，贝蒂掌握政治的最新动态，在一起，她们的知识都拓
展了。贝蒂会在漫长一周的末尾打电话问康妮，"我今晚需要
去剧院约会。有什么好看的？"康妮可能会疑惑某次政治骚乱
到底是怎么回事。贝蒂总是知道答案。

200 　　　在她们的电话和中餐馆的晚餐之间，两名女性在耶鲁都很
忙：康妮忙着戏剧和社区工作，贝蒂忙于姐妹会和她为了支付
学费及生活费而打的两份工。贝蒂的父母支付了她在乔治·华
盛顿大学第一年的全部费用和在耶鲁第一年的大部分费用。但
是那两年花的钱已经比伊利诺伊州大学的四年还多，贝蒂的父
母没法继续付耶鲁的学费并且同时资助贝蒂的三个弟弟上大
学。在耶鲁的第二年，贝蒂自己支付所有的学费和生活费用。
然而，耶鲁的助学金算法假定她的父母还在资助，因此贝蒂必
须弥补缺口。尽管贝蒂周末在耶鲁的皮博迪博物馆（Peabody
Museum）兼职当保安，但这个财政压力对大学生来说依然是巨
大的。

　　伊利诺伊州共和党参议员查克·珀西（Chuck Percy）的
一封信带来了帮助。珀西对于第一批耶鲁女性中有一个伊利诺
伊女孩感到自豪，他问有没有他的办公室能帮到贝蒂的事。她
立刻回信，"你能帮我在邮局或者类似的地方找份工作吗？"在
耶鲁的第二年，贝蒂全年都在纽黑文邮局上夜班，从午夜到
早上八点按照邮编整理邮件。在她旁边工作的小伙子埃里克
（Eric）曾是耶鲁的医学预科生，但是当他的女友怀孕时，他

们结了婚，然后不得不从耶鲁退学，以支持他年轻的家庭。在一个又一个令头脑麻木的小时里，贝蒂一边整理邮件一边跟埃里克聊天，他们的对话让她坚信，不管赚到需要的钱有多难，受教育是值得的。

在邮局的值班结束时，贝蒂坐公交回公寓，洗个澡就去上课。在那之后，她睡一会儿。晚上，回邮局上班前，她做功课。贝蒂学得很快，读书跟大多数人翻书一样快，但这依然是个令人精疲力尽的日程安排。尽管如此，她总是为姐妹会预留时间。

姐妹会的会议在那一年有所不同，不仅仅因为有更多女性参加。学生们跟之前一样，在一些夜晚举办意识觉醒活动，但是在其他夜晚，她们谈论女权理论和她们在读的书。世界上突然涌现了一大批女权书籍：凯特·米利特的《性政治》、托妮·凯德·班巴拉（Toni Cade Bambara）的《女黑人》(The Black Woman)、杰梅茵·格里尔（Germaine Greer）的《女太监》(The Female Eunuch)、罗宾·摩根（Robin Morgan）的《姐妹情谊是强大的》(Sisterhood Is Powerful) 和舒拉密斯·费尔斯通（Shulamith Firestone）的《性的辩证法》(The Dialectic of Sex)。大型出版社如今都在出版关于妇女解放的书籍——有些非常有力，以至于女性无法忘记第一次阅读它们时自己身处的地方。姐妹会成员达利娅·鲁达夫斯基第一次阅读《性政治》时坐在布兰福德学院庭院里的一棵树下。"那本书完全颠覆了我的认知。"达利娅说。

姐妹会在那年也更加坦率了，它针对女性研究和终结耶鲁性别限额的几个小分队尤为活跃，经常见面和开战略会议。姐妹会的其他成员对于挑战她们在耶鲁受到的对待更大胆了。受

201

够了来自男学生的又一个恶作剧，一名大二女生和其他女孩手挽手，在老校区边走边喊，"滚开，你们这些男性沙文猪！"然而矛盾的心情潜藏在表明立场的兴奋之下。"在内心深处，"她后来说，"我真的想让这些男性沙文猪喜欢我，尊重我，跟我约会。"如果你是耶鲁的女学生，女权活动是复杂的。

202 　　到10月中旬，秋季学期已进入正轨，跟她们在耶鲁的第一年相同，女学生们在成绩上胜过了男生。洛杉矶医学预科生卡萝尔·斯托里，如今是大二学生了，她专注于自己的科学课程，而其他女性发现了不同学科的乐趣：美国黑人研究、中世纪史或多元微积分。课堂状况跟前一年差别不大。女性的数量依然远远落后于男性，你总是有可能落到一个绝对不应该进入教室的教授手上：把色情图片放在乐谱架上的音乐教师，宣称他绝不会给女孩打高分并且遵守诺言的教员，提供一份详细描述一个不寻常的元素"Wo"（女性）的讲义的化学助教。"可接受的重量，"上面写道，"120+/-10磅；出现地点：经常在你希望她们不在的时候出现；性质：半衰期约三十五年。"然而耶鲁的教师里也包含付出心血支持和培养耶鲁女性的教授。

　　长号手姬特·麦克卢尔在那年秋天通过她对细胞融合的兴趣认识了贝尔（Boell）教授。姬特觉得可能有办法让两名女性在不需要男性或精子的情况下生孩子。把两颗卵子融合在一起会发生什么？她心想，细胞会分化吗？这个想法"在别人听来都荒唐透顶"，姬特说，但是当她向贝尔陈述想法时，他的态度很认真。

贝尔是实验胚胎学专家和耶鲁的资深教授，而在靠近耶
鲁科学山（Science Hill）山顶的地方，克兰生物塔（Kline
Biology Tower）的其中一层有一个实验室，里面有耶鲁生物
学家做实验用的一大群南非蟾蜍。"获得它们的卵很容易，可 [203]
怜的小家伙。"姬特说道。贝尔给了姬特进入克兰生物实验室
的权限，也给了她做研究所需的蟾蜍。他在那里查看她的情
况，并为她的工作提供指导。当姬特的早期结果显示出希望
时，他安排她去见纽约洛克菲勒大学的一名高级细胞融合专
家——一名女性。"他这么做真的很贴心，"姬特说，"让我去
见一名女教授。"

贝尔不是唯一一个在耶鲁指导女学生的教员。雪莉·丹尼
尔斯在那年秋天认识了访问教授西尔维娅·布恩，在那之后，
雪莉尽可能多地跟布恩待在一起。"她是一名非凡的女性，一
名超凡脱俗的女性。"雪莉说。

布恩是雪莉的朋友薇拉·韦尔斯从亨特学院招来教黑人女
性研讨班的教授，雪莉一听到消息就报名了那门课。布恩于20
世纪60年代初在加纳大学（University of Ghana）学习，成
了加纳黑人侨民社区的一分子，这个社区由知识分子、作家和
艺术家组成，包括玛雅·安吉洛（Maya Angelou）和W. E. B.
杜波依斯（W. E. B. Du Bois）。她也是马尔科姆·艾克斯的
朋友，她最初是在加纳认识他的，当时他结束了去麦加的朝
圣，在回美国的路上在此停留。布恩自己的经历引人注目，但
是吸引学生的是她对他们生活的兴趣。她"总是关注你，总是
关注你的需要"，薇拉说。这在耶鲁可不常能得到。

西尔维娅·布恩跟雪莉谈财务独立和那份独立对女性有多
重要。雪莉在那时已经跟她的耶鲁男友约会了一年多，但是布

恩叫她确保自己有一技之长。那样的话，她总是知道在有需要时，她可以照顾自己。在那个年代，婚姻依然被很多人看作女性获得保障的最佳路径，因而这是个不寻常的建议。布恩还拓展了雪莉对于可能性的认识。是的，雪莉会需要一份工作来养活自己和家人，但是"你可以拥有一份你热爱的事业"，布恩告诉她。从来没人跟雪莉说过这样的话。

尽管黑人女性研讨班的学生对他们从西尔维娅·布恩那里感受到的支持充满感激，但是贝蒂·施潘跟耶鲁教员关于增加女性研究课程的交流进行得并不顺利。耶鲁在那年秋天只有两门关于女性经验的课程：西尔维娅·布恩的课和一门新课，"女性社会学视角"。对两门课的需求都很高。在最初的研讨班满员后，布恩不得不在两个住宿学院教研讨班，而六十四名学生——四十一名女性和二十三名男性——报名了社会学的课。他们为那门课写的论文主题跨度很广："女性在事业和家庭间的角色冲突""祭坛上的美国主妇""集体生活状态下的女性""工会中的女性""性差异的发展"和"亚马孙女战士"。贝蒂和姐妹会的其他八名成员修了这门课。在耶鲁，她们第一次拥有一位女教授、拥有女作者写的阅读材料以及这样的经验：不是作为少数女性之一身处充满男人的教室。它就像一扇门，通往一个不可思议的房间，而她们之前甚至不知道房间的存在。

贝蒂下定决心打开更多那样的门。她花了数小时等在耶鲁系主任们的办公室门外，希望能说服他们在各自领域提供女性研究课程：心理学、经济学、历史、英语或任何在课程表上暗示世界上只包含男人的耶鲁其他学科。姐妹会成员通常两两成对参加那些会议，一会儿之后，系主任最终会请她们进去。对贝蒂来说，会议跟"这些老白男坐在桌后的模糊画面"融为了一体。女孩们经常得再跑好几趟，而且她们几乎从没取得成功。大部分女性研究课程依然需要走住宿学院研讨班的后门才能注册。

在贝蒂为扩展耶鲁课程表而奔忙时见过的所有教授中，最恶劣的是乔治·皮尔逊，就是那个因为埃尔加·沃瑟曼关于莫里的信而刻意为难她的人。皮尔逊是耶鲁人文学科的主任，一天下午，贝蒂和达利娅·鲁达夫斯基找到他，问他能不能提供一门女性史课程。这个主意"很荒谬"，皮尔逊回答。关于女性对历史的影响，有什么可教的？"为什么不开一门儿童史呢？"他问道，但是两名女学生"坚持不放弃"，皮尔逊后来对另一名教员抱怨道。他最终找了系里最年轻的成员之一，一名女讲师，问她愿不愿意教女性史。他不大可能叫一个男人做这件事。

埃尔加·沃瑟曼避免跟皮尔逊再有纠缠，但即使如此，她作为特别助理的第二年过得没比第一年好多少。她对她的男女同校报告满怀激动，但是金曼·布鲁斯特还没给她发布的指令，在办公桌上待了近五个月后，报告已经不新鲜了。10月15日，布鲁斯特终于跟男女同校委员会开会谈论耶鲁对女学生人数的限制。讨论很短暂。减少男学生数量的事没有商量余地，布鲁斯特说，然后他给变革又设置了一个新路障：在改变男女比例前，耶鲁需要重新评估它的整套本科生教育方法的基础假定。布鲁斯特的必要议题清单包括耶鲁学院的最佳规模、大学整体的规模以及本科生是否应该在三年而不是四年后获得学士学位。在这些问题解决前，关于女性，什么都无法决定。

布鲁斯特关于男女同校的新立场令人震惊。由于他拒绝减少耶鲁男生的数量，增加女性人数只能等两所新住宿学院完工再说。这个新障碍预示着女本科生将无限期保持在 20% 以下。

在他 1968 年的校长报告中，布鲁斯特花了几页讨论提供给耶鲁校长的权力杠杆。他提到了他作为耶鲁集团领导的角色以及他设置预算的权力。他谈论了作为校长，他的观点带来的额外分量，但是布鲁斯特没提到的一个权力也许是所有权力中最重要的：不作为的权力。正如姬特·麦克卢尔在 1970 年 3 月集团投票保持耶鲁性别限额不变后在日记里写的那样："争取全面男女同校的运动被阻止了，因为耶鲁集团决定忽略它。"如果目标是保护现状，那么当权者最好的举动就是保持不动。

在男女同校第一年全年，甚至在女学生到来前，埃尔加·沃瑟曼一直在提对安全的担忧。然而，**强奸**这个词还没进入她的备忘录或《耶鲁日报》的页面。12 月初，情况改变了。对耶鲁女性的两起袭击成为序曲。感恩节当天，一名学生在晚上走向纽黑文火车站，突然被一名持刀男子抓住。幸运的是，另外三名行人靠近了，他在造成伤害前就跑了。12 月 3 日的夜里，另一名耶鲁女性在耶鲁皮尔逊和埃兹拉·斯泰尔斯学院的附属房屋旁遭到攻击。她尖叫，攻击者打了她，但是他被走近的两群人吓跑了。在两起案件中，路人的偶然到达使得女性逃脱。12 月 9 日，耶鲁大二学生克丽斯塔·汉森（Christa Hansen）却没有这么幸运。

克丽斯塔前一年从斯波坎一所很小的男女同校的学校来到耶鲁。她很漂亮，笑容灿烂，浅棕色的长发偏分。克丽斯塔在

207

考虑主修心理学。她在耶鲁的斯特林图书馆（Sterling Library）学了一晚上，正在走回她位于摩尔斯学院的宿舍。很晚了，周围没有多少人。一辆车在克丽斯塔身边停下，车里的一个男人跳出来抓住了她。他叫她上车。她透过衣服感觉到的是一把抵着她后背的刀，他说。上车，男人说。克丽斯塔上了车，这群男人载着她开走了。她在车上被轮奸了。

　　之后，克丽斯塔"彻底心神错乱了"，一名试图帮助她的女学生说。克丽斯塔的父亲气愤得难以自持，把事情告诉了金曼·布鲁斯特。"你怎么能让这种事发生在我女儿身上？"第二天，《耶鲁日报》在头版刊登文章，报道了克丽斯塔的强奸案和此前两次未遂的强奸。

　　耶鲁警方对袭击的回应是建议耶鲁女性采取"安全预防措施"。连努力防止这种可怕事件发生的埃尔加·沃瑟曼也责怪女性。女性需要意识到"我们生活在一个城市里，它并没有那么安全"，她责备道，对于耶鲁保证女学生安全的责任一字未提。次月，沃瑟曼在耶鲁十二个住宿学院的院长月度例会上重复了相同的观点。"耶鲁的很多女学生似乎不愿意……相信天黑后在室外走动所包含的严重风险。"她告诉他们。

　　在男女同校的第二年里，耶鲁校园警方记录了四起强奸案，包括一名 60 岁的秘书在谢菲尔德-斯特林-斯特拉斯科纳（Sheffield-Sterling-Strathcona）三楼女卫生间遇袭，那栋楼也是埃尔加·沃瑟曼工作的地方。这些警方数字几乎肯定是过低的。与性骚扰类似，上报强奸案的代价大于女性能得到的好处，因此大部分案件都没上报。1970 年，强奸幸存者知道自己会遭到警察和医院工作者的冷漠对待。如果一名女性选择提出控告，她自己的性史会成为法庭讨论的对象，她还得证明自己抵抗了侵犯她的人。在有些州，女性不得不提供一名证人，证明自己没说谎。大多数人相信被强奸的女性是"自找的"。

　　不管耶鲁学生遭遇的强奸案的实际数量是多少，连管理层知晓的那些也经常不为耶鲁女性所知。《耶鲁日报》在那年没有再报道任何关于强奸的新闻。住宿学院的教学院长们——对耶鲁学生福祉直接负责的行政人员——只有当强奸发生在自己学院的学生身上时才知道。"耶鲁没有大声宣扬'女孩会被强奸'，"一名大一女生说，"他们更像是把事情安静地放进了衣柜……但是强奸继续发生。它切切实实存在。"

　　对于克丽斯塔·汉森，研究生玛吉·弗格森（Margie Ferguson）试图在事后提供一些支持。在男女同校开始前，埃尔加·沃瑟曼建立了一套女研究生助理为本科生充当指导者和榜样的新制度，而玛吉就是克丽斯塔所在的摩尔斯住宿学院的研究生助理。克丽斯塔去了玛吉的办公室好几次，谈论她的遭遇，但玛吉只是一个好心的研究生，没接受过心理咨询的训练。"我只是怀着同情倾听了一个可怕的故事，其他没有做什么。"她说。就像大多数大学，耶鲁不提供任何对遭遇强奸的学生的支持，没人接受过训练，能为她们提供心理咨询。克丽斯塔从耶鲁休学，回到了斯波坎的家。

　　与此同时，在伍德布里奇厅那边，金曼·布鲁斯特在关注其他问题。关于耶鲁女性的谈话，至少就他而言，已经结束了。主张招收更多女学生的人只需等待两所新学院建成以及耶鲁理清所有那些需要在重新考虑性别比例前解决的政策问题。

然而沃瑟曼不会让问题被遗忘。布鲁斯特跟男女同校委员会开完10月会议的两周后，她写信给布鲁斯特询问她的男女同校报告，报告依然待在他桌上，拖延着未发布。他之前告诉她，他想在报告公开时在里面附上回复。"你能给我一封之前说的表明立场的信吗？"沃瑟曼说。一周过去了，布鲁斯特没有回信。再过了一周。又过了好几周。

　　12月4日，沃瑟曼再次写信给布鲁斯特。"很多学生和教师广泛持有这个观点：男女比例应该尽快改善。"她说道，"就我意识到的情况而言，我们依然没有具体计划以实现1968年宣布的目标比例，四千名男生和一千五百名到两千名女生。"沃瑟曼继续追问："我们计划在不远的未来扩充到五千五百名或六千名学生吗？如果没有，要怎么达到2∶1或3∶1的比例呢？"这样的坚持不懈并没有让埃尔加·沃瑟曼更受布鲁斯特青睐。

210

　　"她让他难受。"萨姆·昌西说。"她会死死咬住关于某事的某个主意，绝不松口……我觉得那是她说'瞧，我们不会让任何这些问题悄悄被遗忘'的方式。这是好事，但它很烦人。"女性对沃瑟曼的坚韧看法不同。"埃尔加非常擅长确保女性问题处于优先地位。"杰姬·明茨（Jackie Mintz）说。她在次年加入耶鲁管理层。"她是个倡导者。"玛格丽特·库恩说。她领导了校友午宴抗议。"她一次又一次地为我们出力，我们真的非常爱她。"姐妹会成员凯特·菲尔德说。然而埃尔加·沃瑟曼的上司是布鲁斯特，而非仰慕她的女性。

　　然而，在12月初，布鲁斯特给了沃瑟曼一个机遇，至少看上去如此。耶鲁集团将于12月12日的周末在纽黑文集合，沃瑟曼获准在会议上展示男女同校委员会的报告。这将是集团在 3 月投票决定保持性别限额不变以来，耶鲁招生政策第一次进入集团议程，而这正是耶鲁姐妹会等待的时刻。

1970 年，耶鲁董事依然是全员男性，尽管集团如今有了第一位黑人成员，美国地区法院法官利昂·希金博特姆（Leon Higginbotham）。十五名男人聚在伍德布里奇厅的一个特殊房间开会，精美的枝形吊灯照亮了一张擦得亮晶晶的巨大木桌。当耶鲁董事们在那个 12 月坐进他们的大号皮椅时，他们能听到在外面的拜内克广场举办的喧闹集会声。"反对千名男领袖！"姐妹会成员和她们的支持者喊道。聚集了一百名学生。女性们手持标语，听着一个又一个学生走到麦克风前，呼吁耶鲁采取不限性别的招生政策，然后他们又喊了几次口号："反对千名男领袖！"

在房间里，沃瑟曼向集团展示了男女同校报告以及其中的建议：耶鲁录取八百名男性和四百名女性组成 1975 届学生。提议以及它的 2∶1 男女比例，甚至算不上有革命性。有名的私立大学，例如杜克、明德（Middlebury）、欧柏林（Oberlin）、斯沃斯莫尔，以及芝加哥大学似乎都在男女比例 2∶1 甚至女性占比更高的情况下活了下来。1970 年 3 月的学生请愿走得更远，呼吁不限性别的招生，姐妹会成员忙着在耶鲁餐厅传阅的新请愿书中也提出了这点。但是在布鲁斯特分享了他对此问题的观点后，连男女同校委员会更为温和的建议也毫无通过的希望。

布鲁斯特开场很有风度，认可了"沃瑟曼夫人的男女同校委员会"的辛勤工作。然而就连这句介绍都是一次开场攻击，因为团体的实际名字——大学男女同校委员会——比布鲁斯特选择称呼的"沃瑟曼夫人的委员会"有分量得多，而且团体实际上直接向他汇报，而非沃瑟曼。布鲁斯特继续一步步分解委

员会的建议。首先是耶鲁培养男人的使命。布鲁斯特绝不会 212
建议耶鲁招收女本科生，他解释道，"如果我不能向任何提问
的人保证我们不打算减少耶鲁学院的男性数量"。此外，他继
续说，提出了他不作为的新理由，耶鲁必须重新思考它的整套
本科教育方法，之后才能重新考虑女性人数。最后是校友的问
题，布鲁斯特说，因而强化了男女同校是导致校友不满的主要
原因的错误想法，其实真正的问题是耶鲁不再给予校友子女曾
经享受的招生优待。

　　所有这些理由为布鲁斯特对耶鲁"千名男领袖"的支持
提供了合理包装，但也许只需要说他反对男女同校委员会的建
议，他就可以左右董事们的投票。正如在布鲁斯特试图把一个
不得人心的决定归咎于集团时一名耶鲁董事曾经说的："金曼，
别瞎说了。你完全知道集团会做你告诉他们的任何事。"

　　12 月 12 日，周六，集团再次开会。姐妹会对于呼吁不限
性别招生的请愿付出了很大努力，总共收集了一千九百三十个
签名，比促进耶鲁进步男女会在春天组织的请愿还多。然而，
和之前这个团体不一样，姐妹会没有受邀跟集团见面。她们没
被吓住，直接走进了伍德布里奇厅：五十名女学生，有的穿牛
仔裤，有的穿短裙和衬衫。"我们闯入了耶鲁集团。"马萨诸塞
州的帕蒂·明茨说。"我们走进去，扰乱了这次集团会议，要 213
求他们对这个可怕的比例做点什么，还说了这让人们的生活变
得多糟糕。"她的室友贝齐·哈特曼说。考虑到正处节日期间，
学生们把一整堆签了名的请愿包装在圣诞纸里，作为"给集团

的礼物"，而女孩们一走上楼梯，到达集团开会的房间，达利娅·鲁达夫斯基就自豪地把这份礼物呈了上去。耶鲁董事们将在当天晚些时候投票，决定是改变他们的招生政策还是保持现有的性别限额。

　　当集团在伍德布里奇厅商讨时，薇拉·韦尔斯正忙着完成那个周末另一个活动的最终任务：一场关于黑人女性经验和历史的学术会议——美国历史上举办的第一个。西尔维娅·布恩的黑人女性研讨班非常成功，令布恩和薇拉一起思考，她们也许可以再进一步，让耶鲁举办这样一场会议。布恩可以用她的人脉请来领域里的几位主要代言人，而薇拉会努力在耶鲁寻找资源来支付这个活动。两人从耶鲁著名的查布奖学金（Chubb Fellowship）获得了资金，它在其二十一年的历史里从未授予女性，在 12 月 12 日晚上，关于黑人女性的会议开始了，第一位发言者是玛雅·安吉洛。《我知道笼中鸟为何歌唱》（*I Know Why the Caged Bird Sings*）太新了，薇拉还没机会读它。

　　安吉洛站在全神贯注的听众前，他们由两百名学生、教育者和纽黑文居民组成。她很高——"就像雕塑"，薇拉说——穿着一条有图案的非洲连衣裙，头发紧紧包在一块头巾里。有人提出了黑人女性在黑人权力运动中的角色问题。黑人男性应该是运动的带头人吗？"不好。这过时了。这过时得离谱。"安吉洛大声回复。"我们也曾一个个脸挨着背，被塞进奴隶船，我们一同站在拍卖台上，我们一同承受鞭打和棉花地的苦劳——现在我们不能一起走在同一条人行道上？"

　　第二天有另外三位黑人名人向耶鲁的听众讲话：作家雪莉·格拉厄姆·杜波依斯（Shirley Graham Du Bois），黑人民权活动家 W. E. B. 杜波依斯的遗孀；黑人文化历史学家约翰·亨里克·克拉克（John Henrik Clarke）；以及普利策获奖诗人格温德琳·布鲁克斯（Gwendolyn Brooks），伊利诺伊的桂冠诗人。《纽约时报》在倾听，第二天，它刊登了整版文章来报道耶鲁这场引人注目的会议。

《耶鲁日报》在那天主要报道的是另一个新闻：耶鲁集团会议的结果。也许决定可以预料，但它依然令人灰心。耶鲁的性别限额不会改变。两天后，沃瑟曼终于发布了男女同校委员会的报告，距离她最初把团体的建议寄给布鲁斯特已过了近七个月。"委员会呼吁更深入的男女同校。"《耶鲁日报》的标题写道。但是没人注意它。两天后就是圣诞假期了，此外，大家已经知道发生了什么。要再过两年，集团才会再次考虑耶鲁对女性的歧视问题。

10

增　援

　　那年 12 月，当耶鲁集团在纽黑文开会，再次决定保持耶鲁的性别限额不变时，华盛顿特区正在发生一个根本转变。史上第一次，联邦政府由于性别歧视暂停了大学合同付款。除非密歇根大学停止阻碍女性申请为男性预留的职位、停止给女雇员支付较低的薪水并且停止导致女性仅占全体正教授 4% 的歧视，否则它会失去 400 万美元的联邦资金。

　　密歇根新闻上报纸的第二天，耶鲁助理教授夏洛特·莫尔斯（Charlotte Morse）在纽黑文的一家咖啡店撞见了她的同事巴特·贾马蒂（Bart Giamatti）。"如果联邦政府切断了我们的资金，它到底会给耶鲁造成多大影响呢？"她问。贾马蒂挑起一边眉毛看着她。"大约全年经营预算的 33%。"

　　当时还没有法律禁止大学歧视女性。作为替代品，前总统林登·约翰逊签署的一条行政命令阻拦了密歇根的钱。11246

号行政令从 1965 年起就登记在案，但是用它来抗击性别歧视的做法是新的。命令起初禁止了联邦合约方基于种族、肤色、

宗教或原籍的歧视——但并不包含性别。约翰逊在 1967 年做
出修订，增加了女性，但就算在那时，命令也一直没被用于这
一目的，直到伯尼斯·桑德勒（Bernice Sandler）在 1969 年
读到它。

　　桑德勒拥有马里兰大学的博士学位，而几个月前，她被告
知她不适合本系七个空缺职位中的任何一个，因为她"作为女
性太强势了"。又被两个职位拒绝后——第一个是因为面试官
说他从来不雇用女性，第二个是因为桑德勒"不是真正的专业
人士"而"只是一名主妇"，桑德勒开始研究法律对于她的遭
遇有什么说法。事实证明，说法不多，但是一天下午，在阅读
美国黑人为终止公立学校种族隔离做出的努力时，桑德勒在一
条脚注里发现了 11246 号行政令，因为发现了它而大声尖叫。
这就是女性可以用来在美国大学里赢得公正的工具。

　　到 1970 年 12 月，密歇根大学的惩罚宣布时，桑德勒用
11246 号行政令帮助了超过两百所美国学校的女性提交性别歧
视投诉。耶鲁还不在清单上，但这点很快就会改变。1971 年 1
月 29 日，美国劳工部长詹姆斯·霍奇森（James Hodgson）收
到了两封来自耶鲁的信，一封来自办公室女职员，另一封来自
女教员和女行政人员。两封信都宣称存在猖獗的性别歧视，要
求立刻开展联邦调查。两天后，第三起对耶鲁的投诉抄送给了
霍奇森，这次来自桑德勒本人。

　　金曼·布鲁斯特也许在前一年把沃瑟曼的男女同校报告
拖延得足够久，使得它对耶鲁的千名男性限额的挑战被忽略
了，但是报告也包含了十几页关于耶鲁女性状况的数据，而伯
尼斯·桑德勒有一份副本。桑德勒认识埃尔加·沃瑟曼。她们
都属于一个团体，在幕后跟国会女议员伊迪丝·格林共同努力

217

为大学校园里的女性带来改变，沃瑟曼的报告正好包含桑德勒需要的用于支持耶鲁女性提交的性别歧视投诉的东西——数据。桑德勒信中的统计数据直接来自沃瑟曼的附录 E：耶鲁女教员。"在八百三十九人组成的全体教员中，只有**两名**女性有终身教职。"桑德勒写道。这个事实有可能获得人们的注意。

桑德勒对耶鲁的指控并没有止步于教员聘用。耶鲁在招生、授予助学金以及教员工资和升职上歧视女性，桑德勒写道。然后她把她的信寄给了超过五十名华盛顿官员，包括卫生、教育和福利部（Department of Health, Education, and Welfare，简称 HEW）部长埃利奥特·理查森（Elliot Richardson）。该部如今已解散，功能划分到了两个新的联邦机构，但是在当时，几乎没有大学校长不认识这几个首字母缩写。"HEW"就是执行 11246 号行政令的机构。

提交歧视投诉"令人激动"，耶鲁研究生玛吉·弗格森说，她的研究巩固了调查结果。"大家都觉得，联邦政府将成为一名非常重要的伙伴。"连布鲁斯特的首席法律顾问都评论说"来自山姆大叔的刺激"可能会推动耶鲁变革。桑德勒的信和耶鲁女性的两封信都提出了相同的要求：暂停联邦政府与耶鲁之间的任何新合同，直到所有对女性的歧视都得到纠正。那应该能得到布鲁斯特的注意。

与此同时，在纽黑文，1974 届的新生适应了他们作为耶鲁学生的生活。他们一适应下来，这些新来的增援就开始提出耶鲁学生问了超过一年的问题：这就是耶鲁认为的男女同校的样子吗？很多大一女孩在到达时感受到了跟去年第一批女本科生相同的震惊。林登·哈夫迈耶（Linden Havemeyer）从全女子的康科德学院来到耶鲁。她成长于一个拥有六名女孩的家庭。"进入耶鲁的一切都让人难以承受，"林登说，"突然，我不仅仅是在一个男女同校机构，我还是 4∶1 或 5∶1 里的少数。"尽管学生们对耶鲁的性别比很不满，增加女性数量的进展却完全停滞在前一年的位置。

耶鲁的新学生住房还未动工。布鲁斯特甚至还没委任一个委员会来考虑他排在耶鲁女性之前的所有问题，催促他增加女性数量的诸团体已经不如之前强大了。在他们的建议于 12 月被集团拒绝后，男女同校委员会隐退了，而沃瑟曼不管是扮演团队合作者还是煽动者似乎都无法就耶鲁的性别限额取得进展。姐妹会日益专注于其他问题，从堕胎权到女性研究，再到卫生、教育和福利部对耶鲁的性别歧视投诉。如果耶鲁要在可预见的未来里采取不限性别的招生政策，需要一个新团体，以及新能量。

亚历克·哈弗斯蒂克（Alec Haverstick），1974 届的新生之一，也许看起来不太像那个角色的候选人。现状到目前为止对他来说运行得挺好。亚历克成长于曼哈顿奢华的上东区，在全国最精英的男子寄宿学校之一圣保罗就读。他看起来就像私校学生应有的样子。是的，他的深色头发几乎及肩，但是亚历克依然穿李维斯牛仔裤和帆船鞋，穿运动衫和卡其裤时收拾得很干净。他微笑时露出完美的牙齿。然而，在圣保罗学校的年鉴里，亚历克的有些特质没有显露出来。

他的母亲，一名单身家长，"几乎是……一名妇女解放论者"，亚历克说，她还是巴纳德学院（Barnard College）的董事之一，她正在那里攻读博士学位。巴纳德的女教员会来到哈弗斯蒂克家位于东 70 号街的公寓，跟她聊天。有一次，在巴纳德教书的凯特·米利特走了进来，亚历克正好在家，而他关于

219

女性如何看待世界的教育在耶鲁得到了延续。

到达几周后，亚历克跟一群上过康科德学院的女学生吃饭，那是林登·哈夫迈耶曾就读的女子寄宿学校。来自那所学院的耶鲁大二学生邀请了林登和其他康科德学院的新生加入她们在耶鲁新生食堂的晚餐，亚历克也来了。亚历克作为高中交换生在康科德学院待过三周，所以他认识这些女孩。当晚餐上的大二学生向其他人解释在耶鲁的第一年是什么样时，她们描述的情况跟亚历克所想的不同。

"这次谈话渗出的苦涩……非同寻常，"他说，"那是拟人化的愤怒。一直不停冒出来。"听到女生们假定男人都是把女性视作劣等人的沙文主义者时，亚历克感到受伤。"我不那么觉得。"亚历克说。但如果这就是耶鲁的情况，他问，那么解决办法是什么？"数量。"女生们说。"数量？"亚历克问。大二女生们回答："在我们的人数变多之前，我们会一直被当作四等公民。"

220　　反战运动沉寂了数月，但是在2月，美国入侵老挝的消息传出后，它充满活力地再度涌现。抗议在全国各地的校园爆发：堪萨斯州立大学，圣母大学，以及亚拉巴马、内布拉斯加和俄克拉荷马大学。2月22日，耶鲁的伍尔西大厅挤满了过来参加反战集会的二千五百名学生。当晚的演讲持续了将近四小时，但吸引了最多掌声的演讲者是一名上阵打过仗、如今回来了的27岁耶鲁研究生，他叫约翰·克里（John Kerry）。反战越战老兵（Vietnam Veterans against the War）正在计划一场4月的大规模抗议，克里告诉面前的学生们。他希望耶鲁学生支持老兵们的行动。

　　和之前一样，耶鲁女性参与了反战活动，但是她们对性别歧视的抗议并未停止。自莫里的领班叫法学院女生离开已经过了一年，反对者的行列逐渐壮大，他们力图改变俱乐部仅限男性的政策。10 月，纽黑文妇女解放组织的十几名成员在莫里门前抗议了一周。11 月，耶鲁法学院刚上任的教学院长阿贝·戈尔茨坦（Abe Goldstein）通知莫里，莫里以法学院名义开设的所有账户都应该立刻关闭。在女性能受到跟男性相同的接待之前，耶鲁法学院不再是莫里的顾客。

　　耶鲁经济学博士生海迪·哈特曼（Heidi Hartmann）参与了 10 月的莫里一周抗议。每次一名耶鲁教授或教员穿过抗议队伍进入莫里，就会有一名女抗议者走上去问他，"你是种族歧视者兼性别歧视者，还是说只是性别歧视者？"就像金曼·布鲁斯特，很多常去莫里的男人抵制那些歧视黑人的俱乐部。这些男人不认为歧视女性同样值得反对，这激怒了女性。当海迪站在莫里的抗议队伍中时，她发现了她的一名教授，詹姆斯·托宾（James Tobin），他在马路对面来回踱步。托宾在观察抗议者，显然内心在激辩，是爽那些他应该在莫里见面的男人的约，还是穿过抗议队伍加入他们。他选择了后者，正当他走过去时，海迪走上前去，问了女人们向每个经过她们身边的男人提出的问题："你是种族歧视者兼性别歧视者，还是说只是性别歧视者？"

　　内心不安的托宾进入了莫里。托宾是耶鲁最卓越的经济学教授之一，将会获得诺贝尔奖，他也因为他的正直和对种族公正的信奉而为人所知。"他是一名道德感很强的人。"研究生

221

珍妮特·耶伦说。她是托宾指导的学生，也是一名前途无量的经济学学生，像海迪这样的年轻学生都知道她富有才华。几周后，海迪收到了一封来自詹姆斯·托宾的诚挚长信，解释了他为什么既不是性别歧视者，也不是种族歧视者。

　　然而，在2月，经济系的女博士生了解到，她们的一些教授依然在莫里见面，作为回应，她们给经济系全体教员寄了一封信。"这个俱乐部所代表的沟通渠道和权力把女性排除在外，我们对此无法接受。"女生们写道。详细描写了男人们继续涉足莫里对女性造成的影响。在那封信上签名需要勇气。收信的男人很快就会成为决定推荐哪些学生应聘教职的人，但是底下签了经济系每个女博士生的名字，总共十三个，包括24岁的珍妮特·耶伦。

　　几天后，莫里收到消息，耶鲁经济系也不会继续在那里处理事务了。

　　耶鲁在那个学期提供四门不同的女性研究课程，是春季的两倍："美国经济中的女性""文学中的女性形象""女性心理视角""女性与法律"。前三门是住宿学院研讨班，但最后一门课在法学院面向一百四十七名学生教授：一百二十六名男性和二十一名女性。贝蒂·施潘和姐妹会的一群女生每周都去听，康妮·罗伊斯特也报了名。

　　康妮很喜欢那门课。她觉得教课的两名法学生——盖尔·福尔克（Gail Falk）和安·希尔（Ann Hill）——鼓舞人心，她也喜欢课程能够支持她思考法律和女权主义而不用参与政治活动"摇旗呐喊和游行示威"的一面。相反,"女性与法律"是"女性斗争的另一面,在学术上严格、缜密,但又热情和富有同情心",康妮说。贝蒂也许习惯了出去游行,但是对康妮来说,法学院学生寻求变革的手段最适合她。康妮为课程写的论文探索了能迫使媒体公平描绘女性的法律策略。它获得了优异,耶鲁的最高评级。

当她们不在教耶鲁本科生或完成她们在耶鲁法学院的课程作业时,盖尔·福尔克和安·希尔在参与另一个女权活动——"女性诉康涅狄格州案",其目的是推翻康涅狄格的反堕胎法。在一名同学失误导致怀孕时,耶鲁的很多女性看到了那条法律的代价。贝蒂和康妮在耶鲁的第一年,一天夜里,她们宿舍楼的一名女性在非法堕胎后大出血。女孩的室友猛地敲她们的门。"报警!报警!她快失血而死了!"来了一辆救护车,学生被救活了,但她之后再也怀不了自己的孩子了。

223

有些学生能获得医生实施的安全堕胎。在男女同校的前三年,大约二十名本科生通过耶鲁医疗中心做了手术,在纽约州于1970年4月通过堕胎法后,孕妇可以去那里做。然而,怀孕的耶鲁女性有时干脆退了学。"不管是在高中还是大学,好像女人一怀孕就消失了。"一名耶鲁大二学生说。她后来才知道一个同学离开的原因。

令安全合法的堕胎在康涅狄格州成为可能的行动始于前一年,而"女性诉康涅狄格州案"背后的十几名纽黑文女性达成的目标比改变州法律更进一步。在此之前,关于康涅狄格堕胎法的讨论一直局限于男人之间。法官是男人。立法者、律师和专家证人是男人。"女性诉康涅狄格州案"开始改变这点。她们相信女性"最了解堕胎法造成的影响",因此女性将会成为

原告、证人和律师。当时，只有 4% 的美国律师和 1% 的法官是
女性，女性仅仅出现在法庭里就可算作反叛。

224　　　　策略是设置不止几名女原告，而是几十上百个。那种组
织行动可以把女性聚在一起，而对于每个女原告来说，光是把
名字写在原告卡上的动作就充满力量。这就是姐妹会参与的部
分。要符合原告条件，女性只需要生活在康涅狄格州、处于生
育年龄并且声明她们不希望在当时孕育孩子。姐妹会成员们签
名成为原告，然后招募其他女性加入她们。有些人站在自己住
宿学院的庭院，拿着一堆"女性诉康涅狄格州案"的亮黄色宣
传册，跟经过的每名女性谈论这起诉讼。

其他人按照耶鲁法学院女生的安排去进行演讲。朱迪·贝
尔坎和罗安清开车南下斯坦福德（Stamford），在那里的一家
教堂里见了二十名同意过来听她们讲话的郊区白人女性。贝
蒂·施潘接受了广播和电视访谈。她在康涅狄格的媒体上表现
良好——一个友好的中西部女孩，耶鲁第一批合校女生之一，
而且谈吐得体。

姐妹会和其他人的行动成功了。原告们签了名。势头建立
起来了。3 月 2 日，耶鲁法学院毕业生凯蒂·罗拉巴克（Katie
Roraback），在进行中的黑豹党审判中为埃丽卡·哈金斯辩护
的律师，向美国地区法院提交了对康涅狄格州的诉讼，控告
该州的反堕胎法违宪。到罗拉巴克提交"埃伯利诉马克尔案"
（Abele v. Markle）时，也就是"女性诉康涅狄格州案"的正
式名称，案子已经有八百五十八名女原告了。

姐妹会也参与了其他行动，而那年春天它在耶鲁变得更加
引人注目了，因为新成立的女性中心（Women's Center）在德
菲厅（Durfee Hall）开设，距离学生邮件收发室仅一门之隔。

女性中心是女学生"可以进来跟彼此聊天，留下一些阅读材　　225
料，不用一直跟男人待在一起"的空间，贝蒂说。耶鲁并没有
把德菲厅的空间拱手让给女性。姐妹会的几名成员在"五一"
期间就宣布这两个闲置房间归自己所有，而耶鲁并不乐于接受
她们的擅自占用。然而，埃尔加·沃瑟曼和本科教学院长约
翰·威尔金森为女孩们辩护，所以耶鲁收回了驱逐的说法。

　　耶鲁女性中心一点也不精致，更适合用"邋遢"来形容它。
但它是一个舒服的空间，有几把破旧的椅子，涂了彩色油漆。
桌子上散放着咖啡、甜甜圈和女权杂志。"我们希望每个人都
把它看作一个能跟其他女性舒适相处的地方。"姐妹会成员芭
芭拉·戴恩哈特（Barbara Deinhardt）告诉《耶鲁日报》。中
心欢迎所有耶鲁女性，她说，无论她们持何种政治观点。

　　3月，女性中心接待了一名特殊访客。凯特·米利特回到
了纽黑文。"问问自己这个问题，"她告诉满房间的女性，"你
们来这里是寻求慰藉，还是寻求改变？""意识觉醒"只能走这
么远。对房间里的很多人来说，米利特的问题像是一个转折
点。答案很明显。她们加入是为了做出改变。

　　姬特·麦克卢尔没有参与姐妹会的这些行动，既没有为
堕胎诉讼案征集原告，也没有帮助建立耶鲁女性中心。到男女
同校的第二年，姬特完全没有参加姐妹会。她和贝蒂·施潘从
没聊过此事。姬特只是"消失了"，贝蒂说。但如果两人聊过，
姬特可以用几个字简单解释："我有别的事要做。"姬特在克兰
生物塔做细胞融合实验，日程表里还排满了音乐课。她是纽黑　　226

文妇女解放组织的活跃成员。在摇滚乐队8月演出的鼓舞下，她花了比以往更多的时间练习长号和为乐队编曲。

到男女同校第二年，姬特身上几乎看不出那个带着长号到达耶鲁、留着火红及肩长发的大一女孩的影子。首先，她剪掉了头发，现在留着露出耳朵的短发。她戴摇晃的圈状耳环和金属框眼镜，她在很久之前跟大一时的男友分了手。姬特现在跟女人约会了。自由女性会议上的一些激进女同性恋对姬特造成了影响，她发现把所有精力投入女性运动中之后"再去交往一个男人"越来越令人矛盾。大一结束前，姬特在思考后决定改变性取向。"一开始很难，"她说，"但我试了，发现我喜欢这样。"

姬特的日常生活中填满了她的政治工作和耶鲁学业，但处于中心的是纽黑文妇女解放摇滚乐队，它现在将近一岁了。练习和音乐会，音乐会和练习——总是有事在进行。乐队主要在耶鲁周围的活动和纽黑文妇女解放组织举办的舞会上演奏。她们也在其他大学表演，一天下午，她们把乐器装进乐队成员弗吉尼娅·布莱斯德尔的大众甲壳虫敞篷车，往东开了一小时去奈安蒂克。州立女子监狱的典狱长同意让她们表演。

姬特和乐队被领进一个大房间，两百名女囚成排坐在房间里的折叠椅上，包括正在受审的四名黑豹党女成员。埃丽
227 卡·哈金斯的女儿那时已经两岁了。女囚们不能跳舞，但是纽黑文妇女解放摇滚乐队表演时带着惯常的热情，也像平常那样使用混合乐器：贝斯、鼓、长笛、萨克斯、长号、手鼓、圆号和吉他。乐队演奏了自己会的每一首歌，因为会的曲目不多，它就在演出里加入了乐队成员们为这个场合创作的女权说唱。然而，到了最后一首歌时，乐队就一直演奏，即兴发挥，乐手

相互把旋律抛来接去，成了一段漫长而美妙的即兴演奏。

几名女囚跳到了折叠椅旁边的过道，开始舞蹈。警卫冲过来叫她们坐下，但是女人们跳起来，开始在房间另一边舞蹈。"很快跳舞的人就比警卫多了。"弗吉尼娅·布莱斯德尔说。乐队继续演奏，舞者数量不断增多。最终，监狱的女看守冲到临时搭建的舞台上。"你们现在**必须**停止了。"她对乐队说。随着音乐的结束，房间安静了下来。之后，乐队收到了一封来自埃丽卡·哈金斯的感谢信。她很感激，她告诉她们，能拥有这样的经历：在看向女狱友们时"见到微笑的脸庞，几个月以来第一次真正微笑"。

凯特·菲尔德没参加奈安蒂克女子监狱音乐会。以下情况并非她所希望的：当凯特回到耶鲁读大二时，她发现，整个夏天，在她身处缅因州时，乐队一直在练习，另一名女吉他手取代了她。然而，凯特还在姐妹会里，就像很多姐妹会成员那样，她如今住在校外。凯特和她大一时的室友之一搬进了纽黑文的一栋三层房子，同住的还有几名哲学教授和研究生，凯特是在"五一"期间协调和平保安官时认识他们的。凯特的房间在一楼。

凯特在耶鲁的第二年过得不错。不再有诗歌教授叫她去树丛街公墓散步，然后对她动手动脚。准备"五一"的疯狂工作已被抛在脑后。她喜欢她的合租者，也喜欢住在校外。然而，一天深夜，当凯特在床上睡觉时，一个持刀的男人闯进房子，进入了她的房间。他戴着滑雪面具。如果她尖叫，他说，他会杀了她。他在她的床上强奸了她。

强奸犯离开后，在随后的可怕骚乱中，有人打电话给凯特在耶鲁的住宿学院院长，他带着一些威士忌来到房子里。"他特别友善。"凯特说。每个人都"格外友善",然而那无法抹消发生的事。

凯特被带去医院,可是那里的人拒绝在没有家长同意的情况下替她做检查。凯特打死也不愿意在凌晨四点半吵醒父母,告诉他们她刚被强奸了。"耶鲁医疗服务处有治疗我的许可。"她告诉陪她过来的朋友们。因此凯特没得到医生的检查就被送回了车上,前往耶鲁医疗服务处。

凯特向纽黑文警方报告了这起犯罪,他们来到房子,见到了闯入的痕迹。音响和其他财物被偷了。一见到其他相关证据,他们就相信了凯特关于强奸的话,但他们不愿意相信侵犯她的人是白人。"你是怎么知道的?"他们问,因为她对他们说了滑雪面具的事。"他有纽黑文口音。"凯特回答。纽黑文的白人男性有一种特定的说话方式,黑人男性跟他们完全不同。"那是个白人男性。"凯特说。但是警察"被激怒了。他们受到了冒犯"。相信强奸犯是黑人要简单得多。

即便凯特的强奸事件在当晚就结束,事情也足够艰难了,但它并没有。她怀孕了。她不得不去纽约堕胎,因为堕胎在康涅狄格州依然违法。到达耶鲁时,凯特是一名为自己赢得的诗歌奖自豪并且梦想成为作家的大一新生。现在"没人知道要拿我怎么办",她说,"我不知道拿自己怎么办"。因此,像克丽斯塔·汉森那样,她从耶鲁休学了。

4月16日,两名联邦调查人员到达纽黑文会见耶鲁女性,调查她们对耶鲁的性别歧视投诉。姐妹会在场。之前的两天里，姐妹会成员在吃饭时间站在住宿学院餐厅外，为一份请愿书收集签名，它呼吁耶鲁"组织一个有力的平权行动项目，以完全消除教育和就业领域的歧视行为"。到女孩们把请愿书呈给卫生、教育和福利部时，一千九百七十三名学生签了名。姐妹会在伍德布里奇厅留了一份副本给金曼·布鲁斯特，尽管没几个人依然相信布鲁斯特在1969年9月做出的他会认真对待学生请愿的承诺。

　　卫生、教育和福利部的调查者见了来自耶鲁五个女性团体的代表：姐妹会、研究生联盟、耶鲁法学女性协会、耶鲁教员和职业女性论坛，以及耶鲁非教员行动委员会。议程涵盖了耶鲁的多种性别歧视，包括招生时的性别限额和之前在调查中从未出现的一个话题：性骚扰。它对卫生、教育和福利部团队来说是"一个新概念"，他们说自己从未听说**性骚扰**这个说法。团队承诺在回到华盛顿后调查此事。

　　与此同时，在塞布鲁克学院，丹尼丝·马耶自己找到办法，从她在耶鲁第一年经历的性骚扰和性侵中恢复了过来。被夜里打电话过来问她睡裙有多紧的教授骚扰和在行政人员装饰着妻儿照片的办公室里差点被强奸之后，丹尼丝开始参加一个女性心理治疗团体。里面的大多数其他女性是耶鲁研究生。就像丹尼丝，没人上报自己遭遇的事。她们都"觉得没人会做任何事"，但是在团体的每周会议上，她们分享自己被侵犯的经历。这些女性给了丹尼丝一个谈论自己遭遇的安全空间，而她们的讲述"在某种程度上把这种经历正常化了"，她说。

　　丹尼丝在波多黎各度过了她在耶鲁第一年结束后的夏天，然后回到纽黑文。她继续做她的兼职，在耶鲁举办的各种活动宴会上当服务员。她喜欢这份工作带给她的经济独立，她也喜欢一起共事的女性，多半是来自纽黑文的城里人。丹尼丝跟这些女员工在一起觉得很舒服。与她们相比，耶鲁对她来说"不知怎的更陌生一点"。刚满 21 岁，丹尼丝就开始在耶鲁的活动上当酒保。这份工作比当服务员容易——不用端着沉重的食物托盘上下楼梯，而且工资也高很多。耶鲁通常把酒保的工作留给男人，但是筛选申请的女人把丹尼丝的材料读得太快，以为她的名字是"丹尼斯"。到丹尼丝过来工作时，那个女人吓了一跳，但是拒绝女性的标准借口对丹尼丝行不通。你没法说她缺乏这份工作所需的力气，毕竟她做了很久的服务员，而且她比大多数男人还高。

丹尼丝生活的其他方面也在变好。她再也没受到教授的性骚扰。她离开了那名行政人员所在的委员会。在秋季学期，她认识了一个叫埃利奥特的小伙子。到春天，他们开始约会。丹尼丝和埃利奥特一开始认真考虑这份感情，丹尼丝就跟菲尔和洛娜·萨雷尔预约了咨询。

到 1971 年春天，萨雷尔夫妇经营耶鲁性咨询服务近两年，耶鲁八百名女本科生里的六百名——75%——找他们咨询过。萨雷尔夫妇"棒极了"，大二学生贝姬·纽曼（Becky Newman）说，"他们就像舍管"。贝姬会爬上楼梯，前往萨雷尔夫妇在耶鲁医疗服务处三楼的办公室，然后萨雷尔夫妇会关心她和她朋友圈里的女性。"阿比过得怎么样？琼呢？"当贝姬的一个朋友告诉萨雷尔夫妇，她的男友想结婚时，他们对她说，"你知道的，婚姻是件美妙的事——但要在对的时间。你为什么不先离开，考虑一下，几天后回来找我们谈谈呢？"贝姬的朋友认为自己没有陷入一桩糟糕的早婚全是萨雷尔夫妇的功劳。考虑了男友的求婚后，她马上意识到自己根本不想跟他结婚。

当学生们寻求节育措施时，萨雷尔夫妇希望见到情侣双方，但耶鲁男生远远不及耶鲁女生愿意见他们，到那时为止，只有一百五十名男生，不到4%，见过萨雷尔夫妇。丹尼丝没意识到耶鲁的大部分女性是单人来到性咨询服务处的，而她按照建议，带了埃利奥特过来。咨询进行得不错。丹尼丝和埃利奥特都觉得跟菲尔和洛娜·萨雷尔相处很舒服。之后，丹尼丝继续咨询，她寄到波多黎各家里的信经常说："哦，我又去见萨雷尔医生了。"就像其他学生，她在菲尔和洛娜·萨雷尔身上发现了她需要的成年人的支持和指导，她和埃利奥特最终成为萨雷尔夫妇人类性学课程讨论小组的组长。

萨雷尔夫妇在那年还见了另一对新情侣，新生亚历克·哈弗斯蒂克和他的女友林登·哈夫迈耶。就像丹尼丝，林登对于萨雷尔夫妇在耶鲁的存在很感激，她继续单独去见他们。亚历克也跟菲尔和洛娜·萨雷尔保持联系。他们"如此能干，如此有趣，又如此不偏不倚"，亚历克说，"他们是真正拥有创造性思维的人"。菲尔·萨雷尔对亚历克同样印象深刻，那年冬天，他带着请求打电话给亚历克："你愿意加入人类性学委员会吗？"萨雷尔也叫林登加入。她乐意效劳，因为萨雷尔夫妇给了她很多帮助。

233

到春天，亚历克和林登已经是组成人类性学委员会核心的十几名学生的一分子。团队的工作是管理和完善人类性学课程，这门课在那年再次开设，他们还在修订《性与耶鲁学生》，以便在秋季分发。这项工作让他们近距离接触耶鲁的性别失衡所导致的一些问题，尽管人类性学委员会还没参与任何旨在终结耶鲁性别限额的活动。到这年秋天，情况将会改变。

———— ♀ ————

　　1971 年的整个春天，耶鲁都在跟"当地人 35"（Local 35）——代表耶鲁蓝领工人的工会——进行日益激烈的谈判。工会要求更高的工资和更好的额外福利。耶鲁拒绝了，当合同在 5 月 1 日到期时，耶鲁的一千一百名餐厅和维修工人罢工。学生们罢课以支持罢工者；丹尼丝·马耶跟她的服务员同事们一起站在抗议队伍中。餐厅关门了。淋浴间没有热水。垃圾车停运，一袋袋垃圾堆在人行道上。耶鲁每天退 3.35 美元餐费，而学生们买来食物在房间里用轻便电炉煮，或者靠约克塞德比萨店的金枪鱼三明治度日。

234　　　　在这一切之中，黑豹党审判终于结束了。对博比·西尔和埃丽卡·哈金斯的指控被撤销了。西尔的陪审团僵持在十一人支持无罪释放一人反对，哈金斯的则是 10∶2，当两个陪审团都无法做出裁决时，法官宣布审理无效，然后完全撤销了指控，声称要找到公正的新陪审员是不可能的。然而，到此时，考虑到罢工造成的混乱，很多学生已经离开耶鲁。就像前一年那样，校园提早解散了。

　　雪莉·丹尼尔斯回波士顿过暑假，曾经因为她进了耶鲁而那般自豪的父亲患上了肺癌，但是其他女学生继续待在纽黑文。埃尔加·沃瑟曼雇用了其中五名——朱迪·贝尔坎、芭芭拉·戴恩哈特、康妮·罗伊斯特、贝蒂·施潘和另一名姐妹会成员，使用的是苏·希尔斯的一部分经费以及萨姆·昌西给的一些资金。她第一次拥有了类似员工的下属，即使那只是五名拿暑期津贴的本科生。

　　男女同校的第二年对沃瑟曼来说很艰难。一整年，她都只是听说开会讨论了影响耶鲁女性的政策，而那些会议从来不邀请沃瑟曼。感到受挫的她在 3 月跟布鲁斯特开会，然后写信跟进。"不参与制定政策的层面，我无法有效改进耶鲁的男女同校，"她写道，"如果，像你暗示的那样，你想让我继续分担对耶鲁女性的责任，我需要你的积极支持。"

几乎什么都没变。5 月，沃瑟曼再次给布鲁斯特写信。"我依然觉得我跟参与政策制定和执行的个人缺乏日常接触，也觉得需要对我的特定职责有一个更清晰的一致意见。我们能在不久后讨论这些问题吗？"随后的讨论不出所料。沃瑟曼将以度过前两年的方式度过男女同校的第三年，依然作为布鲁斯特的特别助理。

235

至少，这个夏天过得不错。学生和教员从 1969 年春天起就在敦促终结耶鲁集团的偏狭，而耶鲁的顶级对手们也随着时代在改变。哈佛在 1970 年任了监事会中的第一名女性，而在 1971 年春天，普林斯顿准备任命最早的两名女董事。6 月，当集团出现四个空缺时，耶鲁再也不能回避对多样性的呼吁，大学任命了第一批女董事：民权律师玛丽安·赖特·埃德尔曼和芝加哥大学教授汉娜·格雷（Hanna Gray）。第三个位置给了一名 29 岁的哈佛法学院助理教授，他有着蓬乱的棕色头发和长长的连鬓胡子，名叫兰斯·利布曼（Lance Liebman）。至于第四个，集团选了一个看起来更符合耶鲁传统委任人选的男人——威廉·拜内克（William Beinecke），1936 届学生，他的父亲和两个叔叔捐钱建了拜内克善本图书馆。然而连拜内克都带来了新视角。他的女儿弗朗西丝（Frances）刚作为 1971 届学生的一员毕业。耶鲁性别限额的问题下一次在集团面前出现时，至少有四名董事对情况的看法会跟那些两次投票支持现状的人不同。

　　除了女董事的任命，沃瑟曼还因为她雇用的五名女学生取得的进展而高兴。她们设计了《她》（SHE），一本提供给每个耶鲁女性的资源小册子，她们还为女性中心举行了募捐。她们跟教员辛西娅·拉西特（Cynthia Russett）一起创设了耶鲁第一门女性史课程，贡献了从耶鲁的女性研究课程到全国妇女研究信息交换中心（National Women's Studies Clearinghouse）的参考资料。她们撰写了一篇文章，批评耶鲁以男性为关注重点的招生材料劝阻了女性申请。她们写了一封给即将入学的 1975 届大一女生的欢迎信，还组织了三场女性新生和高年级学生的秋季聚会，以帮助新学生过渡。

　　作为沃瑟曼团队的成员之一，贝蒂·施潘把工作重点放在女性史课程上。要找到关于女性的任何历史资料都很难，贝蒂花了很多时间做研究。一天晚上在斯特林图书馆，她发现了妇女参政论者（suffragist）伊丽莎白·卡迪·斯坦顿（Elizabeth Cady Stanton）的作品，她是 19 世纪末妇女权利运动的领导者之一。"那就像她跨越时间对我说话，"贝蒂说，"我不再只是不寻常的。我是某种传统的一部分。"在那之后，贝蒂读了她能找到的斯坦顿写的一切，以及卢克丽霞·莫特（Lucretia Mott）和弗雷德里克·道格拉斯（Frederick Douglass）写的作品。贝蒂那年夏天在斯特林花费的时间是"在挖掘这些一直存在、只是等待着被开垦和重现在阳光下的历史。它美妙极了。它带来变革。它解放人心"。

　　贝蒂那年夏天打三份工，以此赚到足够的钱支付她在耶鲁的大四学年：她从午夜到早晨八点在邮局值班，白天在纽黑文启蒙计划工作，晚上和周末作为沃瑟曼五名暑期实习生之一，

沃瑟曼为此支付一份津贴。康妮·罗伊斯特也在勤奋工作。她
努力赚钱，以支付在夏末去加纳和尼日利亚的旅费，这样她就
能为她关于非洲艺术的耶鲁大四论文做研究。康妮的这趟旅程
获得了部分奖学金支持，但钱不够，所以她用沃瑟曼的津贴、
在耶鲁校友聚会上工作赚的钱和本科教学院长约翰·威尔金森
给的一小笔资金弥补不足。8月，康妮登上了去加纳的飞机。

　　与此同时，埃尔加·沃瑟曼还在纽黑文。她发布了年度男
女同校报告，为夏天写下句点。愤怒从边缘渗出。报告抗议女
学生占比小，抱怨依旧缺乏女教员。"很多学生在耶鲁期间从
未见过一名女教员。"沃瑟曼写道。在后来的一次采访里，她
更加尖锐："如果释放的信息是'教你的是男人，因为女人无
法成为教授'，你要怎么接受教育？这算是什么教育？"

　　莫里也进了沃瑟曼的男女同校报告，那年夏天取得了进
展。7月，耶鲁法学院1970届学生凯瑟琳·埃米特（Kathryn
Emmett）向康涅狄格州酒类委员会（Connecticut State Liquor
Commission）提交诉状，质疑对莫里酒水执照的更新。这是聪
明绝顶的一招。莫里每月从酒精销售中赚取10000美元，失去
这份收入会令其元气大伤。埃米特称，州法律要求机构发放执
照时考虑歧视问题。在埃米特为了摧毁耶鲁在仅限男性的场所
内举办会议的做法而努力时，沃瑟曼用她的男女同校报告再次
炮轰耶鲁继续涉足仅限男性的莫里。"莫里，"她写道，"象征
耶鲁无处不在的男性特质以及它对耶鲁社区的女性成员缺乏关
怀。"随着这一评判的出炉，男女同校的第二年结束了。

237

11

坦克对抗 BB 枪

1971 年 9 月，当耶鲁开门迎来男女同校的第三年时，本科生的比例依然是一名女性对应五名男性，女性占耶鲁终身教职教员的 1%，埃尔加·沃瑟曼依然是布鲁斯特的特别助理。然而，有一点跟之前不同，金曼·布鲁斯特身在伦敦，直到 1 月才回来。在其表现得到耶鲁集团赞不绝口的评价之后，布鲁斯特获得了为期六个月的假期。7 月，他和他的妻子玛丽·路易丝登上了一艘开往英格兰的远洋客轮。几小时内，海岸线就成了远处的一块小点，正如布鲁斯特抛在脑后的那些问题。然而，尽管绩效评价里满是溢美之词，纽黑文并非一切都好。

卫生、教育和福利部的调查人员开始了他们的工作——因为耶鲁女性的歧视投诉，他们要求查看文件和翻找耶鲁的文件抽屉。与此同时，布鲁斯特的两所新住宿学院的建设暂停了，校方与纽黑文的长期摩擦导致了计划搁浅。耶鲁富裕；纽黑文贫穷，这座城市憎恨耶鲁 350 英亩的免税土地，而这只是矛盾之一。市政委员会刚通过一条法律，要求任何将土地移出征税范围的建设都需要获得它的许可，这正是耶鲁为了建造这些新学院计划做的事。至少这次，城市占了上风。耶鲁"将不得不意识到，我们不是农民，他们也不是山上的庄园"，纽黑文民主党主席阿瑟·巴比里（Arthur Barbieri）说。

关于新住房的谈判毫无进展，布鲁斯特从集团成员赛勒斯·万斯（Cyrus Vance）那里寻求帮助，他是耶鲁1939届学生，曾在1968年与北越的巴黎和谈中发挥领导作用。万斯同意跟纽黑文市长巴特·吉达（Bart Guida）见面，后者并不喜欢耶鲁。商谈对布鲁斯特来说是孤注一掷。如果那些住房无法推进，他将承受一次非常公开的失败，失去他为解决耶鲁本科生性别比失衡提出的唯一真正解决方案。

然而那年秋天还有一个问题困扰布鲁斯特：耶鲁连续五年赤字后的财政困境。"钱都去哪里了？"一名学生记者问道，这个问题也让集团烦恼。一年前，布鲁斯特宣布暂停招聘时，耶鲁财政问题上了新闻。哥伦比亚和普林斯顿也出现了赤字。美国大学总体上"处于金融震荡的状态中"，《纽约时报》说，通货膨胀导致支出增加，股市暴跌以及政府和基金补助减少导致收入缩水，对大学形成了双重冲击。

但是有些金钱问题是耶鲁自己造成的。布鲁斯特当校长的第一年大手大脚，花了很多钱来达成他的目标：拥有比哈佛更好的教师团队。在耶鲁女性到来前的五年里，布鲁斯特把最昂贵的正教授数量翻倍，还把教员工资涨到历史教授约翰·布卢姆（John Blum）称为"好极了"的水平。布鲁斯特和他的教务长"打算让耶鲁教师团队成为全国最好的，不管做到这点要花多少钱都愿意支付"，布卢姆说，而在当年春天，《纽约时报》宣布耶鲁获胜，指出耶鲁的教师团队，而非哈佛的，"闪

240

耀着响亮的名字"。连《哈佛深红报》的学生编辑都同意这一
点。"突然，情况不同了，"他们评论道，"耶鲁在常春藤家庭
中穿起了喇叭裤。"然而，那场胜利的标价很高。

　　至少没人能指责男女同校是耶鲁金钱问题的来源。没有女
学生的学费，耶鲁在 1969 年到 1970 年之间计入的 440 万美元
赤字将会高 50%。耶鲁从头两年的男女同校中赚到了 210 万美
元。这笔横财的出处直截了当：大学从女学生那里收取了成千
上万的学费，却没扩充教师团队、行政人员或住房。除了男女
同校办公室、少得可怜的运动预算以及女性助学金的支出，剩
下的全是利润。然而连这都无法把耶鲁账本最后一行从红转
黑。启程去英格兰的几周前，布鲁斯特给耶鲁的每名行政人员
和系主任发了一份备忘录。耶鲁的财政状况恶化了，他写道，
接下来这年的赤字预计达 650 万美元。由于没地方能挤出更多
收入，唯一的解决方案是继续削减支出。

　　那年秋天，当预算办公室的压力水平达到沸点时，外面的
运动场传来了胜利。劳丽·米夫林终于有了一支曲棍球队——
算是吧。耶鲁在那年给三支女子球队授予了俱乐部地位：曲
棍球、网球和壁球。曲棍球员们现在有了一个真正的球场——
再也不用在 A 停车场捡空啤酒罐了，耶鲁还给了她们球门和
装备。然而，没钱买制服，她们的教练还是去年那个不擅长
曲棍球的善良女性。耶鲁在那年付给多蒂·奥康纳（Dottie
O'Connor）5000 美元，让她指导全部三种女子运动，而耶鲁为
校队男人们的赛前牛排早餐花的钱是这个数目的两倍多。

　　如果你是男的，在耶鲁参加运动很容易。男人只要在 9 月
出现，从一份包含十七支校队的菜单里选择：棒球、篮球、划
船（轻量级和重量级都有）、越野、击剑、橄榄球、高尔夫、

冰球、长曲棍球、滑雪、足球、壁球、游泳、网球、田径和摔跤。为了在某个尚不明确的未来建立哪怕一支女子校队,女生们需要"证明她们是认真的",耶鲁说。因此劳丽和她的队友简·柯蒂斯为自己设定了目标。到第二年,曲棍球会拥有校队地位。

耶鲁设置了一串她们为了达成目标需要越过的障碍,但是至少体育系不再对这个想法感到困惑了:女性也能成为运动员。劳丽和简必须证明对曲棍球的兴趣会延续到她们毕业后,证明她们拥有来自不同年级的球员,证明她们能跟其他大学比赛。她们还得在没有充足资金或其他支持的前提下通过这些考验,但如果这些就是成为校队要求的任务,劳丽和简会完成它们。两个朋友招募了更多球员,那个赛季有三十名女性打曲棍球。劳丽和简设置了一个野心勃勃的日程:卫斯理、三一、康涅狄格学院、南康涅狄格和拉德克利夫。本赛季的大赛是11月13日在新泽西对战普林斯顿。

一天下午,劳丽走到《耶鲁日报》办公室,它每天有一两页的体育新闻。"你们应该报道我们的比赛,"她告诉他们,"我们有一支挺大的曲棍球队。"这实在不可能,体育编辑们说。《耶鲁日报》不是什么都报道的,曲棍球也不是校队运动。此外,在场的小伙子们没人了解女孩的曲棍球。劳丽拒不接受。"我们会成为校队运动的,"她回答,"到时候你们得报道我们。" 242

——————♀——————

尽管布鲁斯特在那年秋天去了伦敦,但是向他汇报的男人们依然繁忙。耶鲁的财务主管深陷赤字危机，教务长则被卫生、教育和福利部缠上了。布鲁斯特的顾问阿尔·菲特（Al Fitt）有他自己的特殊问题——其实是两个问题：国会女议员伊迪丝·格林和竹本松。两人都下定决心终结美国大学里的性别歧视。代表夏威夷的竹本松是第一位进入众议院的有色人种女性和亚裔美国人。格林被她来自俄勒冈州的共和党同僚、美国参议员马克·哈特菲尔德（Mark Hatfield）称为"史上最强大的为国会效力的女性"。联合起来，两名女性是可怕的对手，即使对耶鲁这样的强大机构而言也是如此。

至于阿尔·菲特，他是布鲁斯特在政府事务上的顾问。两个男人在 1968 年认识，当时耶鲁 1946 届学生菲特正在为军队处理常春藤联盟预备役军官训练营的问题。布鲁斯特立刻喜欢上了他。在第一次对话的结尾，他转身对菲特说："也许你应该来耶鲁，我们可以给你找点事情做。"十八个月后，菲特来到纽黑文，进入布鲁斯特办公室隔壁的房间。有一次，被问起阿尔·菲特是谁时，教员赫斯特·艾森斯坦（Hester Eisenstein）回答说："金曼的跟班之一。"

菲特此时的主要烦恼是众议院教育和劳工委员会（the House Education and Labor Committee）在 9 月底投票的一个法案。提议的法律将禁止联邦资金进入在招生政策中歧视女性的大学。作为解决美国大学对女申请者偏见问题的方案，国会通过的法律远比行政命令持久有效，因为后者可以被任意一位新任美国总统废除，或者通过执行不力而被更安静地破坏。这就是为什么竹本松和伊迪丝·格林携手努力让反歧视的语言进入众议院的法律，这也是为什么阿尔·菲特现在如此担忧。

法案把学校分成三类。单一性别的，像达特茅斯和史密斯，可以保持原状而不会失去联邦资金。刚改为男女同校的，像耶鲁和普林斯顿，有七年的时间去除对女学生的限额。最后是早就男女同校的那些，像斯坦福和密歇根，必须立刻消除这样的限额。耶鲁承受不住联邦资金的离去，1971年这笔金额高达3000万美元。如果格林和竹本松有关性别歧视的说法没被推翻，耶鲁将不得不终止它的一千个男人的限额。

阿尔·菲特给伊迪丝·格林寄了一封信表示抗议，10月14日，她写了回信。耶鲁完全有自由保持对男申请者的偏爱，她解释道，但是联邦政府决不会资助歧视。然而，耶鲁不是那种会安静退缩的地方。到10月21日，阿尔·菲特公开声明，把问题描述为政府干涉。这个行动"冒犯了"他，他告诉《耶鲁日报》。"这是一个大学智慧对抗国会智慧的问题，而我宁可相信耶鲁。"

耶鲁之前就用过自己的影响力来防止政府限制它对某些类别的申请者的歧视。在20世纪四五十年代，康涅狄格民权团体一直在争取通过法律，阻止耶鲁拒绝符合要求的黑人和犹太人。1949年，一个全州范围的委员会记录了康涅狄格州私立大学里广泛存在的招生歧视模式。胡说八道，耶鲁说，康涅狄格州的私立大学没有偏见的记录。然而，事实与之相反。在1924年到1945年的二十年间，只有七名黑人学生从耶鲁毕业。当犹太学生在20世纪20年代初上涨到超过10%的时候，耶鲁开始拒绝给予他们助学金。当这个办法没奏效时，耶鲁把招生政策从以学术能力为基础改为考虑"个性和品格"等特质——在耶鲁看来，这些特质的最佳典范是白人新教徒男性。在1949年和1957年之间，康涅狄格州立法者分别四次试图通过法律终止耶鲁的歧视，耶鲁每次都取得了胜利。到1959年，立法

244

机关最终放弃了，任由耶鲁继续其偏见。

耶鲁的犹太人和黑人学生数量在随后的五年里保持低水平，但是在金曼·布鲁斯特成为校长后，耶鲁变了。布鲁斯特认为对黑人和犹太人的歧视令人反感，因而耶鲁录取的黑人和犹太人新生的比例上升了。然而，对女学生的歧视完全是另一回事，至少对布鲁斯特和耶鲁来说是如此。需要改变伊迪丝·格林和竹本松提出的法律，阿尔·菲特开始打电话。为了拥有拒绝合格女性的自由，耶鲁愿意斗争。

245   10 月 27 日，众议院开始讨论这条法案时，伊利诺伊州的共和党代表约翰·厄伦伯恩（John Erlenborn）称他打算提出修改，让本科招生政策免受性别歧视禁令的影响。使用跟阿尔·菲特相同的理由，厄伦伯恩声称这样的干涉"会对我们高等教育机构的自治权造成严重威胁"。在接下来的一周，五所大学——达特茅斯、哈佛、普林斯顿、史密斯和耶鲁——向国会寄信。每个都重复了相同的论据：除非法案被修订，否则它将损害美国大学的自治权。史密斯也许看上去是个奇怪的同盟，因为这条法律不会影响它的全女性状态，但是史密斯的校长托马斯·门登霍尔（Thomas Mendenhall）认为，法案给了女学生更多的上大学的选择，这会损害史密斯的入学率。美国大学协会（Association of American Universities，简称 AAU）也寄来了一封抗议信，哈佛、普林斯顿和耶鲁是其成员。美国大学协会的四十四位校长——全都是男性，团结起来反对这个主意：阻止联邦资金进入其招生政策歧视女性的大学。这样的禁令会"造成一种不良影响，让联邦过多干预机构选择学生的能力"，美国大学协会执行主席解释道。

阿尔·菲特在他从耶鲁寄给国会的信里同样义愤填膺。除非法案得到修订，允许大学给予男申请者优待，菲特写道，否则这个法律提案会阻止耶鲁在本科招生中"行使自己的判断"。正如菲特在一周后告诉《耶鲁日报》的那样，在这种事情上，他宁可信任耶鲁，而非国会。

———♀———

人类性学委员会的十一名学生带着野心勃勃的日程开启了   246
男女同校的第三年。到9月，他们已经把修订版的《性与耶鲁学生》发放给了所有新生。11月4日，他们将举办三场迎新会中的第一场。人类性学课程将在2月开始，课程设置是先由菲尔和洛娜·萨雷尔讲课，再由几个学生二人组带头讨论。在所有这些之外，人类性学委员会——六名女性和五名男性——在那年启动了一个全新项目：学生对学生的咨询服务。对这么小的一个团体来说，要做的事很多，但学生们对他们做的事情非常坚定，萨雷尔夫妇也"真的非常擅长寻找有热情和智慧的学生"，副牧师菲尔·扎德评论道，他为委员会提供建议。委员会一半是大三或大四的学生；另一半是1974届的学生，包括林登·哈夫迈耶和亚历克·哈弗斯蒂克，他们现在都是大二学生了。

亚历克在9月被委派到耶鲁另一个委员会，男女同校委员会，但是对于在那里看到的情况，他不以为然。亚历克感到增加耶鲁女学生的数量迫在眉睫，而男女同校委员会似乎是应该推进这个改变的团体。然而，委员会只是"见面然后讨论——毫无结果"，亚历克说。"它不是一个勇敢的委员会。它是一个'好的，我们能在餐厅做点改进吗？'类型的委员会。"

埃尔加·沃瑟曼对于男女同校委员会的姿态十分了解，跟在 1970 年 5 月第一次敢于拒绝布鲁斯特的千名男性限额时表现出的大胆相比，它此时非常克制。委员会经受的彻底失败导致了如今的胆怯。这是对已发生之事的理性反应。然而那种现实只是让沃瑟曼生气，就像耶鲁的其他种种做法让她生气一样，因为耶鲁依然没达到她曾经希望它达到的样子：成为一所女性和男性地位平等的机构，充当其他大学的榜样。整个秋天，沃瑟曼常常"怒气冲冲"地闯入男女同校办公室，激怒她的是跟某群男性行政人员的某个会议，她的助理说。"埃尔加过得很艰难，"她的一个朋友说，"她自从任职以来就一直很苦恼。"

就像她和萨姆·昌西最初录取进耶鲁的女本科生，沃瑟曼很坚强。没人对此有异议。她一生大部分时间都是局外人：中学里的德国移民女孩，一个充满男人的化学系里的女博士生，耶鲁研究生院的女教学院长，以及耶鲁校长办公室里的女行政人员。在最后这个角色之前，沃瑟曼一直用智慧和勤劳取得成功，但是到头来，如果你不是老板，而当老板的人又不同意你对于孰轻孰重的看法，你就无法得偿所愿。有几天，亚历克·哈弗斯蒂克说，埃尔加·沃瑟曼看起来"被击垮了"，有一次她甚至在男女同校委员会的会议上崩溃，说"这太难了，我赢不了"。

"那是沮丧的眼泪，"亚历克说，"不是'我真命苦'，也不指向自己，而是'我对着一辆坦克，却只有一把 BB 枪'的心情。一切看起来都如此徒劳和无望。"

男女同校委员会也许退缩了，但是其他人对耶鲁的半吊子男女同校失去了耐心。在耶鲁招生委员会那边，有几名成员至少拥有"弹弓"。那年11月，他们决定使用"弹弓"，看看哥利亚[1]作何反应。自从委员会成员基思·汤姆森和葆拉·约翰逊给布鲁斯特写信，谴责他的千名男性限额造成的不公平之后，已经过去了近两年。11月3日，他们再次尝试，这次，另外三名委员会成员加入了他们：达文波特学院的教学院长、德语系的一位副教授和助理教学院长伊丽莎白·托马斯。"我们觉得这很勇敢。"托马斯说。参与团体让她觉得发声容易了一些，"不仅仅是女教学院长在制造噪音"。

248

团体把信件写给代理校长查尔斯·泰勒。"我们作为本科招生委员会的老成员向你写信。"他们这样开头，这个事实为他们的"弹弓"赋予了力量。在信件底部有五个名字也有帮助——没人可以把他们当作单独的离群者而轻易打发，而且五个名字中的一个尤其引人注意。住宿学院教学院长是初级职位；教员观点跨度很大。然而，伊丽莎白·托马斯拥有耶鲁学院教学院长办公室最高的六个职位之一。她的头衔有分量，男人们觉得跟她合作比跟沃瑟曼共事要容易。托马斯像沃瑟曼那样，为耶鲁的女学生努力斗争，然而她倾向于用比沃瑟曼安静的方式处理这个任务。这一点随着11月3日的信发生了改变。

这是对耶鲁女性政策毫不留情的谴责。五名招生委员会成员组成的团体称耶鲁的性别限额"令人极为不安""打击士气""痛苦""有害"和"使人痛心"。他们指责，耶鲁对限额的坚持，破坏了大学"对于男女同校和品质的承诺"。尽管如此，托马斯依然不确定。"你能说得多果断又不丧失可信度呢？"她心想。这是个她经常与之斗争的问题。

---

[1] 哥利亚是《圣经》中的巨人，大卫用弹弓射出石子将其击杀。

如果这五名委员会成员希望得到积极回复，泰勒很快就会
249 让他们失望。在考虑"校园在任何时刻的最大理想录取人数、
就读时长和其他问题"之前，耶鲁不可能回答女性限额的问
题。而那项工作在很长一段时间内都没法开展，因为五六个月
后负责调查这些问题的委员会才发布关于此事的报告。五名抗
议的招生委员会成员必须耐心等待。

———♀———

到 11 月 13 日，曲棍球队的记录——三败两平——跟劳
丽·米夫林希望的不尽相同，但是考虑到这是她们第一个官方
赛季，再加上她们几乎没有指导，这依然是个值得尊敬的记
录。跟普林斯顿的比赛将会是她们展示女子曲棍球队真材实料
的机会。女生们现在甚至有了制服！算是吧。在此之前，女生
们一直穿的是裁短的牛仔短裤和她们从合作社买的耶鲁 T 恤，
而她们的对手来参加比赛时穿着标准的曲棍球制服：方格短
裙、白衬衫和及膝袜。在跟普林斯顿比赛的几周前，劳丽看到
一份《普林斯顿校友杂志》(*Princeton Alumni Magazine*)，封面
上是一张普林斯顿曲棍球队的大幅彩照，她们拿着漂亮的新球
杆，穿着黑橙条纹袜、橙褶黑底短裙以及圆翻领白衬衫。劳丽
拿着杂志走向耶鲁运动办公室。"看到这个了吗？你们要送我
们穿着裁短的牛仔裤去普林斯顿跟这样的女孩比赛？"

乔尼·巴尼特（Joni Barnett）一开始被耶鲁请来教女子
游泳，最近升职为女子活动主任，这意味着尽管没有得到任何
250 钱，但是她要负责处理耶鲁女运动员的投诉。巴尼特之前在
南康涅狄格州立大学工作，他们的官方颜色跟耶鲁一样是蓝和

白。南康涅狄格的颜色不是耶鲁蓝，更接近灰蓝，但也差不多。巴尼特打电话给那边她认识的某人："我们能借你们的方格短裙穿吗？"这就是耶鲁女子球队穿着对抗普林斯顿的制服：来自当地州立大学的旧衣服。劳丽不得不把她的方格短裙往腰带上卷四次才能合身，但这至少比裁剪裤子进了一步。

比赛前一晚，男子橄榄球队住在普林斯顿的一家宾馆，让他们能好好休息，但是耶鲁并没有给曲棍球队任何住宿费。一些女生睡在普林斯顿球员的地板或沙发上，后者主动提出让她们留宿。然而，就算有这么慷慨的举动，还是有六名女孩没地方待，所以巴尼特安排她们睡在帽子和长袍饮食俱乐部（Cap and Gown Eating Club）的顶楼客房。因为她本人没上过"藤校"，她没意识到"饮食俱乐部"在普林斯顿意味着兄弟会之家。

曲棍球队到达普林斯顿时已经很晚了；球员没有得到餐费，所以她们待在耶鲁吃晚饭。劳丽和她的五名队友爬上通往"帽子和长袍"顶层的楼梯，安顿下来过夜，关掉了灯。明天是她们为之奋斗的日子，她们需要一夜安稳觉。几层楼下面，在"帽子和长袍"为耶鲁橄榄球大赛周末举办的喧闹派对上，开始流传一个说法：有六个耶鲁曲棍球女球员睡在顶楼的床上！几个小伙子决定去见见她们。

女生们被惊醒，因为普林斯顿的男生们走进来摁亮了灯。"那不吓人，"劳丽说，"但它非常令人沮丧。""帽子和长袍"的六个小伙子喝醉了酒，坐在女生们的床尾，跟她们聊天。劳丽和其他曲棍球员需要睡觉。"我们不想一败涂地，被普林斯顿打成6∶0。"

女生们告诉普林斯顿的小伙子们，认识他们很高兴，但是

251

他们现在真的得走了。男生们要求看看她们的曲棍球杆。那个阁楼空间里没有电话，就算有电话也没有可求助的呼叫对象。男生们不愿意走。到他们终于厌倦了他们的消遣，走下楼梯时，已经凌晨四点了。第二天早上，六名曲棍球员精疲力竭地到达上午十点比赛的开场。上半场不太顺利。住在"帽子和长袍"的女生包含联合队长桑迪·莫尔斯（Sandy Morse），她主导防守；联合队长劳丽·米夫林，她主导进攻；还有其他四名前锋，她们和劳丽类似，负责进球。到中场的哨声吹响时，耶鲁以0:3落后。

耶鲁在下半场开始时径直走向劳丽害怕的0:6的羞耻成绩，突然，整支耶鲁精准行进乐队列队走来，他们提前到这里为下午的橄榄球赛做准备。自从姬特·麦克卢尔作为唯一的女成员加入后，乐队在两年里发生了改变。带领团队上场的队长拉里·塔克（Larry Tucker）是黑人，在他身后行进的七十三名乐队成员里有十名女乐手。乐队拿着他们的鼓、大号和小号在普林斯顿的球门后排成一行，开始强有力地演奏有数十年历史的耶鲁战歌："布拉布拉。"（"Boola Boola"）"我们没料到这点。"劳丽说。耶鲁在四分钟里进了两球，然后在整个下半场阻止普林斯顿进球，最终以2:3结束比赛。她们以一球之差惜败。然而与普林斯顿的比赛像是一次胜利。

252　　回到纽黑文，变革的可能性似乎又变小了。如果说耶鲁女性斗争有一个低潮点的话，那么1971年秋天就是那个时刻。之前的胜利在此时看起来都很脆弱。当现状一直取胜时，很难继续斗争。耶鲁"就像越战",一名女本科生在那个周末告诉一位记者,"不会有任何改变"。连姐妹会的联合创始人贝蒂·施潘都厌倦了试图改造耶鲁,"那看起来是一个令人望而却步的任务"。

　　耶鲁的招生性别限额已经近一年没有进入集团的议程了,尽管康涅狄格州酒类委员会在讨论是否要吊销莫里的执照,但是耶鲁男人们继续涉足一个公开歧视女性的地方,这件事令人恼火。"埃伯利诉马克尔案",也就是大家在3月怀着极为激动的心情提交的女性诉康涅狄格州的堕胎诉讼的正式名称,处于暂停状态,等待上诉,因为一位美国地区法院法官此前裁决包含姐妹会成员的八百五十八名女原告无效。连姐妹会本身都似乎不那么坚定了。团体在10月开了一次会,但是沃瑟曼的五名女学生在之前的夏天制造的能量如今似乎已消失殆尽。

　　朱迪·贝尔坎毕业了,其他几个在大三时转入耶鲁的姐妹会成员也一样,很多小一两岁的姐妹会成员则前往了不同方向。库齐·波兰(Cookie Polan)在英国学习,琼·奥苏贝尔(Joan Ausubel)在法国。贝齐·哈特曼在印度工作,她的室友帕蒂·明茨沉浸于她的心理学专业和她在耶鲁儿童研究中心的工作。姬特·麦克卢尔好几个月没参加姐妹会的会议了。达利娅·鲁达夫斯基跳了一级,现在成了大四学生,跟男友住在校外,觉得跟耶鲁"相当疏远"。芭芭拉·弗里德(Barbara Fried)休学了,和平保安官协调员凯特·菲尔德也是。玛丽·鲁登回来了,但她没有重新加入姐妹会。克丽斯塔·汉森也在休学后回到校园,努力念完她的心理学学位,试图把轮奸的记忆抛到脑后。

　　在姐妹会前两年的活跃成员中,如今的大三学生芭芭拉·戴恩哈特是少数留下来的人之一，她充当了团体的领头组织者。芭芭拉是埃尔加·沃瑟曼在前一个夏天雇用的五名女学生之一，参与了例如小册子《她》和女性史课程等项目的工作，沃瑟曼指派芭芭拉加入男女同校委员会。沃瑟曼喜欢这个要强的年轻学生，也喜欢她捍卫耶鲁女性的方式。

　　芭芭拉"是一个非常聪明和有能力的女孩，努力在这个男性大本营代表女性表态"，安排拉德克利夫董事苏·希尔斯见芭芭拉之后，沃瑟曼在这年春天对希尔斯写道。然而芭芭拉·戴恩哈特觉得自己挑战起耶鲁来并不比别人容易。"我们感受到管理层对我们配合卫生、教育和福利部调查的敌意，"芭芭拉说，"我们感受到教员对我们尝试设置女性课程的敌意；我们还感受到我们可能与之打过交道的、要求我们把时间都花在他们身上的男人的敌意。"芭芭拉继续参与耶鲁的女权活动，但是感受到了包围许多耶鲁女性的那种孤绝感。不停挑战坦克令人精疲力尽。

　　耶鲁进步之缓慢令许多人灰心，他们要是看了纽黑文妇女解放摇滚乐队 11 月 13 日的表演，也许会感受到更多希望。乐队在耶鲁法学院表演，作为耶鲁经济学系女研究生和法学院女性团体举办的"发展女权经济学"会议的一部分。学者们从东海岸各地来到这里，晚上，当会议结束时，纽黑文妇女解放摇滚乐队表演。

　　"哦，哇，她们太棒了。"耶鲁大二学生特里西娅·滕斯托尔（Tricia Tunstall）说。她在那天晚上第一次听这支乐队演出。姬特和她的队友们演奏了原创歌曲和翻唱曲目，那天晚上让人群站起来的曲目是达斯蒂·斯普林菲尔德（Dusty Springfield）1964 年的热门单曲《我只想跟你在一起》（*I*

Only Want to Be with You）。特里西娅和其他人一起跳舞。"听到
这群精神抖擞、满脸笑容、精力充沛的女性如此有感染力、如
此快乐地演奏音乐，我非常兴奋。"她说。她从没听过与之类
似的音乐。

那段时间，姬特几乎整天都在练习。她在做自己最爱的
事。至于她在耶鲁的课程，它们变得越来越难应付了。在耶鲁
的前两年里，她把课程安排得满满当当——每学期五门课，但
是在 9 月，她减少到三门，保留学生身份的最低限度。姬特现
在是大三学生了，学位读了一半，但是耶鲁似乎离她最在意的
事越来越远了。

姬特住在奥尔登大道（Alden Avenue）的一个女子集体
公寓里，往东三英里就是耶鲁科学山，她上化学和物理课的地
方。集体公寓里的女性共用资源，一起支付房租和食物。她们
中的一个帮忙写黑豹党新闻简报，这份工作几乎没有报酬，所
以其他人负担了她那份房租。一些女性跟姬特一起在摇滚乐队
里演奏。一些是同性恋，一些是异性恋，但姬特是奥尔登大
道房子里唯一的耶鲁学生。"她是做什么的?"访客可能会问。
"她上耶鲁"将会是回答。随后是"真的吗?"的吃惊反应。

法学院音乐会之后的周末，姬特和纽黑文妇女解放摇滚乐
队的其他人挤进弗吉尼娅·布莱斯德尔的大众甲壳虫敞篷车和
另一辆车，南下华盛顿特区。她们第二天在那里有一场演出，
她们到目前为止最大的一场。那年 7 月在纽约成立的女性全
国堕胎行动联盟（Women's National Abortion Action Coalition）
正在进行抗议，反对限制女性获得安全合法堕胎的法律，她
们想让乐队在那里表演。数百名女性将沿着宾夕法尼亚大
道（Pennsylvania Avenue）游行，然后在美国国会大厦前面集

合。当她们到达时，纽黑文妇女解放摇滚乐队将会在那里等着她们。

　　抗议当天十分寒冷，刚刚到四十七八度[1]，这让姬特的手指难以灵活按动萨克斯的键，但这不要紧。登上舞台参与这个时刻，史上最早的支持女性获得安全堕胎的全国抗议之一，这令人心潮澎湃。姬特和她的队友们看着成群的抗议者列队向她们走来，开始聚集在舞台前。"给女性力量！"人群中传来喊声。"姐妹情谊是有力的！"其他人喊道。随着纽黑文妇女解放摇滚乐队的演奏，她们面前的二千五百名女性跟着音乐跳舞拍手，而她们身后立着美国国会大厦带白色圆柱的穹顶，自由雕像——一个二十英尺高、穿古典长袍且戴头盔的女人——在穹顶上凝视下方。她的右手放在一把鞘中剑的柄上，但是在左手里，她拿着美国之盾和一顶胜利桂冠。

256　　华盛顿堕胎权抗议的新闻传遍了女性中心的松散网络，这些女性中心正在全国各地的城市开设。在马萨诸塞州的剑桥市，女性中心成立了七个月，人们可以经常在那里见到玛丽安·莱顿·利维（Marian Leighton Levy）。她极有可能就是在那里最初听说纽黑文妇女解放摇滚乐队的。

　　利维那时在剑桥刚住满一年，她从伍斯特（Worcester）的克拉克大学（Clark University）拿到历史学士学位后就住在这里。她23岁，留着中分的深色长发，来到剑桥追梦。利维没有音乐行业的经验。她甚至不是一名乐手。但是"唱片箱里有一块空白"，她说，那是像蓝草、布鲁斯、卡津、凯尔特、乡村和民谣等音乐应该在的地方。利维和两个来自塔夫茨的小

---

[1] 指华氏度，约 9 摄氏度。

伙子关系密切，他们是肯·欧文（Ken Irwin）和比尔·诺林
（Bill Nowlin），跟她一样对美国草根音乐充满热情。因此在利
维从克拉克毕业后的夏天，三个朋友决定合伙办一家音乐公
司。在那年，他们成立了浪子唱片（Rounder Records）。

　　到 1971 年秋天，当纽黑文妇女解放摇滚乐队在华盛顿抗
议中演出时，"浪子"刚发行了两张专辑，一张是新英格兰弦
乐队火花隙奇迹男孩（Spark Gap Wonder Boys）的，另一张
来自北卡罗来纳州 76 岁班卓琴手。但"浪子"既是唱片公司，
也是政治共同体，利维和她的两个合伙人正准备发行他们定下
的一个政治抗议系列里的第一张专辑。

　　在当时组成浪子唱片的三人里，玛丽安·莱顿·利维是最
积极参与激进女性运动的，但是对于为一支女权摇滚乐队录制
唱片的想法，欧文和诺林跟她一样兴奋。1971 年，还没有任何
妇女解放摇滚乐队的唱片。"其实，当时几乎没有任何妇女解
放摇滚乐队。"利维说。"浪子"三人组想把这种音乐带到更广
阔的听众面前，好让女权主义者能听到它并受到鼓舞。也许其
他女性会组建自己的乐队。利维决定去纽黑文亲耳听听纽黑文
妇女解放摇滚乐队的音乐。

　　12 月 10 日，乐队在耶鲁男同性恋联盟举办的男同性恋舞
会上演出。联盟在一年前成立，当时同性恋讨论组改名，把社
交活动纳入了它的使命。大多数时间，周五晚上在研究生中心
迪斯科舞厅的舞会能吸引超过一百人。玛丽安·莱顿·利维听
了纽黑文妇女解放摇滚乐队演奏，然后走到姬特跟前。姬特从
没见过利维。她从没听说过浪子唱片。姬特几乎无法相信利维
的话，她对姬特讲了年轻的唱片公司的故事后说："我们想为
你们录制唱片。"姬特的队友弗吉尼娅·布莱斯德尔同样震惊。

"这个主意荒谬可怕，"她说，"我们不够好。也许我们可以变得足够好。我们要演奏什么呢？"乐队有不到四个月时间把这些问题想清楚。3月，纽黑文妇女解放摇滚乐队将录制它的第一张专辑。

—————♀—————

当姬特·麦克卢尔的乐队通过一路演出拿到第一份唱片合同时，人类性学委员会正忙着完成待办清单上的项目。它的11月迎新会办得不错，但是团体对他们在迎新会上听到的话很吃惊。每次迎新会的开头，学生们会放映一个短片——《你对性怎么想？》(*What Do You Think about Sexuality?*)，然后菲尔和洛娜·萨雷尔会带领新生讨论。但是刚来耶鲁的学生既没针对刚看的电影提问，也没问即将到来的人类性学课程，而是想讨论别的：悬殊的性别比。人类性学委员会成员卡罗琳·格里洛（Carolyn Grillo）整理了会议记录："谈话的很大部分集中在（男女）比例上，它是校园里社会适应问题的起因和替罪羊。我们常听到这种明确的看法——为了让耶鲁的生活'正常化'，急需一个更平等的比例。"

卡罗琳、亚历克·哈弗斯蒂克、林登·哈夫迈耶和委员会里的其他学生谈论了他们听到的话。新生针对耶鲁性别限额的争论，其他学生之前也提出过，但令人吃惊的是新学生在耶鲁待了不到两个月就有这么强烈的感觉。事实上，委员会成员意识到，他们没人认识任何一个支持耶鲁对女申请者的歧视的耶鲁学生，哪个年级都没有这样的人。人类性学委员会不像耶鲁的其他人那样厌倦了战斗，而终结耶鲁性别限额的行动看起来至少有一半成功率。1971 年 11 月，团体在清单上增加了一个新目标：倡导不限性别的招生。在他们整理当年的任务时，卡罗琳·格里洛和一名大三学生主导开启学生对学生咨询的项目。林登·哈夫迈耶和另一名学生负责组织人类性学课程。亚历克·哈弗斯蒂克担负了组织终结耶鲁招生性别限额行动的重任。

亚历克特别适合这个工作，卡罗琳说。"亚历克属于这里。他有血统。他有历史。他有圣保罗。"他身为男人这件事也没有坏处。像亚历克这样的内部人士也许正适合领导一个依赖耶鲁集团来取得最终胜利的行动。集团不投票改变耶鲁的招生政策，性别限额会一直保持原状。然而，假如亚历克不是如此深切地关心此事，那些资质不会有太大意义。

"我是个私校生，"亚历克说，"但我也有自己相信的事。"他把从康科德学院女生那里学来的东西铭记在心，从他的女权主义母亲那里学来的东西也是一样。他觉得，耶鲁对女申请者的歧视就是错的，早就该结束这种做法了。亚历克迅速组建了一个包括男女学生的团队，很大程度上是对人类性学委员会的复刻，它很快开始形成一个以布鲁斯特为中心的策略。2 月，布鲁斯特一从伦敦回来，委员会就会向他提交来自耶鲁每个支持者赞成不限性别招生的声明。男女同校专门委员会——这是成员们对团体的叫法——不是叫布鲁斯特去领导，亚历克说，"人们只是叫他别碍事"。

专门委员会很小，只有九个学生，但它在耶鲁人脉广泛。成员跨越了大部分住宿学院，包括一名《耶鲁日报》记者、运动员和耶鲁学院理事会的一名联系人。指导人类性学委员会的成年人——菲尔和洛娜·萨雷尔以及副牧师菲尔·扎德——也很有人脉，而且跟耶鲁牧师威廉·斯隆·科芬关系很好。科芬对此行动会有帮助，他们想，因而在 11 月中，亚历克·哈弗斯蒂克到科芬的办公室参加会议。

　　在那个时代，耶鲁有两个男人全国知名：金曼·布鲁斯特和威廉·斯隆·科芬。科芬多年来一直因为他的反战和民权行动上新闻。在耶鲁，学生们被他的热情和勇气吸引。每个周日，他们坐满巴特尔教堂的八百个座位，听科芬充满激情地布道。"座位总是满的，"卡罗琳·格里洛说，"就算你不是教堂常客，你也会每周日去教堂，就为了听（科芬）。他是大学的良心。"科芬的特大号体型让亚历克觉得跟他一对一开会有些吓人。"就像跟纽约扬基队成员开会。"但是科芬一开始就缓解了亚历克的恐惧，他说："别人告诉我，我应该认真对待你。"

　　科芬在过去的十五年里一直为社会正义而斗争，但是耶鲁女性经历的不公正从来不是他的斗争目标之一。1971 年 11 月，这点发生了改变。亚历克宣传了不限性别的招生后，对话直接切入策略。"如果你想要一个激进的结果，"科芬说，"别让过程在明面上显得激进。"这话从科芬嘴里说出来显得奇怪，因为亚历克认为他是"芝加哥八君子（The Chicago Eight）类型的人"，毕竟他曾因反战活动被捕，但科芬也是一个耶鲁内部人士。就像布鲁斯特，他出身于最初的清教徒移民之家，科芬的叔叔为耶鲁集团服务了二十三年。他的表妹嫁给了董事赛勒斯·万斯，作为学生，科芬曾加入耶鲁最精英的秘密会社骷髅会（Skull and Bones）。科芬反对越战，但并不意味着他切断了跟当权者的纽带。所有这些人脉都是策略的一部分。至少他能让人们听他说话。

　　到亚历克·哈弗斯蒂克跟他见面时，科芬本人也听闻了一些。科芬的妻子哈丽雅特（Harriet）是"一名非常坚定的女权主义者，一个非常坚强的人"，副牧师菲尔·扎德说。跟比尔·科芬[1]结婚前，她作为联合新闻社记者在日本工作，之后，她成立了波士顿儿童医院的健康教育部门。在之前的两年里，科芬也经常从巴特尔教堂执事萨拉·皮尔斯伯里那里听到耶鲁女性的处境。亚历克大一时跟康科德学院的大二女生吃过饭，萨拉是其中之一，《耶鲁校友杂志》还引用了她说的话来讲述耶鲁对女性的限制造成的问题。萨拉对耶鲁性别比的问题坦率直言，是"跟比尔·科芬进行过一些非常能激发思想的讨论的人。她是能做那种事的人"，扎德说。

261

　　因此当亚历克来见他时，耶鲁对女申请者的歧视对科芬来说并不是一个新问题，但是在 11 月 21 日周日，科芬第一次公开说起此事。"正义的道德"，他从巴特尔教堂的讲坛咆哮，要求耶鲁采取"五五开的男女比例……是时候让师生公开表态，支持最近反对限额体系的五名招生委员会成员了"。战斗再次开始，尽管这次人们不太清楚谁有坦克、谁有 BB 枪。

---

[1] 比尔是威廉的昵称。

12

移山之日

　　金曼·布鲁斯特在 1972 年 1 月 10 日返回，结束了他的伦敦休假。那周，乘坐法兰西号（SS France）的跨大西洋之旅波涛汹涌，也许预示了他回去后将面对的挑战。耶鲁的赤字没有自行解决。赛勒斯·万斯没能得到纽黑文的建筑许可，新住宿学院成为泡影，在应对招收更多女性的要求上，布鲁斯特青睐的解决方案因而告吹。在耶鲁之外，布鲁斯特不在的时候，世界并非静止不动。耶鲁的女权主义者也许在那年秋天觉得沮丧，但如今处于守势的是现状。卡内基集团主席阿兰·皮弗（Alan Pifer）在 11 月的一次讲话中阐述了这个问题。歧视女性的议题，他警告道，将不会消失，不管有些男人对此怀有多大的希望。

　　皮弗来自与布鲁斯特相同的圈子。他在格罗顿（Groton）上寄宿学校，在哈佛上大学，他还用**好战的**（militant）一词形容那些投诉美国大学性别歧视的女学生和女教员。"很多男人，"皮弗说，"觉得自己受到了冒犯，因为他们被指控做了一

件他们不觉得自己做了的不公之事。"这个观察对布鲁斯特这 263
样的男人来说尚属合理。令他恼火的是皮弗的结论："在我看
来，这个问题基本上可以归结为一个人类正义的问题……等我
们纠正了社会中对女性的不义之举，美国民主的承诺才能得到
履行。"如果像阿兰·皮弗这样的男人都能提出这样的断言，
谁也说不准耶鲁会有什么等着布鲁斯特。他只需拿起一本《耶
鲁校友杂志》1 月刊就能发现。

　　编辑重印了那五名招生委员会成员在 11 月写的谴责耶鲁
对女性的歧视的信。他们的控诉就在第三十一页，供耶鲁的
九万名校友阅读，原原本本引用了他们用来描述耶鲁招生政策
的可怕形容词："令人极为不安""痛苦"和"有害"。公开反
对如今不限于这五名委员会成员和那些从一开始就敦促变革的
人。比尔·科芬在巴特尔教堂的讲坛呼吁不限性别的招生，一
个新的学生团体在敦促推翻耶鲁的性别限额。布鲁斯特听说的
这个男女同校专门委员会在他启程去英国时还不存在。

　　整个 12 月，当布鲁斯特欣赏着从他的伦敦联排别墅看出
去的景色或者开着他的捷豹去萨里郡（Surrey）的小路最后转
一圈时，亚历克·哈弗斯蒂克和男女同校专门委员会的其他八
名成员忙着工作。"我们阻止不了越战，"亚历克说，"但我们
能让更多女性进入耶鲁。"对于目标没有分歧。目标是不限性
别的招生，而不是耶鲁到那时为止搞的递增法。团体面前唯一
的问题是策略。

　　"我们要怎么做到这点？"成员们互相发问，然后大家认 264
领了各自的职责。亚历克组织会议，也是主要负责跟科芬联系
的人。另一名学生做调查。还有一个人开始联系耶鲁学生团
体，看看哪些会跟他们站在同一立场。

　　除了委员会的九人核心团体，其他学生会在一两次会议上出现，认领一个需要做的任务。在 1 月底，海报出现在了整个校园，敦促不限性别的招生。其中一张以美国副总统斯皮罗·T. 阿格纽在 1970 年说的话开始。那是阿格纽在"五一"期间要求解雇布鲁斯特时提出的理由：

　　　　我不觉得耶鲁大学的
　　　　学生能对他们的国家
　　　　形成一个公正的印象，

海报引用阿格纽的话，然后继续写道：

　　　　也许斯皮罗说得对。
　　　　毕竟，金曼，
　　　　世上有一半的人是**女性**。

　　与此同时，专门委员会向耶鲁的每位教授寄出了一份报告，细数不限性别招生的优点。"在耶鲁实行全面和平等的男女同校的时间就是现在，"文件以此开头，"常识和压倒性的学生意见都支持实现这个想法。"

　　专门委员会力图驱散貌似阻拦在进步之路上的种种迷思。
265 "我们的信息有力证明了女校友可以并且确实对母校做出了显著的财政贡献，已婚女性和母亲都是职场的积极参与者，开放的招生不会把耶鲁变成一所女校。"文件继续写道。

　　总共二十九页的报告包含多处引用、带小数点的数据和附录。**正义**和**平等**这两个词并没有出现在文件中；**歧视**只出现了一次。冷静的语调是刻意的。"我们必须让一切都远离激进。"亚历克说，"变革是激进的，但过程不能激进。"

到那时为止，施压为耶鲁女性争取更多公平的主要是处于大学边缘的人：姐妹会、埃尔加·沃瑟曼和胆敢挑战莫里或者在提交给卫生、教育和福利部的性别歧视投诉上签名的少数女性。但是这些边缘人在中间打造了一个牢固的空间，像亚历克这样的人可以在其中行动而不会被打上好斗的烙印。中心的那个点正是专门委员会想占据的地方。那是埃尔加·沃瑟曼绝不可能占领的位置，不管她为之付出了多大努力。

团体成员保持匿名，用"男女同校专门委员会"在报告上署名：没有名字，没有其他身份。当《耶鲁日报》描写他们的行动时，它在报道中省略了他们的名字，并解释说这是团体的要求。匿名的部分理由是保持对目标的关注。"我们不想让这件事变成关于我们的。"亚历克说。但是另一部分是为了自我保护。对抗像耶鲁这样的强大机构是很吓人的。姬特·麦克卢尔作为新生参与校友午宴抗议时感受到了这种恐惧。在那之后过去了两年，但是反对耶鲁并没有变轻松。"我们从彼此身上获取勇气，"亚历克说，"我们都支持彼此。"

专门委员会的 1 月报告是对布鲁斯特常态化施压的第一步。每天，他都听到一个新团体倡导不限性别的招生。2 月 1 日是巴特尔教堂的执事们，2 月 3 日是女性中心，2 月 7 日是耶鲁黑人学生联盟——总共有十份正式支持声明，外加铺天盖地的个人信件。计划很巧妙，可以看作是释放信息并汇集拥护者的典范。假如布鲁斯特依然是《时代》曾在封面报道的那个机敏自信的领导者，像他这样的老练政客本来是会赞赏这种事的，但是布鲁斯特休假回来后变了一个人，乔纳森·范东

266

（Jonathan Fanton）观察到，范东在萨姆·昌西成为大学秘书后，接手了昌西位于布鲁斯特隔壁的办公室。

布鲁斯特"在那年的'五一'后充满了肾上腺素"，范东说，但是在伦敦的那六个月里，他有时间思考，保守派对他处理"五一"的方式的所有批评开始重重压下来。他终究是一名共和党人。"他充分领会了批评的负面部分。"范东说。布鲁斯特失去了一些他以之著称的自信。"是否只是因为'五一'，是否因为他那时上任很久了，我不确定。"

与此同时，布鲁斯特从伦敦回来后，科芬就一直在跟他谈话。两个男人是多年老友，周日科芬布道时，你经常可以在巴特尔教堂见到布鲁斯特坐在下面。耶鲁牧师讲话时，布鲁斯特倾听。正如科芬有一次解释他跟布鲁斯特的关系时讲的那样，"我让他讲啊讲啊讲，直到他没话可讲。然后我建议我们应该做什么"。

一次又一次，在出现可能使专门委员会的工作受阻的挑战时，科芬会用他低沉沙哑的声音说："别担心，有我在。我去找金曼。"然而孤身一人时，就连科芬都没有强大到足以迫使耶鲁改变政策。"听着，如果我们齐心协力做这件事，"他告诉专门委员会的学生们，"我觉得我们可以让布鲁斯特关注它。"

通往变革的势头逐渐建立。2月3日，专门委员会召集会议，任何想帮忙的学生都可以参加，当晚布兰福德学院的公共休息室几乎装不下七十五名新成员。就像亚历克的团体，房间里的那些人不想要**激进**的标签。他们在那天晚上头脑风暴想出的主意是耶鲁会觉得舒服的做法：在晚餐时间与住宿学院教员们讨论，邀请校友到纽约的耶鲁俱乐部跟学生们见面。然而，事实证明不需要采取进一步行动。

布鲁斯特"极其务实"，昌西说，如今压力来自几乎全体学生，更不用说耶鲁牧师威廉·斯隆·科芬和布鲁斯特自己的招生委员会，布鲁斯特可以看出继续保持沉默不再可行。2月13日，布鲁斯特发表声明，他会要求集团重新考虑耶鲁对女性的招生政策，在1972年11月之前投票表决。这不是行动，而是对九个月后采取行动的承诺。在此期间，会有新一届高中生申请耶鲁，而耶鲁会仅仅因为她们不是男人而拒绝其中的许多人。连允许问题进入集团议程的承诺都无法保证一定会兑现。之前有两次，在男女同校的第一年和第二年，集团考虑过学生对于终止耶鲁性别限额的要求，而之前这两次它都决定拒绝，但也许这次会有所不同。

———♀———

姫特·麦克卢尔不再是耶鲁的注册学生了。实在是没时间。姫特那时20岁，她从16岁起就在想象的全女子摇滚乐队如今签了一份唱片合同。她知道她的优先事项是什么。姫特采取的休学在耶鲁并非闻所未闻：在那年春天，有十八名其他大三女生以及四十七名大三男生休学。姫特填写了要求的文书，交给教学院长办公室。只要她在1973年1月回到耶鲁，她就能从中断的地方继续，在一年半之后毕业。在此期间，她在经济上完全靠自己。在姫特身为学生时，她的父母支付她的开销，但现在她需要一份工作。她的一些女同性恋朋友在纽黑文当校车司机来谋生，她们把姫特介绍给了她们的经理。姫特路线上的学生很容易从长长一排黄色校车当中找到自己的司机。他们的司机是留着红色卷发的那个。

　　早上，姬特接孩子，载他们去学校，然后她待在无人的巴士上练习长号和萨克斯，直到最后一次学校铃声响起，到了载孩子回家的时候。进行了这么多练习后，她演奏得越来越好，在 3 月的一天早上，纽黑文妇女解放摇滚乐队的八名女性爬上弗吉尼娅·布莱斯德尔的大众甲壳虫敞篷车和另一辆车，沿高速公路北上马萨诸塞州。内奥米·韦斯坦和芝加哥乐队也在路上。浪子唱片预定的录音工作室等着她们。

269

　　对于专辑，"浪子"跟女乐手们同样激动。"我们都非常年轻，"玛丽安·莱顿·利维说，"也非常热情！"来自纽黑文的乐队在波士顿以西车程一小时的一个小镇里会见了它的芝加哥同行，在那里，一个连着谷仓的新英格兰农舍最近被改造成了专业的十六音轨录音工作室。"那是个不错的工作室。"姬特说。很快房间就充满了十五名女乐手的兴奋声音，她们调试乐器、欢笑和分享处理各类歌曲的想法。没人管事。这是行事哲学的一部分——人人平等的民主。在纽黑文乐队里，姬特和丽卡·阿尔珀（Rika Alper）写了大部分曲子，"但是整个理念非常共产主义"，姬特说。"如果有音乐或歌词，那么我们都参与创作，不管实际创作者是谁。"乐队在那张专辑演奏的每首歌里都列了同一位艺术家：纽黑文妇女解放摇滚乐队。

　　缺席农舍录音的是利维和她的两名浪子唱片合伙人。不是说唱片对"浪子"不重要。那是它抗议系列的第一张专辑，也是这个羽翼未丰的唱片品牌做的最有野心的项目：两支乐队，十五名乐手，还有需要混音的十六个音轨。"浪子"靠一个极低的预算运作，利维、欧文和诺林甚至不领工资，靠其他工作养活自己。一张失败的唱片就会让他们破产。尽管如此，他们依然没有踏足工作室。"这是我们表达的政治观点的一部分，"

利维说，"女性不仅可以做自己的音乐。她们还可以对创意负责。"

　　纽黑文乐队在它那面专辑上录了五首歌，一些回溯了乐队历史：《堕胎之歌》(*Abortion Song*)、《女巫姐妹》(*Sister Witch*)和《监狱之歌》(*Prison Song*)。一支全女子摇滚乐队——谁会相信这回事呢？然而专辑背面有照片为证：姬特·麦克卢尔吹萨克斯，朱迪·米勒打鼓，其他女性演奏贝斯、吉他和圆号。在内奥米·韦斯坦的照片上，她只是微笑。玛丽安·莱顿·利维很喜欢女人们为她们的专辑选择的标题：**移山之日**。它来自日本女权诗人与谢野晶子1911年的同名诗，韦斯坦把它谱上曲，作为专辑的同名曲。"移山之日快到了。"它这样开头，"我这么说，但别人不相信。"利维喜欢这首歌的鼓舞性力量。"好像在支持你走过艰难时期。它让你觉得这个运动就在这里，不管其他人是否意识到了它的存在。"

270

　　回到纽黑文，埃尔加·沃瑟曼在她位于树丛街的办公室，发出一连串备忘录。其实，她整年都在做这些。9月，布鲁斯特的顾问乔纳森·范东提出，让耶鲁省钱的一个办法是削减男女同校办公室的预算。沃瑟曼发回一份备忘录——单倍行距的两页纸——猛批了那个想法。11月，对于"在事实上杜绝了任命女性或少数群体成员"的教员聘用体系感到沮丧，沃瑟曼写备忘录给副教务长乔治·兰登，呼吁改变。4月，金曼·布鲁斯特依然没有给沃瑟曼她需要的支持，再一次，她发了一份备忘录请求他的帮助。

在耶鲁领导男女同校的工作带着一种可怕的千篇一律。沃
瑟曼必须为前进的每一英寸战斗，有时她甚至会被逼退，但埃
尔加·沃瑟曼是一位斗士，即使她备忘录底部的头衔从 1969
年起就没变过，她依然增加了她在耶鲁内外的权力。到 1972
年春天，沃瑟曼已经是全国最知名的大学女行政人员之一了。
3 月，她接受洛杉矶的 KABC 电台采访，谈论对待女性态度的
变化。4 月她去了亚特兰大，在美国大学健康协会（American
College Health Association）面前演讲。在两次活动之间，她
在马萨诸塞州的两个男女同校会议上讲话。沃瑟曼加入了美
国大学协会的女性地位委员会（Status of Women Committee
of the Association of American Colleges），还是哈佛、麻省理工、
布朗和其他新英格兰大学的女行政人员紧密网络的一分子。全
国各地想了解大学校园内女性地位的人，都知道要问问埃尔
加·沃瑟曼怎么想。

在耶鲁，沃瑟曼为女性提供了支持和鼓舞。"她是我们认
识的职位最高的女性，她是我们求助的对象，"康妮·罗伊斯
特说，"她为我们做了她能做到的一切。"当时，大部分耶鲁女
雇员被分配在不为人注意的岗位上，比如秘书和餐厅员工，而
沃瑟曼展现出了女性的另一种可能。"她在一个几乎没有女性
领导者的地方当女性领导者。"林登·哈夫迈耶说，"我们为她
自豪，很高兴有她在。"

那一年，沃瑟曼是耶鲁最有威望的委员会的五名成员之
一，被布鲁斯特委以"重新创造本科教育"的重任。他成立这
个团体是为了回应他声称耶鲁必须在考虑改变性别比之前解决
的那一长串问题。委员会的报告在 4 月大张旗鼓地公布并且
登在《耶鲁日报》头条，可是里面包含了布鲁斯特没料到的

一个对策："耶鲁学院的招生应该在不考虑性别的情况下依据个人资质决定。"这条不限性别招生的建议得到了委员会的五个重量级名字的支持：罗伯特·达尔（Robert Dahl）教授、威廉·克森（William Kessen）教授、乔纳森·斯彭斯（Jonathan Spence）教授、特别助理埃尔加·沃瑟曼和耶鲁学院教学院长霍勒斯·塔夫脱（Horace Taft），其祖父是美国总统威廉·霍华德·塔夫脱，1878届耶鲁学生。这是埃尔加·沃瑟曼的甜蜜时刻。

　　那年春天，耶鲁持续数世纪的体制出现了其他裂缝。莫里失去了它的酒水执照。上诉期间，它依然获准售卖酒精，但是与此同时，俱乐部花了如此多的钱请律师捍卫自己拒绝女性的权利，以至于它向自己的一万七千名会员每人收取20美元来支付这个开销。《耶鲁校友杂志》被校友们寄给莫里的关于它不接待女性政策的"愤怒信件的副本所淹没"，超过四分之三的莫里会员没有支付账单，尽管莫里说不付款会导致他们失去会员资格。

　　"女性诉康涅狄格州案"赢得了上诉，认定原告无效的裁决被撤销，之后，女律师和女原告成功推翻了康涅狄格州的反堕胎法。1972年4月18日，由三名法官组成的美国地方法庭以2:1的投票表决裁定康涅狄格州的法律违宪。它违反了宪法第十四修正案的正当程序条款，法官宣布，它代表了州的"管制权力超出范围"，它"不合理地侵犯了女性公民的个人隐私和自由"。九个月后，这个观点将在美国最高法院裁决"罗诉韦德案"时派上用场。大山似乎真的在移动。

　　在康涅狄格州之外，世界也发生了改变。从1897年开始举办的波士顿马拉松允许了第一位女赛跑选手参赛。国会通过

了《平等权利修正案》，保证所有美国人法律地位平等，不管

273 他们是男是女。如果四分之三的州立法机关投票通过，《平等权利修正案》就会成为宪法第二十七修正案。1972 年 6 月 23 日，国会女议员竹本松和伊迪丝·格林取得了她们为之努力了很久的胜利。

1972 年民权法《教育修正案》第九条用一句简单的话禁止了在第一批女本科生来到耶鲁时美国大学里十分猖獗的性别歧视："在接受联邦财政援助的教育项目里，不得以性别为由拒绝接纳任何人、拒绝给予其福利或令其遭受歧视。"

修正案通过时，没人太过注意第九条。理解美国大学对女性的性别偏见程度的人更少，但是在之后的几十年里，第九条将终结招生中的性别限额，这一做法之前剥夺了女性在美国顶尖学校里的位置。它将终结对女运动员的歧视，她们之前只能得到二手装备，而男子运动队却可以吃牛排。它将被用来挑战大学对于女学生受到的性骚扰和性侵的漠视。然而暂时还没做到。对于耶鲁这样的大学，招生中的性别限额尚未遭受挑战。

第九条以一个简练的句子开头，但之后包含了一列免受其条款约束的机构。男童子军、女童子军、兄弟会、女子联谊会、现存的单性别大学——没有一个必须因为第九条而改变做法。它开篇第一条豁免条款如下："就教育机构的招生而言，此条只适用于……公立本科高等教育机构。"换句话说，**私立**

274 本科高等教育机构——比如耶鲁——不受第九条对于歧视性招生政策的禁令的约束。

伯尼斯·桑德勒解释了发生的事，她在 11246 号行政令的行动之外还曾是国会女议员伊迪丝·格林的员工之一。"达特茅斯、普林斯顿、耶鲁和哈佛……有能力为各自的本科招生获

得一个措辞严密的豁免条款。"这四所强大机构在1971年秋天
立法进程的初始阶段写给国会的信取得了成功。也许一些私下
的谈话也帮了忙。无论如何，到第九条在1972年通过时，国
会顺从了耶鲁对于伊迪丝·格林呼吁的不限性别招生的愤怒，
法律的最终版本令耶鲁和其他大学免受此条款的约束。这个豁
免条款至今有效。

　　与此同时，事实证明11246号行政令不过是另一把BB枪。
人们提交了针对三百五十所大学的性别歧视投诉，卫生、教育
和福利部报告说调查员发现"我们到访的几乎每个校园"都有
性别歧视的证据，但那就是联邦政府愿意做到的最大程度。在
所有那些投诉中，卫生、教育和福利部只撤回了五个机构的资
金：哥伦比亚、康奈尔、杜克、哈佛和密歇根。"他们就是不
执行那条行政令。"气馁的伯尼斯·桑德勒说。在耶鲁女性提
交性别歧视投诉后的那一年里，卫生、教育和福利部造访了耶
鲁五次，但依然没有调查结果报告。

　　那年春天，大山肯定移动了，但如果耶鲁想保留它用来拒
绝合格女申请者的性别限额，联邦政府不会阻拦。在这场战斗
中，耶鲁女性和支持她们的男性没有后援。

　　在理查德·尼克松总统签署第九条，使之成为法律的两周　　275
前，耶鲁大学庆祝了它的第二百七十一次毕业典礼。康妮·罗
伊斯特、贝蒂·施潘和雪莉·丹尼尔斯在6月12日作为1972
届学生被授予了学位证书。康妮的父母和姐姐来了，还有家族
里的很多其他成员。她的一名高中老师也来了。"哦，是的，

你知道那是件大事，"康妮说，"哦，我的上帝啊，是的。"

　　之后，康妮的父母在他们位于贝瑟尼的家举办了一个大型家庭派对。这可不是一次小聚会——康妮的母亲有七个兄弟姐妹，但是每当康妮家族里有人从高中或大学毕业，家族都会举办派对来庆祝。然而，这次毕业是特别的。康妮的家族在耶鲁工作了这么多年，她是她外祖父的后代里第一个从耶鲁毕业的。康妮的表哥表姐们，她在耶鲁的守护天使，在她毕业当天正忙着约克街的兄弟会派对，但他们之后去了康妮父母的房子，跟表亲、叔伯舅父、姑姨们一起庆祝。康妮从耶鲁毕业，是他们所有人的成就。

　　康妮在耶鲁的最后一年过得不错。她以自己在加纳和尼日利亚研究的非洲艺术为主题，写了她的大四论文。她和贝蒂·施潘继续在"祝福"中餐馆见面吃饭——贝蒂终于掌握了筷子的用法，两人决定未来有一天她们得一起搬去中国，写一本介绍最佳川菜馆的书。康妮继续在耶鲁的戏剧中演出，花时间跟朋友们待在剧院。《耶鲁日报》对于她主演的讽刺剧的评论充满赞赏之词，"康妮·罗伊斯特扮演易怒的甜心怪（Sweetums）时非常滑稽"，评论者写道，这样一个评价比他第二年给耶鲁戏剧学院冉冉升起的一颗新星——梅丽尔·斯特里普（Meryl Streep）——给出的"胜任"一词高一档。（《耶鲁日报》的其他记者很快改正了对梅丽尔·斯特里普的那条评价——"杰出。"一个人说。"精彩至极。"另一个人说——但是对康妮天赋的赞扬没有改变。）然而，康妮不会进入戏剧行业。她父亲坚持，家族里第一名耶鲁毕业生将成为职业人士。因此康妮决定进入出版业。这个领域接近艺术，而且显然需要更多女性。

　　当康妮在她的耶鲁最后一年中沉浸于艺术和戏剧时，贝蒂·施潘第一次实现了她来耶鲁的初衷：她仅仅在当一名学生。贝蒂读书。她的大四论文写的是妇女参政论者莱奥诺拉·奥赖利（Leonora O'Reilly），她去了拉德克利夫的施莱辛格图书馆（Schlesinger Library）做研究。奥赖利在信中讲述了她为组织纽约市女工做出的努力，读来激动人心。贝蒂在大四这年不需要工作那么久，留出了更多时间来学习。她在之前的夏天打三份工，赚了不少钱，并且她的男友在 1971 年毕业，此时有全职工作，负担了大部分租金。

　　贝蒂那年在校园里并不活跃。尽管她和姬特·麦克卢尔成立了姐妹会，可是贝蒂就像姬特那样，改变了生活重心。她觉得自己就像海滩上的第一个海军陆战队员："每个人都向我开枪。我守住滩头堡，更多人过来，一旦形成足够的人数，我就能离开了……然后休息和读书。"一段时间后，当一桩新的不公之事促使贝蒂采取行动时，循环将重复。然而，目前贝蒂专注于学习和申请法学院。在东海岸待了四年后，她准备好了回到伊利诺伊州，那年春天，她收到了她盼望的信。伊利诺伊大学厄巴纳–香槟分校的法学院在那年招收了三名女学生，贝蒂·施潘是其中之一。在那年秋天开始上课之前，贝蒂和她的男友结婚了。那年 6 月，在伊利诺伊州帕克福里斯特的婚礼上，康妮·罗伊斯特是伴娘。

　　就像贝蒂，雪莉·丹尼尔斯在耶鲁的最后一年也沉浸于研究和写作。她是美国黑人研究新任主任、历史教授约翰·布拉辛格姆（John Blassingame）的研究助理，有些下午，你会发现她在斯特林图书馆高高的书堆上寻找某份文件。

　　雪莉从她在耶鲁黑人学生联盟的职位上退了下来，但是

277

当联盟偶尔要跟布鲁斯特的顾问萨姆·昌西吃午餐时，她依然会去。雪莉现在是团体里富有经验的老成员，桌上最资深的女性，但是就像其他耶鲁大四学生，她也把眼光放在了大学之后的生活上。到春天，雪莉找到了一份让她延续自己在耶鲁黑人学生联盟所做之事的工作：帮助黑人学生在大学里取得成功。她被雇用为耶鲁向上拓展（Yale Upward Bound）项目的助理主任，项目为来自纽黑文三所贫困学校的初高中学生提供辅导和高强度暑期课程。然而，首先到来的是毕业。

　　1972 年 6 月，雪莉被授予学士学位，专业符合她来耶鲁的初衷：美国黑人研究。曾因为女儿进了耶鲁而那般自豪的雪莉父亲，没能来现场看她毕业。他在前一年夏天死于肺癌，但至少他知道女儿是耶鲁的学生，在那里入学的第一批女本科生之一。"耶鲁！我女儿要上耶鲁了！"他曾喊道。很少有父亲能比他更自豪。

278　　　　耶鲁男女同校的第四年从 9 月 14 日开始，那是一个周四。和平保安官协调员凯特·菲尔德回来了。在大二时遭受强奸后，她在康涅狄格州西摩（Seymour）的一个小农业社区里待了一年，在纽黑文西北方向半小时车程外。它叫做斯科科拉特（Skokorat），以所在街道的名字命名。一群耶鲁男女学生在 1970 年夏天成立了斯科科拉特。他们都和凯特同龄，或者大一两岁——"一群很好的人，"凯特说，"也很有天赋。"学生们培育自己的所有食物。他们养了几只山羊、一头母牛和一大群鸡，还有几个菜园，产出的蔬菜足以填满一个巨大的冰箱。他们都一起演奏音乐。凯特痊愈了。

凯特知道她那届的另一个女生跟她差不多同时被强奸。"她的状况更糟,"凯特说,"她实际上被劫持了,情况比我糟很多很多。"两名女性曾谈论过她们的遭遇,但是凯特在谈话后觉得愧疚:"我知道我在恢复,但她没有。"男女同校的头几年里,很多领域的女性公平取得了进展,但安全是一个几乎没有进步的领域。直到苏珊·布朗米勒(Susan Brownmiller)在1975年写了《违背我们的意愿》(*Against Our Will*),美国人对于强奸的态度才开始发生显著变化。

大学对于性骚扰的容忍也在继续,尽管在1971年4月造访纽黑文的卫生、教育和福利部调查员早就从他们见到的耶鲁女性群体那里了解了问题。要再过五年,**性骚扰**一词才会变得广为人知,再过六年,也就是到1977年,法庭才会宣布性骚扰是一种歧视,但是终结性骚扰之战的第一步由这些耶鲁的年轻女性在1971年4月迈出,她们第一次给这个问题起了名字。在那之前,**性骚扰**一词从没被使用过。然而,让校园变得对女学生而言安全的战斗将持续得比耶鲁女性想象的久得多。在此期间,被掠夺者下手的学生们不得不自己想办法走出那种经历。

凯特·菲尔德与之聊过、还没恢复的学生是克丽斯塔·汉森,在从图书馆走回宿舍的路上被轮奸的大二学生。克丽斯塔也回到了耶鲁。她积极参与耶鲁姐妹会,正在写她的心理学论文,主题是耶鲁学生休学或退学的理由。克丽斯塔称之为"耶鲁经验"。耶鲁支持她的研究。机构研究办公室(Office of Institutional Research)给了克丽斯塔资金,还指导她用什么方法做调查,克丽斯塔论文开头的致谢部分列举了超过二十名帮助过她的耶鲁教员和行政人员。

论文本身塞满了数据和图表，总共七十五页，但克丽斯塔的声音开篇就传了出来，"我们有时忘记了疼痛"，她写道。"我们看不到空出来的位置。我们中的一些人离开了耶鲁。我们中的一些人跳过一两个学期，去看看外国的土地，去进行伟大的冒险……但我们中的一些人是咒骂着、哭喊着或者在困惑的沉默中逃离耶鲁的。"克丽斯塔简短地谈论了自己。"而我呢？"她问道。"我离开了耶鲁。我和我的一个朋友同时离开，对方再也不会回到耶鲁。我差点也没回来。"克丽斯塔从没提起她离开的原因。和凯特一样，你会惊讶于回来所需的勇气。

姐妹会积极分子芭芭拉·戴恩哈特那年秋天也回到了耶鲁，之前那学期她待在意大利和南斯拉夫为她的大四论文做研究。她不在的时间里，似乎没发生什么改变。"就是女学生数量不够，就是女教员数量不够，就是女性在所有层面的决策过程中参与程度不够。"芭芭拉在那年 10 月的一次演讲中说道。就像前一年秋天那样，她跟亚历克·哈弗斯蒂克和卡罗琳·格里洛在男女同校委员会任职，后两人现在都是大三学生了。然而这一年有所不同。它不再是埃尔加·沃瑟曼的男女同校委员会了。它是学生们之前没见过的一个女人的委员会：玛丽·阿恩斯坦（Mary Arnstein）。

沃瑟曼在当年春天决定请假一年，这是她在耶鲁工作十年来第一次休假。她接受了福特基金会的一笔资金，去欧洲研究英国、瑞典、德国和以色列学术界女性的地位。在此期间，玛丽·阿恩斯坦是女性教育校长代理特别助理，比沃瑟曼的头衔还可笑。离开前，沃瑟曼给了布鲁斯特一些女性的名字，她认为这些人有能力代替她履行职责，而布鲁斯特任命了一个既没有职业资格，也没有学术资格的女性。玛丽·阿恩斯坦是四个孩子的母亲，社区的活跃志愿者，以及布鲁斯特的耶鲁学院同学鲍勃·阿恩斯坦的妻子，但也许她最重要的资格是这点——"玛丽绝不是女权主义者。"萨姆·昌西说。

很多耶鲁女性并不欢迎这个任命。芭芭拉·戴恩哈特想念沃瑟曼的火力和愤怒。住宿学院教学院长布伦达·朱班（Brenda Jubin）把阿恩斯坦的任命称为"一个笑话……她从来不是一个为女性谋求利益的人"。阿恩斯坦和沃瑟曼之间的反差令卡罗琳·格里洛吃惊，当时她在男女同校办公室见到了刚到达的玛丽·阿恩斯坦。

除了在男女同校委员会和人类性学委员会任职，卡罗琳每周还作为勤工俭学学生在男女同校办公室工作十小时。上任第一天，玛丽·阿恩斯坦戴着白手套，穿着短裙和上衣配套的香奈儿套装走进门。阿恩斯坦个子很小，身高只有五英尺多点，而且"说话非常温和，非常文雅"。她带了自己的瓷器茶具到男女同校办公室，好让自己能给短暂来访的客人上茶。卡罗琳初次见到玛丽·阿恩斯坦时有一个想法：不——我们会遭遇什么？如果玛丽·阿恩斯坦现在是耶鲁女性的带头发言人，卡罗琳认为，那么她们就压根没有发言人。

———— ♀ ————

在耶鲁的前三年，劳丽·米夫林一直在努力创建一支跟耶鲁男子运动队认可度相同的女子曲棍球队。在她大四那年的秋天，她收到了一封来自女子活动主任乔尼·巴尼特的信，通知她取得了成功。"亲爱的劳丽，"信这样开头，"我向你衷心祝贺。"曲棍球队成为校队。球队里的每名女性都收到了来自巴尼特的这封信，每个人还将收到梦寐以求的耶鲁校队毛衣，胸前有着蓝色的耶鲁 Y。"我们为你们和你们代表耶鲁大学的方式而自豪。"巴尼特的信以此作结。

这个新地位就像中了彩票。耶鲁买了球队制服，女子曲棍球队员"穿着品蓝方格短裙、及膝袜和钉鞋，光彩夺目"，劳丽在一篇收录进年鉴的文章中写道。她们有了新的曲棍球杆和一名全职教练，曾经的费城曲棍球女球星。要不是有一个人缺席，这个胜利会是完美的。简·柯蒂斯，大一时跟劳丽一起组建球队的人，已经不在耶鲁了，没能跟剩下的曲棍球员一起庆祝，她提前一年毕业了。

得知曲棍球队新地位的几天后，劳丽走到《耶鲁日报》办公室。"嘿，我们是校队运动了，"她对体育编辑们说，"你们之前说我们不是校队所以不会报道我们。看吧，现在我们是了。"《耶鲁日报》的小伙子们完全乱了手脚。他们告诉劳丽，他们会给她回复。在那年，《耶鲁日报》报道了每一场女子曲棍球比赛，尽管是由一名新来的女记者负责。事实证明，没有男性体育记者想报道女子运动。

在那年给队长拍照时，曲棍球队又制造了一个不快。耶鲁固定请一名专业摄影师拍照，照片会登在年鉴里，如果你是其中一个男子校队的队长，照片还会被展示在莫里的墙上。（莫里直到 1981 年才会展示女子校队队长的照片。）照片数十年来都使用相同的套路，队长在一道围栏篱笆前摆造型，穿着队伍制服和耶鲁校队毛衣。耶鲁只允许每支校队有一名队长，但是女子曲棍球队有两个：劳丽和她的队友桑迪·莫尔斯。

女子曲棍球队友选出联合队长是有原因的。劳丽是前锋，

桑迪打防守；劳丽大四，桑迪大三。劳丽说，两名女性"都以
自己的方式担任领导者"，但耶鲁拒不接受。"你们必须委任一
个人当队长。"运动办公室宣称。劳丽和桑迪拒绝。"球队一起
选出了我们，你们必须一起接受我们。"她们说。有点出人意
料的是，耶鲁让步了。在耶鲁这么些年来拍摄的数百张运动队
长照片中，只有一张照片上的领导者不是一个人，而是两个。
如果仔细看，你就能找到它。劳丽和桑迪穿着她们的白色校队
毛衣，胸前各有一个大大的蓝色耶鲁 Y。她们手持自己的曲棍
球杆，倚靠木篱笆，一起盯着镜头。

———— ♀ ————

　　女子曲棍球队也许在那年秋天赢得了一场胜利，但是对
金曼·布鲁斯特来说，情况依然很糟糕。"荣光都去哪儿了？"   284
《耶鲁日报》的一名专栏作者问道。再也没人谈论布鲁斯特可
能会成为美国参议员或总统了。他似乎连耶鲁校长都当得跌跌
撞撞。9月，当布鲁斯特宣布耶鲁的预算出现了 500 万美元的
偏差时，《时代》对他的能力提出了质疑。前一年的赤字其实
是 100 万美元，而不是三个月前预计的 600 万美元。当巴纳德
校长玛格丽特·彼得森（Margaret Peterson）在美国教育理
事会的 10 月会议上做主题发言时，一千五百名参会者几乎都
听出了对布鲁斯特的讽刺。"那些我们之前指望他们就高等教
育的重要问题发言的人，也就是担任领导者的人，最近没怎么
听到他们说话。"彼得森说，"耶鲁为一个比预期要小的赤字道
歉。那是有智慧的领导方式吗？"
　　因而，布鲁斯特与其说是大步前进，不如说是一瘸一拐

地迈入男女同校第四年。从他在 2 月承诺让董事们在 11 月就耶鲁对女性的招生政策投票算起，已经过了八个月，但是布鲁斯特在 10 月 12 日称他依然还没把自己关于此事的"想法整理好"。一周后，他发布了一份对于三个男女同校选项的分析——不限性别的招生，五五开的限额，或者延续耶鲁目前的限额，但他没有给出建议。曾经是耶鲁领导者的男人退到了一边，当身边的对话在继续时，自己沉默不语。

　　姐妹会是最早对布鲁斯特在耶鲁广为传播的文件做出回应的团体之一。随着姐妹会成员如今从国外回来或结束休学，团体重新发现了自己的能量，《耶鲁日报》引用了姐妹会成员克丽斯塔·汉森的话，耶鲁必须"实行完全的男女同校"，走向 1∶1 的男女比例，她主张。那个方法包含了一种限额，尽管它是男女各 50%，而大部分学生采取不同立场，宣扬不限性别的招生。他们延续了男女同校专门委员会的立场，认为如果某一性别超过了 60%，耶鲁应该招募处于少数的性别以纠正失衡。11 月 10 日，现任主席为亚历克·哈弗斯蒂克的人类性学委员会在给编辑的信中发表意见。"同时为男人和女人提供高质量教育，既是这所大学的道德责任，也是社会责任。"他写道。埃尔加·沃瑟曼也不会写得更好了。

　　耶鲁集团那个周末在纽黑文会面，他们想听听学生的意见。集团的招生小组委员会——包含新来的董事玛丽安·赖特·埃德尔曼、兰斯·利布曼和威廉·拜内克，外加赛勒斯·万斯和 J. 理查森·迪尔沃思（J. Richardson Dilworth）——提前一天到达，在周四晚上，他们跟每所住宿学院的耶鲁学生见面。"学生致董事：立刻增加女性。"《耶鲁日报》报道这些会面的标题写道。以防对于学生观点存在任何疑惑，耶鲁学院理事会向集团递交了一份呼吁不限性别招生的请愿书，有三千零一十六名学生签字，全体本科学生的四分之三。

　　周五早上，集团小组委员会的五名董事见了招生主任沃思·戴维（Worth David）、耶鲁学院教学院长霍勒斯·塔夫脱、女性教育校长代理特别助理玛丽·阿恩斯坦……以及亚历克·哈弗斯蒂克。亚历克拿着他对于不限性别招生的提案走进房间，然后意识到："等一下，这些男人有一半是我初中同学的爸爸……这是我来自的世界。"这个认识是双向的。集团的一些较为保守的成员可能会对一个穿灯芯绒西装、头发比他们长得多的学生持怀疑态度，但是一旦他们意识到亚历克·哈弗斯蒂克是谁，他就从一名煽动者成了自己人。结果发现，他们中有好几个认识他的祖母。

　　在集团等待耶鲁校友的看法时，又过去了一个月。然而，担心校友将阻挠不限性别招生的学生无须担心。耶鲁校友协会（Association of Yale Alumni，简称 AYA）主席弗雷德·罗斯（Fred Rose）有一个女儿五个月前作为 1972 届学生毕业，耶鲁校友协会的二十七名成员组成的董事会包含同届另一名新毕业生：康妮·罗伊斯特。团体投票终结耶鲁的千名男性限额，目标是让耶鲁学生中男性占 60%、女性占 40%——还算不上不限性别的招生，但是足够接近了。"每个人都同意，男女同校是很长时间里耶鲁发生的最好的事。"罗斯告诉《耶鲁日报》。就连没有女儿在耶鲁的校友也不像之前被塑造的那样，是男女同校的敌人。正如布鲁斯特那年秋天在给阿默斯特校长的信里

286

287

写的那样，校友对于男女同校的回复"几乎是一致同意"。

12 月 9 日，耶鲁集团投票废除了影响耶鲁男女同校前四年状态的性别限额。随声明而来的是一句简单的话："我们相信申请者的性别不应该是招收候选人时的决定因素。"在五年内，耶鲁女性的比例不止翻了一倍，达到了 46%。在耶鲁内外的其他战斗依然存在，但是在 1972 年期间，大山移动了。某天，它们会再次移动。

后 记

58 岁时，我获得了博士学位。我 81 岁的母亲从巴尔的摩
飞过来参加我的毕业典礼。我的丈夫、女儿和小儿子也在，而我的大儿子、妹妹和黑兹尔在远方为我庆祝。然而，他们都知道，那时我还没完成我的工作。耶鲁第一批女本科生的故事值得拥有更广泛的读者，而非仅限于有耐性并且愿意费力阅读我的论文的少数人。我从没写过书，但是就像别人说的那样，晚做总比不做强。因此我开始写作，而我丈夫的厨艺一如既往的完美。

从第一批女本科生到达耶鲁并环顾她们进入的男人村庄，到现在已经过去了五十年。耶鲁在那之后发生了改变，但它的变化不及第一批女性希望的大，速度也不够快。性骚扰和性侵没有消失。女性如今占耶鲁本科注册学生的 51%，但她们只占终身教员的 27%。尽管耶鲁全体学生的多样性显著上升，但只有 8% 的耶鲁学生是黑人，而大学年龄段的美国人中黑人占 14%。耶鲁从来没有过女校长或有色人种校长，除非你算上代理校长汉娜·格雷，她在担任这个过渡职位几个月后得知耶鲁决定不给予她正式校长职位。

耶鲁男性有时依然在莫里吃午餐。耶鲁女性有时也去。女性从 1974 年起成为那里的会员，当时康涅狄格州最高法院赞成州酒类委员会吊销莫里的酒水执照。然而，耶鲁威芬普夫斯并不用面对这样的法律挑战，直到 2018 年才接受第一名女成员。有人告诉我，合唱团的声音质量出现了显著改善。

纵观整个高等教育界，女性还未取得平等地位。在全国范围内，只有 33% 的正教授和 30% 的大学校长是女性。在大学就读期间，每五名女学生中就有一名遭到性侵。尽管如此，女性的毕业率依然高于她们的男同学。然而，白人男性大学毕业生每赚到一美元，女性的大学文凭只能让她们赚到 74 美分，如果她们是黑人女性，则只有 65 美分。

因此女性和她们的同盟继续敦促变革。姐妹会和纽黑文妇女解放组织成立的耶鲁女性中心如今是全国存在时间最久的女性中心之一。尽管姐妹会在 1973 年解散，但女学生、女教员和女行政人员一直在促使耶鲁成为更好的自己。

1976 年，由于校方拒不给予基本器材，耶鲁女子划船队在运动主任的办公室进行了裸体抗议，娱乐体育电视网（ESPN）称之为"第九条版的波士顿倾茶事件"。领导抗议的克丽斯·厄恩斯特（Chris Ernst）大一时曾在劳丽·米夫林的队伍里打曲棍球。

1977 年，耶鲁法学院的女研究生与本科女生干部会议（Undergraduate Women's Caucus）携手合作，提交了"亚历山大诉耶鲁案"（Alexander v. Yale），此案第一次确认了性骚扰是对女性平等教育权的侵犯。

1989 年，两名女教授向耶鲁校长提交请愿书，呼吁大学缩小一直存在的男女教授数量差距。第一批女本科生到达的二十年后，只有 9% 的耶鲁终身教授是女性。

2011 年，十六名耶鲁学生和校友向联邦政府提交了与第九条相关的投诉，宣称耶鲁允许校园里存在一种恶劣的性环境。五个月前的夜里，一群兄弟会成员站在新生宿舍外反复喊道："拒绝等于同意！同意等于肛交！"然而耶鲁依然没做出任何惩戒行动。

当然，勇气和韧性并非耶鲁女性独有，她们面对的挑战也不是。有敢为人先的女性，也有在这个国家每座城镇发言的女性。我们的国家依然需要更多这样的女性。让女性能安全而公平地置身耶鲁和其他大学及工作场合的战斗尚未结束。

处于本书核心的五名女学生继续过着丰富而有意义的生活。从耶鲁毕业后，雪莉·丹尼尔斯担任耶鲁向上拓展项目的助理主任，然后是副主任，帮助初高中学生获得他们在大学取得成功所需的技能。当联邦政府改组向上拓展项目时，雪莉去了弗吉尼亚大学的法学院，在 1977 年获得了法学博士学位。在纽约市度过律师生涯后——包括为曼哈顿的帕拉贡有线电视公司（Paragon Cable）担任法律总顾问，雪莉入学纽约神学院（New York Theological Seminary），获得了神学硕士学位。她在哈莱姆的迦南浸信会基督教会（Canaan Baptist Church of Christ）由怀亚特·蒂·沃克（Wyatt Tee Walker）博士授予圣职，如今是一名浸信会牧师。雪莉为之付出那么多时间的耶鲁黑人学生联盟，继续在耶鲁蓬勃发展，通过政治行动、社区服务和社交活动改善耶鲁学生的生活。

就像雪莉，康妮·罗伊斯特也当了很多年律师。她先去了出版业，但是在《时代》待了两年后，她认为该领域的性别歧视太严重了。她入学了罗格斯法学院（Rutgers Law School），在那里读书的几年里跟她的姨妈康斯坦丝·贝克·莫特利住在一起。做了一段时间联邦职员后，康妮去了保罗、韦斯、里夫金德、沃顿和加里森（Paul, Weiss, Rifkind, Wharton & Garrison）律师事务所工作，然后成了一名美国助理律师，再之后成了库珀、利博维茨、罗伊斯特和赖特（Cooper, Liebowitz, Royster & Wright）的创始合伙人，这是一家由少数群体和女性所有的纽约大型律所。在 20 世纪 90 年代，康妮转做募资，最终成了耶鲁神学院的发展主任。在其人生中，康妮都把时间奉献给了众多的非营利理事会。关于约翰和埃丽卡·哈金斯的女儿，康妮说："最终，那个孩子去了我上过的寄宿学校。那所学校是我们熟悉的地方，全家人知道学校会小心照顾她。"

康妮跟贝蒂（现在的伊丽莎白）·施潘一直是好朋友，后者也成了律师，并且拥有学者和活动家的身份。从 1978 年到 2014 年，贝蒂在波士顿的新英格兰法学院（New England School of Law）当教授，她选择这所大学是因为她想教那些并非出身富裕家庭的学生，而不是她在耶鲁见过太多的有钱子弟。作为律师，贝蒂代理的案件与生育自由和经济正义相关。她继续精进她用筷子的技巧，在 1999 年前往中国并待了一年半，作为富布赖特学者在北京大学法学院教美国宪法。贝蒂和康妮还没写出她们的川菜指南，但是做这件事依然来得及。"没有康妮，我不知道我能否熬过耶鲁那几年，我也肯定不会这么快乐地度过我的人生。"贝蒂说，"我觉得自己真的很有福气。"

　　劳丽·米夫林最后进了新闻业，走上这条道路在很大程度上是因为《耶鲁日报》和它对报道女子运动的反感。在她大四那年的1月，厌倦了女性在报纸体育版的缺席，劳丽走到《耶鲁日报》办公室，主动提出为他们写女子队的新闻。在接下来的五个月里，她写了二十三篇关于女子篮球、壁球和长曲棍球的文章，以及对数支男子队伍的报道。1973年毕业后，劳丽获得了哥伦比亚大学的新闻专业硕士学位，并被《纽约日报》（*New York Daily News*）聘用为第一位女性体育记者。她后来去了《纽约时报》，在那里当了三十年记者、编辑和主管。劳丽目前担任《赫金杰报告》（*The Hechinger Report*）的总编辑。

　　劳丽的同学姬特·麦克卢尔在结束休学后，回到耶鲁继续学业，在1975年毕业。七年后，姬特成立了姬特·麦克卢尔乐队，一支全女子爵士乐队。乐队获得了爵士歌手兼乐队指挥凯伯·卡洛韦（Cab Calloway）的注意，然后跟着英国唱作人罗伯特·帕尔默（Robert Palmer）巡回演出了两年，在无线电城音乐厅（Radio City Music Hall）和花园州立艺术中心（Garden State Arts Center）面对满座的观众演出。姬特的乐队去日本巡演了八次，发行了四张专辑：《热情如火》（*Some Like It Hot*）、《燃烧》（*Burning*）、《甜心计划》（*The Sweethearts Project*）和《正是此物》（*Just the Thing*）。1993年，比尔·克林顿总统请姬特·麦克卢尔的乐队在他的就职舞会上表演，所以姬特跟她的红色卷发和萨克斯在现场。2005年，乐队从纽约市长迈克尔·布隆伯格（Michael Bloomberg）手里接受了纽约市优秀小企业奖。在其人生中，姬特和她的黑人姐妹埃米莉·斯穆特（博罗姆）和玛丽·简·韦斯顿（约翰逊）一直关

293

系亲密。埃米莉在 2016 年去世，但她陪伴姬特庆祝了乐队的很多成就。

　　尽管纽黑文和芝加哥妇女解放摇滚乐队到 1975 年都解散了，但是浪子唱片成为美国顶尖的独立唱片厂牌之一，名下有超过三千种唱片。然而，联合创始人玛丽安·莱顿·利维依然满怀柔情地记得"浪子"发行的第四张唱片《移山之日》。"我觉得那是一张非常重要的唱片，"利维说，"我们当时为它自豪，我们现在同样为它自豪。"

　　就像雪莉、康妮、贝蒂、劳丽和姬特，这个故事里的其他女性继续改造她们身边的世界。向布鲁斯特校长要麦克风的许多年后，玛格丽特（现在的玛吉）·库恩获得了耶鲁的林学硕士学位。她投身于自然资源和野生地点的保护，职业生涯中有二十年在大自然保护协会（Nature Conservancy）工作。今天，她是华盛顿州东部乡村地区梅特豪谷（Methow Valley）的环境活动家。

　　组织黑人女性研讨班和会议的薇拉·韦尔斯于 1971 年毕业，之后在全国广播公司（NBC）担任了二十年主管。当美国黑人之家年久失修时，薇拉和其他耶鲁毕业生——有黑人有白人，募集了翻修所需的资金。美国黑人之家继续为耶鲁今天的非裔学生提供庇护和激励。薇拉一直是耶鲁活跃校友，在 2007 年，她因为向大学提供的杰出服务，获得了耶鲁勋章。薇拉和雪莉的导师西尔维娅·布恩成了耶鲁第一位获得终身教职的非裔美国女性。作为知名非洲艺术学者，布恩从 1979 年开

始担任耶鲁教员，直到她在 1993 年去世。薇拉是布恩的文学
遗产执行人，她以布恩的名义在耶鲁创立了一项奖学金和一个
奖项。

　　姐妹会的成员们步入了各种各样的职业生涯。有人进入了
法律界。朱迪·贝尔坎在 1974 年从哈佛法学院毕业，如今在
波多黎各经营自己的律所。达利娅·鲁达夫斯基在波士顿与人
联合创立了一家律所，她处理就业歧视的案件。芭芭拉·戴恩
哈特从事劳动和就业法相关事业。回顾她在姐妹会的工作，芭
芭拉说："我觉得它做出了改变……耶鲁有多年的男性统治、
固执和传统要去克服。这就是当时需要姐妹会的原因。"

　　姐妹会的其他成员成了学者。罗安清是加州大学的人类学
家。和平保安官协调员凯特·菲尔德在斯科科罗特社区的那年
里对生物学产生了兴趣，然后攻读了博士学位。她如今是水质
专家，在俄勒冈州立大学担任微生物学教授，你有时能看到她
在校园里骑红色自行车。

　　贝齐（现在的伊丽莎白）·哈特曼成了马萨诸塞州汉普郡
学院（Hampshire College）的发展研究学教授，她与室友帕
蒂·明茨的友谊延续终生。帕蒂的事业专注于提升卫生保健的
覆盖率，此外她在凯撒医疗集团（Kaiser Permanente）担任
过主管，还担任过世界银行在拉美医疗政策和金融方面的顾
问。姐妹会成员克丽斯塔·汉森在 1973 年毕业，获得了心理
学学位，但是死于 1991 年 6 月，享年 40 岁。她写的关于休学
或退学的耶鲁学生的论文依然保存在耶鲁档案馆里。

　　其他耶鲁女性在毕业后继续打破障碍。女医生在 1972 年
很罕见，然而洛杉矶医学预科生卡萝尔·斯托里（现在的斯托
里-约翰逊）在 1977 年获得康奈尔大学医学院的医学博士学

位，成了纽约市威尔康奈尔医学院（Weill Cornell Medical College）的临床医学教授，如今她是那里的荣休教授。卡萝尔和"阻止警察"的活动家达里娅尔·斯尼德保持终生友谊，后者从哈佛获得了工商管理硕士学位，曾为包括埃克森（Exxon）、哥伦比亚广播公司（CBS）和 J. P. 摩根（J. P. Morgan）在内的许多公司提供市场营销、公司金融和投资者关系服务。2011 年，达里娅尔开始了作为专业摄影师的第二职业，拍摄了数百张戏剧、舞蹈演出和演唱会的美丽照片。她死于 2018 年。

就像卡萝尔·斯托里，丹尼丝·马耶（现在的梅因）成了一名医生。她和那时已成为她丈夫的埃利奥特一起上了佛蒙特大学医学院，在那里为医学生开设了一门性学课，与菲尔和洛娜·萨雷尔在耶鲁提供的课程类似。丹尼丝和埃利奥特都成了妇产科医生，专攻母胎医学。他们的大部分职业生涯都在旧金山的加州太平洋医疗中心（California Pacific Medical Center）共同度过。2000 年，丹尼丝联合创立了非营利机构"永远团结"（Siempre Unidos），它如今是在洪都拉斯为 HIV 阳性个体提供护理的主要机构。

296　　　女性并不是这个故事里唯一的行动者。领导男女同校专门委员会，并且在终结耶鲁性别限额的最后行动中起到重要作用的亚历克·哈弗斯蒂克在 1974 年毕业，投身于金融服务业。亚历克目前是贝西默信托（Bessemer Trust）的主要资深财富顾问。回顾他在耶鲁的日子，亚历克说："我觉得组建那个专门委员会是我做过的最勇敢的事。我做过更莽撞的事，但那是我做过的最勇敢的事。"

　　当然，亚历克不是第一个促使耶鲁变得对女性更公平的男学生。用一连串支持男女同校的社论向金曼·布鲁斯特开火的《耶鲁日报》编辑兰尼·戴维斯在1967年毕业，成了一名律师。男女同校提倡者德里克·希勒在1968年毕业，在1994年到1997年间担任美国驻芬兰大使。他妹妹布鲁克，"请问布鲁斯特先生"海报的主人公，去了斯坦福上大学。德里克目前是洛杉矶西方学院（Occidental College）麦金农全球事务中心（McKinnon Center for Global Affairs）的主任。男女同校周的组织者阿维·索伊费尔在1969年毕业，从耶鲁法学院获得了法律博士学位，成为一名法学院教授。从2003年到2020年，他担任夏威夷大学马诺阿分校威廉·S. 理查森法学院（William S. Richardson School of Law）的教学院长。

　　耶鲁女性也从耶鲁教员和管理层内的同盟那里受益良多。菲尔和洛娜·萨雷尔在之后的三十年里继续运营耶鲁性咨询服务和教授人类性学课程。这门课成了几十所不同大学里教的类似课程的范本，《性与耶鲁学生》经历了五个版本，到1990年，向耶鲁学生发放了超过四万册。人类性学委员会的学生们为全国的大学生写了一个扩充版，《学生校园性指南》（*The Student Guide to Sex on Campus*），他们的书在1971年由西格内特出版社（Signet）出版，卖出了十万本。今天，萨雷尔夫妇仍然欢迎之前教过的耶鲁学生到他们位于纽黑文城外森林中的可爱房子里做客。

　　布鲁斯特的顾问萨姆·昌西在1971年到1980年间担任耶鲁大学秘书和其他职位，包括纽黑文科学公园的创始人和首席

297

执行官。"萨姆是个很棒的导师。"沃瑟曼在 2007 年告诉一名采访者。"他不像很多其他男的那样（面对女性）有障碍。我是说，他在任何方面都不受这些问题的威胁。所以他帮了很大的忙。"昌西在 2000 年退休，一半时间在纽黑文另一半时间在佛蒙特生活。

约翰·威尔金森担任本科教学院长直到 1974 年，在那年他成了纽黑文的霍普金斯学校（Hopkins School）的校长。从1981 年到 1987 年，就像之前的昌西，威尔金森担任耶鲁秘书。女本科生和女行政人员反复提到威尔金森是男女同校早年间的女性同盟。"他对我们中的很多人来说真的是大救星，在某些方面是一名无人歌颂的英雄。"康妮·罗伊斯特评论道。威尔金森也退休了。他和他的妻子住在纽黑文。

埃尔加·沃瑟曼的耶鲁事业并没有昌西或威尔金森那样的美好结局。耶鲁集团采取不限性别招生的两个月后，她得知自己失去了耶鲁的工作。布鲁斯特结束了她的特别助理职位，并把她表示出兴趣的四个新职位都给了别人。沃瑟曼一无所获。"在耶鲁坦率直言意味着受到谴责。"耶鲁教员和职业女性论坛之后给编辑写了一封愤慨的信，"埃尔加的命运是在杀鸡儆猴，警告我们当中想要保住在这里的工作的人。"然而再一次，沃瑟曼证明了她的坚韧。她入学耶鲁法学院，在 1976 年，她 52 岁时，获得了法学学位。在她剩下的职业生涯里，沃瑟曼在纽黑文专攻家庭法，并在 2000 年写了她的第一本书，《梦中之门：与科学界杰出女性的对话》（*The Door in the Dream: Conversations with Eminent Women in Science*）。她死于 2014 年。

助理教学院长伊丽莎白·托马斯（现在的贝齐·彼得森），批评耶鲁性别限额的招生委员会成员之一，在 1975 年离开耶鲁，成了一名律师。她余下的职业生涯都在马萨诸塞州执业，其间担任过霍顿·米夫林公司（Houghton Mifflin）的助理法律总顾问。她的书《阿尔茨海默症之声》（*Voices of Alzheimer's*）在 2004 年出版，呈现了亲人罹患痴呆的人们的经历，那也是在她丈夫生命最后十四年折磨他的疾病。

至于金曼·布鲁斯特，他担任耶鲁校长到 1977 年，在那年他辞职成为美国驻英大使。那时已成为国务卿的耶鲁董事赛勒斯·万斯帮他获得了这份工作。除了卸任大使后在纽约待了三年，布鲁斯特的余生都在英国度过。他死于 1988 年。

尽管布鲁斯特不情愿地同意招收女本科生进耶鲁，但是耶鲁的 1968 年男女同校声明（和两个月后的普林斯顿声明）最终驱散了美国顶尖大学的男女同校禁忌，到 1973 年，绝大多数精英全男性校园走向了男女同校。然而，随着时间的流逝，那些第一批女学生的声音失落了，这段历史的锋利边缘被磨钝。留下的是一个立刻实现平等的美化版传说，好像把这些男人村庄变成女性也能得到平等对待的地方，只需轻轻按下招生开关。然而，那并不是实际情况。问问耶鲁女性吧。她们有一些不同寻常的故事可讲。

致　谢

首先，我要感谢五位女性，她们的故事构成本书的主干：雪莉·丹尼尔斯、姬特·麦克卢尔、劳丽·米夫林、康妮·罗伊斯特和伊丽莎白·施潘。她们对我数不尽的问题永远充满耐心，决心要把这个故事讲好，并且用行动来帮助后来的女性，对此我满怀感激。我也非常感激为本书接受我的采访、非常仔细地阅读自己的文字整理稿并回答我的众多后续提问的全部五十一名女性和男性。他们每个人的名字都列在本书的口述和采访列表中。没有他们，《耶鲁需要女性》绝不可能写成。

我采访过的许多人值得专门感谢。我感激玛吉·弗格森、凯特·菲尔德、丹尼丝·马耶·梅因和莉迪娅·特莫肖克的诸多洞见，也感激她们对我的信任，愿意分享艰难的故事。朱迪·贝尔坎、芭芭拉·戴恩哈特、达利娅·鲁达夫斯基和玛丽·鲁登都是姐妹会事迹的绝佳导师，卡罗琳·格里洛、林登·哈夫迈耶·怀斯和特里西娅·滕斯托尔对1974届的学生事迹同样如数家珍。萨姆·昌西、亚历克·哈弗斯蒂克、贝齐·托马斯·彼得森、菲尔和洛娜·萨雷尔以及约翰·威尔金森都提供了重要看法，而且不吝惜他们的时间。我也蒙恩于黛比·伯尼克、玛吉·库恩、贝齐·哈特曼、玛丽安·莱顿·利维、帕蒂·明茨、汉克·默里（Hank Murray）、阿维·索伊费尔、卡萝尔·斯托里-约翰逊和薇拉·韦尔斯深思熟虑后的评论。感谢德里克·希勒与我分享他家的非凡女性的故事，也感谢德里克的妹夫斯特罗布·塔尔博特（Strobe Talbott）允许我拿一张用在"请问布鲁斯特先生"海报上的布鲁克·希勒照片复印件。

　　本书也从早先的历史学家那里受益良多。朱莉娅·皮姆斯勒（Julia Pimsleur）是第一个记录耶鲁第一批女本科生和埃尔加·沃瑟曼的口述史的人。她 1990 年的录像带极为珍贵。普雷斯卡·安（Presca Ahn）的视频《到达》（*Arrival*），以及帕梅拉·盖斯马（Pamela Geismar）、伊芙·哈特·赖斯（Eve Hart Rice）和琼·奥米拉·怀南特（Joan O'Meara Winant）在她们的书《新来的女生》（*Fresh Women*）中汇编的第一人称叙述也非常宝贵。杰弗里·卡巴瑟维斯（Geoffrey Kabaservice）的口述史和他的书《守护者》（*The Guardians*）也至关重要。露丝·罗森（Ruth Rosen）的《裂开的世界》（*The World Split Open*）是关于美国妇女运动的无可取代的资料来源，杰尔姆·卡拉贝尔的《被选中者》（*The Chosen*）在非裔美国人、犹太人、工人阶级学生长期被哈佛、耶鲁和普林斯顿排除在外的历史上也起到了相同作用。

　　没有经验丰富的档案管理员和图书管理员的帮助，历史学家无法开展工作，我确实很幸运，能跟耶鲁手稿和档案馆（Yale Manuscripts and Archives）的敬业员工一同工作。我尤其要感谢麦克·洛特施泰因（Mike Lotstein）、迈克尔·弗罗斯特（Michael Frost）、杰斯·贝克（Jess Becker）、斯蒂夫·罗斯（Steve Ross）和比尔·兰迪斯（Bill Landis）。资助《耶鲁日报》数字化的人值得特别感谢，这份资源是赐予研究者们的礼物。马萨诸塞大学波士顿分校希利图书馆（Healey Library）坚持不懈的馆际转借员工也付出了巨大努力，找到了我要求借阅的诸多不出名的书籍和文章。

301 　　在这项工作中，我也得到了高等教育领域慷慨睿智的专家们的帮助，受用非凡。首先要感谢约翰·萨尔特马什（John Saltmarsh）对我的研究的热情，他总是知道该提什么问题来帮助我更清楚地思考我在寻找什么。琳达·艾森曼（Linda Eisenmann）是我在见面前仰慕已久的人，她是一名很棒的导师，也非常慷慨地把我介绍给其他历史学家。德怀特·贾尔斯（Dwight Giles）加深了我对变革的思考。我关于记录口述史所知的一切都来自萨娜·哈龙（Sana Haroon）的教导。我对方法和理论的理解很大程度上归功于杰拉尔多·布兰科（Gerardo Blanco）。对于鼓励这个项目并敦促我思考它的马萨诸塞大学波士顿分校的其他教员，我也充满感激：杰伊·迪伊（Jay Dee）、格伦·加伯德（Glenn Gabbard）、塔拉·帕克（Tara Parker）和卡塔林·塞莱尼（Katalin Szelényi）。没有马萨诸塞大学波士顿分校的泽尔达·加姆森奖金、博士论文研究经费项目和坎特旅行经费项目的财政支持，我无法完成我的研究。我也幸运地进入了最好的博士生团体。我深深感谢杰宁·库克（Jenene Cook）、约翰·德鲁（John Drew）、凯特·卡卢兹尼（Cate Kaluzny）、埃琳·凯利（Erin Kelley）、梅利莎·夸希（Melissa Quashie）和迈克·沃克（Mike Walker）提供的所有欢笑、智识挑战和友谊。

　　支持过这个项目的人和机构的名字还没列完。高等教育研究协会（Association for the Study of Higher Education，简称ASHE）和教育史社团（History of Education Society）对新学者的支持值得特别感谢。我很感激能在它们的会议上展示论文，也感激评论者和讨论者给出的有用反馈。赢得高等教育研究协会的博比·赖特年度论文奖是我最大的荣誉之一。我在马萨诸塞州高等教育部门的同事们棒极了，尤其要感谢凯蒂·埃布尔（Katy Abel）。阿曼达·米勒（Amanda Miller）对于此研究的早期贡献不可或缺，尼克·阿道夫（Nick Adolph）也慷慨地把我介绍给他特别棒的姨妈们。安娜·韦斯（Anna Weiss）从一开始就提供了支持和建议，也感谢我的表弟威尔·斯卡利特（Will Scarlett）指导我如何找代理人以及如何写图书提案。我不能遗漏波士顿语音转录服务的团队，他们始终保持专业，把我寄给他们一小时又一小时的采访转录成文字，我也不能忘记吉恩·博纳科尔西（Gene Buonaccorsi），他是我在社交网络国度的向导。

302

　　在写本书之前，我从不理解代理人实际上做的是什么。现在我懂了。我幸运地找到了劳丽·阿布克梅尔（Laurie Abkemeier），她提供了重要的编辑技能，教我出版流程，为我的利益考虑，总是用睿智的建议来回答一名新作者无休止的问题。我也无法给《耶鲁需要女性》找到一个比资料读物出版社（Sourcebooks）更好的家了，它是北美最大的女性所有的出版社。我的编辑安娜·米歇尔斯（Anna Michels）特别招人喜欢，她的问题和评论极大改进了我寄给她的草稿。我也很感激资料读物出版社的其他人，他们一路上提供了支持和专业技能，尤其要感谢玛格丽特·科菲（Margaret Coffee）、斯蒂夫·格克（Steve Geck）、利兹·凯尔什（Liz Kelsch）、迈克尔·莱亚利（Michael Leali）、莉齐·莱万多夫斯基（Lizzie Lewandowski）、埃琳·麦克拉里（Erin McClary）、斯特凡尼·斯洛马（Stefani Sloma）和凯蒂·施图茨（Katie Stutz）。

而没有我的朋友和家人，我会在哪里呢？如果说感激真的能让人快乐的话，那我肯定是一个快乐的女人。对于我的朋友在这个项目上给予的鼓励和帮助，我非常感激，他们包括：戴夫和萨莉·赫斯（Dave and Sally Hess）、戴维和金杰·肯德尔（David and Ginger Kendall）、帕特森·莱西（Patterson Lacy）、黑兹尔·米尔斯（Hazel Mills）、安·曼蒂尔（Ann Mantil）、韦尔斯·奥布雷赫特（Wells Obrecht）、科琳·皮尔斯（Colleen Pearce）、罗伊·鲁德尔曼（Roy Ruderman）、柯尔斯滕·施伦格尔（Kirsten Schlenger）和贝齐·威廉斯（Betsy Williams）。我了不起的家人也原谅了我的缺席，不停给予支持，从头至尾照顾我。感谢我的丈夫，里克·海伊（Rick High）；我们的孩子，莉莉（Lily）、罗比（Robby）和马克（Mac）；我妹妹，金尼·珀金斯（Ginny Perkins），还有我的母亲，安妮·斯卡利特·珀金斯（Anne Scarlett Perkins），还要感谢萨拉·布朗（Sarah Brown）、希拉里·伯金（Hilary Burgin）以及乔治和雪莉·斯卡利特（George and Shirley Scarlett）。当然，最后要谢谢里克的那么多杯热茶。没有他，我绝对跨不过终点线。

口述和采访

　　本书使用的口述史由五个人记录：作者外加另外四名早先的采访者。杰弗里·卡巴瑟维斯的口述史转录文本藏于耶鲁大学图书馆（YUL）的"格里斯沃尔德-布鲁斯特口述史项目"（RU217）。弗洛伦丝·明尼斯（Florence Minnis）的口述史转录文本藏于耶鲁大学图书馆的"记录耶鲁女性口述史"（RU1051）。乔尔·克里格（Joel Krieger）的采访转录文本藏于耶鲁大学图书馆编号 1983-A-108 的"'五一'集会和耶鲁藏品"（RU86）。

　　朱莉娅·皮姆斯勒的口述史录像带藏于耶鲁大学电影中心的"布拉布拉档案项目"。所有的作者采访都进行了转录，文本经过受访者的检查和认可。在多次采访和有后续邮件的情况下，使用的是第一次采访的时间。

受访者	性别	种族	角　色	采访者，时间
琼·奥苏贝尔 （Joan Ausubel）	女	白人	1973 届学生	作者，2016
乔尼·巴尼特 （Joni Barnett）	女	白人	体育行政 人员	皮姆斯勒，1990

（续表）

受访者	性别	种族	角　色	采访者，时间
朱迪丝·贝尔坎 (Judith Berkan)	女	白人	1971 届学生	作者，2017
德博拉·伯尼克 (Deborah Bernick)	女	白人	1972 届学生	作者，2016
琳达·毕晓普 (Linda Bishop)	女	白人	1973 届学生	皮姆斯勒，1990
约翰·布卢姆 (John Blum)	男	白人	教员	卡巴瑟维斯，1992
亨利·"萨姆"·昌西 (Henry "Sam" Chauncey)	男	白人	布鲁斯特的 顾问	作者，2014
卡萝尔·克赖斯特 (Carol Christ)	女	白人	研究生	作者，2017
英基·克拉克 (Inky Clark)	男	白人	招生主任	卡巴瑟维斯，1993
玛格丽特·库恩 (Margaret Coon)	女	白人	1973 届学生	作者，2018
雪莉·丹尼尔斯 (Shirley Daniels)	女	黑人	1972 届学生	作者，2017
琳达·达林 (Linda Darling)	女	黑人	1973 届学生	皮姆斯勒，1990
芭芭拉·戴恩哈特 (Barbara Deinhardt)	女	白人	1973 届学生	作者，2017
凯特·德里斯科尔·库恩 (Kate Driscoll Coon)	女	白人	1973 届学生	作者，2017
赫斯特·艾森斯坦 (Hester Eisenstein)	女	白人	教员	克里格，1971； 作者，2017
卡伊·埃里克松 (Kai Erikson)	男	白人	学院院长	卡巴瑟维斯，1992
乔纳森·范东 (Jonathan Fanton)	男	白人	布鲁斯特的 顾问	卡巴瑟维斯，1992
威廉·法利 (William Farley)	男	黑人	1972 届学生	卡巴瑟维斯，1991
玛吉·弗格森 (Margie Ferguson)	女	白人	研究生	作者，2017

（续表）

受访者	性别	种族	角　色	采访者，时间
凯特·菲尔德 （Kate Field）＊	女	白人	1973 届学生	作者，2017
艾尔弗雷德·菲特 （Alfred Fitt）	男	白人	布鲁斯特的顾问	卡巴瑟维斯，1991
芭芭拉·弗里德 （Barbara Fried）＊	女	白人	1973 届学生	作者，2017
康妮·格西克 （Connie Gersick）	女	白人	沃瑟曼的助手	作者，2016
汉娜·格雷（Hanna Gray）	女	白人	董事	卡巴瑟维斯，1991
卡罗琳·格里洛 （Carolyn Grillo）	女	白人	1974 届学生	作者，2018
贝齐·哈特曼 （Betsy Hartmann）	女	白人	1973 届学生	作者，2017
海迪·哈特曼 （Heidi Hartmann）	女	白人	研究生	作者，2018
林登·哈夫迈耶·怀斯 （Linden Havemeyer Wise）	女	白人	1974 届学生	作者，2018
亚历克·哈弗斯蒂克 （Alec Haverstick）	男	白人	1974 届学生	作者，2018
凯瑟琳·杰利 （Katharine Jelly）	女	白人	1971 届学生	作者，2017
布伦达·朱班 （Brenda Jubin）	女	白人	摩尔斯学院教学院长	作者，2017
卡罗琳·凯纳迪 （Carolyn Kenady）	女	白人	1974 届学生	作者，2018
普鲁登丝·莱布·古尔格雄 （Prudence Leib Gourguechon）	女	白人	1973 届学生	作者，2018
玛丽安·莱顿·利维 （Marian Leighton Levy）	女	白人	浪子唱片	作者，2018
史蒂文·利伯曼 （Steven Lieberman）	男	白人	1972 届学生	作者，2018
兰斯·利布曼 （Lance Liebman）	男	白人	耶鲁董事	作者，2018

（续表）

受访者	性别	种族	角色	采访者，时间
查尔斯·林德布卢姆 (Charles Lindblom)	男	白人	教员	卡巴瑟维斯，1991
丹尼丝·马耶·梅因 (Denise Maillet Main)	女	白人	1972 届学生	作者，2017
姬特·麦克卢尔 (Kit McClure) *	女	白人	1973 届学生	作者，2017
劳丽·米夫林 (Lawrie Mifflin)	女	白人	1973 届学生	皮姆斯勒，1990； 作者，2017
帕特里夏·明茨 (Patricia Mintz)	女	白人	1973 届学生	作者，2017
夏洛特·莫尔斯 (Charlotte Morse)	女	白人	教员	明尼斯，2008
汉克·默里 (Hank Murray)	男	白人	1971 届学生	作者，2017
丽贝卡·纽曼 (Rebecca Newman)	女	白人	1973 届学生	作者，2017
黛安娜·波兰 (Diane Polan)	女	白人	1973 届学生	皮姆斯勒，1990
伊芙·赖斯 (Eve Rice) *	女	白人	1973 届学生	作者，2017
埃德娜·罗斯托 (Edna Rostow)	女	白人	沃瑟曼的朋友	卡巴瑟维斯，1992
康斯坦丝·罗伊斯特 (Constance Royster)	女	黑人	1972 届学生	作者，2016
达利娅·鲁达夫斯基 (Dahlia Rudavsky) *	女	白人	1973 届学生	作者，2017
玛丽·鲁登 (Marie Rudden)	女	白人	1973 届学生	作者，2017
辛西娅·拉西特 (Cynthia Russett)	女	白人	教员	皮姆斯勒，1990
伯尼斯·桑德勒 (Bernice Sandler)	女	白人	第九条活动家	作者，2018
洛娜·萨雷尔 (Lorna Sarrel)	女	白人	性咨询服务工作人员	作者，2016

受访者	性别	种族	角 色	采访者，时间
菲利普·萨雷尔 (Philip Sarrel)	男	白人	性咨询服务 工作人员	作者，2016
库尔特·施莫克 (Kurt Schmoke)	男	黑人	1971 届学生	卡巴瑟维斯，1992； 作者，2016
达里娅尔·斯尼德 (Darial Sneed)	女	黑人	1973 届学生	皮姆斯勒，1990
阿维亚姆·索伊费尔 (Aviam Soifer)	男	白人	1969 届学生	卡巴瑟维斯，1991
埃米·所罗门 (Amy Solomon)	女	白人	1973 届学生	皮姆斯勒，1990
伊丽莎白·施潘 (Elizabeth Spahn)	女	白人	1972 届学生	作者，2017
卡萝尔·斯托里-约翰逊 (Carol Storey-Johnson)	女	黑人	1973 届学生	作者，2017
查尔斯·泰勒 (Charles Taylor)	男	白人	教务长	卡巴瑟维斯，1992
德博拉·特德福德 (Deborah Tedford)	女	白人	1972 届学生	作者，2016
莉迪娅·特莫肖克 (Lydia Temoshok)	女	白人	1972 届学生	作者，2017
伊丽莎白·托马斯·彼得森 (Elisabeth Thomas Peterson)	女	白人	助理教学 院长	作者，2016
克里斯蒂娜·特劳特 (Christine Traut)	女	白人	1973 届学生	皮姆斯勒，1990
约翰·特林考斯 (John Trinkaus)	男	白人	学院院长	卡巴瑟维斯，1992
特里西娅·滕斯托尔 (Tricia Tunstall)	女	白人	1974 届学生	作者，2018
埃尔加·沃瑟曼 (Elga Wasserman)	女	白人	男女同校 负责人	皮姆斯勒，1990； 卡巴瑟维斯，1992； 明尼斯，2007
杰奎琳·魏·明茨 (Jacqueline Wei Mintz)	女	亚裔	副教务长	作者，2016

（续表）

受访者	性别	种族	角　色	采访者，时间
薇拉·韦尔斯 （Vera Wells）	女	黑人	1971 届学生	作者，2017
约翰·威尔金森 （John Wilkinson）	男	白人	副教学院长	卡巴瑟维斯，1992； 作者，2016
苏珊·沃福德 （Susanne Wofford）	女	白人	1973 届学生	皮姆斯勒，1990
珍妮特·耶伦 （Janet Yellen）	女	白人	研究生	作者，2018
菲利普·扎德 （Philip Zaeder）	男	白人	副牧师	作者，2018

* 标注的是学生入学时对应的应届毕业年份。

注　释

档案资料

档案资料按照如下格式缩写：

字母 b 和 f 用来表示档案盒和文件夹。

手稿和档案馆藏以编码区分。

比如说，b1. f18. RU95 是教学院长记录，耶鲁学院，RU95，
文件夹 18 号，档案盒 1 号。第一次提到每个馆藏时包含名字
及登记号。

报纸、杂志和其他出版物

ER　　*Educational Record*《教育记录》

HC　　*Harvard Crimson* (student newspaper)

　　　《哈佛深红报》（学生报纸）

NHR　*New Haven Register*《纽黑文纪事报》

NJ　　*New Journal* (student magazine)《新期刊》（学生杂志）

NYT　*New York Times*《纽约时报》

OC   *Old Campus* (freshman face book)《老校区》(新生名册)

WP   *Washington Post*《华盛顿邮报》

YAM   *Yale Alumni Magazine*《耶鲁校友杂志》

YB   *Yale Banner* (yearbook)《耶鲁旗帜》(年鉴)

YDN   *Yale Daily News* (student newspaper)《耶鲁日报》(学生报纸)

所有耶鲁出版物的副本都存放于耶鲁大学图书馆、手稿和档案
馆。《耶鲁日报》也可以通过线上档案阅览。

口述和采访

口述和采访(缩写为 OH)只写姓氏。如果一个人接受过多次采
访,则包含采访年份。如可获得,则会提供采访转录文本页码,
比如,Wasserman OH (1992),7。完整引用格式见前一部分。

其他缩写

AHCC   Ad Hoc Committee on Coeducation 男女同校专门委员会

CC   Coeducation Committee 男女同校委员会

HSC   Human Sexuality Committee 人类性学委员会

OIR   Office of Institutional Research, Yale University
        耶鲁大学机构研究办公室

OUA   Office of Undergraduate Admissions, Yale University
        耶鲁大学本科招生办公室

WAC   Women's Advisory Council 女性顾问理事会

YFC   Yale Film Study Center 耶鲁电影研究中心

YNB   Yale News Bureau 耶鲁新闻局

YUL   Yale University Library, Manuscripts and Archives
        耶鲁大学图书馆、手稿和档案馆

序言

"flashpoints": Margaret A. Nash, "Thoughts on the History of Women's Education, Theories of Power, and This Volume: An Introduction," in *Women's Higher Education in the United States: New Historical Perspectives*, ed. Margaret A. Nash (New York: Palgrave Macmillan, 2018), 6.

"Don't screw it up": Royster OH.

01　二百六十八年的男校

Yale men were ready: On mixers, see "Conversations at a Yale Mixer," *YDN*, November 17, 1967; Pepper Schwartz and Janet Lever, "Fear and Loathing at a College Mixer," *Journal of Contemporary Ethnography* 4, no. 4 (1976): 413–431; Garry Trudeau, "Bull Tales" (comic strip), *YDN*, October 1968 to May 1970; Bernick OH; Gersick OH; Soifer OH, 16; Temoshok OH.

"white men in tweeds": Houston A. Baker, "On My First Acquaintance with Black Studies: A Yale Story," in *A Companion to African-American Studies*, ed. Lewis Gordon and Jane Gordon (Malden: Blackwell, 2006), 6.

Only two colleges in America: Noah Petersen and Mattie Clear, "100 Years of Coeducation at W&M," *William and Mary News and Media*, September 21, 2018, https://www.wm .edu/news/stories/2018/100-years-of-coeducation-at-wm.php; Helen Horowitz, "It's Complicated: 375 Years of Women at Harvard" (lecture, Cambridge, MA, April 23, 2012), https://www.radcliffe.harvard.edu/.

"piece of chattel": Bob Mascia, "Frosh Girls Least Preferred," *YDN*, September 23, 1969.

"Say, aren't you from California?": "Conversations," *YDN*, November 17, 1967.

"I know all about your room": "Conversations," *YDN*, November 17, 1967.

"Some girls that I've talked to": Douglas Derrer, "Making It at Yale," *YDN*, October 6, 1967.

Kingman Brewster Jr.: "The Ivy League," *Newsweek*, November 23, 1964; James Reston, "Washington: The Tragedy of the Republicans," *NYT*, June 12, 1966; Mitchel Levitas, "Present and Future of Kingman Brewster," *NYT*, February 12, 1967; "Universities: Anxiety behind the Façade," *Time*, June 23, 1967, 78–85; Geoffrey Kabaservice, *The Guardians: Kingman Brewster, His Circle, and the Rise of the Liberal Establishment* (New York: Henry Holt, 2004); Jerome Karabel, *The Chosen: The Hidden History of Admission and Exclusion at Harvard, Yale, and Princeton* (New York: Houghton Mifflin, 2005); Blum OH; Chauncey OH; Clark OH (May); Fanton OH; Lieberman OH; Schmoke OH (2016); Trinkaus OH.

determined to bring about change: Jeffrey Gordon, "Inky's Era," *YAM*, March 1970, 32–37; Karabel, *The Chosen*, 354; Thomas Meehannew, "The Yale Faculty Makes the Scene," *NYT*, February 7, 1971.

"King," his childhood nickname: Kabaservice, *The Guardians*, 36; Blum OH (February), 38; communication from George Pierson to Kingman Brewster, January 6, 1971, b22.f910, Office on the Education of Women, Yale University, Records (RU821), Accession 19ND-A-086, YUL (hereafter RU821A).

"an imposing figure": Farley OH, 8.

"Whatever 'it' is": Gray OH, 13.

"the assurance that came from": Blum OH (February), 7.

"a Yale man": John Back, Edward Coughlin, and Rudolph Kass, "Yale: For God, Country, and Success," *HC*, November 25, 1950.

"a very complex man": Schmoke OH (1992), 2.

"Next to myself": George Kannar, "SAB," *YDN*, February 4, 1969.

four thousand students rose: George Kannar, "Mass Meeting Splits Evenly on ROTC," *YDN*, May 2, 1969.

"Coeducation should now be": "Enter the 88th," editorial, *YDN*, January 26, 1966.

"Lanny beat the drums": "On the Advisability and Feasibility of Women at Yale," *YAM*, September/October 2009, https://yalealumnimagazine.com. See also Samuel Babbitt, "Coeducation Forum," *YDN*, May 5, 1966.

The News was one of the oldest: Jeff Greenfield, *No Peace, No Place: Excavations along the Generational Fault* (Garden City: Doubleday, 1973), 208; Levitas, "Present and Future of Kingman Brewster"; "Universities: Anxiety behind the Façade," 80.

25 percent…to 60 percent: Claudia Goldin and Lawrence Katz, "Putting the Co in Education: Timing, Reasons, and Consequences of College Coeducation from 1835 to the Present" (working paper no.16281, National Bureau of Economic Research, August 2010), 11.

Harvard president Charles Eliot: Thomas Woody, *A History of Women's Education in the United States* (New York: Science Press, 1929), 304–312.

the list of U.S. colleges: Anne G. Perkins, "Unescorted Guests: Yale's First Women Undergraduates and the Quest for Equity" (PhD diss., UMass Boston, May 2018), appendix A.

"In the minds of many": Wasserman, "Coeducation Comes," 143.

He was…its president: Kingman Brewster, *The Report of the President*, September 1968, b575.f5, Records (RU11), Series V, YUL (hereafter, RU11-V), 12.

"the faculty adored him": Blum OH (March), 23.

he had awarded King: "Thousands View 263rd Commencement," *YDN*, April 13, 1964.

students at Trinity College: Peter Knapp and Anne Knapp, *Trinity College in the Twentieth Century: A History* (Hartford: Trinity College, 2000), 341–353.

more than two hundred students: Karabel, *The Chosen*, 389.

two central questions: Brewster, *Report of the President*, 1.

The growing women's movement: Ruth Rosen, *The World Split Open: How the Modern Women's Movement Changed America* (New York: Penguin, 2000); Sarah M. Evans, "Sons, Daughters, and Patriarchy: Gender and the 1968 Generation," *American Historical Review* 114, no. 2 (2009): 331–347.

Derek Shearer: Shearer's emails to author, September 21, 2017, and October 28, 2018.

Yale students and their views: "The Coeducation White Paper," *YDN*, October 31, 1968; "It's Not about Home Economics: Q&A with Avi Soifer," *YAM*, September 8, 2009; Mark Zanger, "Women Now. Talk Later," *YDN*, October 4, 1969.

prep school boys who had long formed the majority: Gordon, "Inky's Era," 32–37.

"Complete and immediate coeducation": Kannar, "SAB."

"Kingman was not comfortable": Chauncey OH, emphasis in original. On Chauncey's relationship with Brewster, see Wilkinson OH; Fanton OH, 47; Greenfield, *No Peace, No Place,* 204.

"believed in change": Chauncey OH.

Mary Louise Phillips: Kabaservice, *The Guardians,* 88–89; "Mary Phillips Engaged," *NYT,* January 25, 1942.

"Kingman knew girls": Wilkinson OH.

"widely viewed as the training grounds": Karabel, *The Chosen,* 18.

"We are a national institution": Joseph Soares, *The Power of Privilege: Yale and America's Elite Colleges* (Stanford: Stanford University Press, 2007), 82.

"make the hunchy judgment": communication from Brewster to John Muyskens, March 15, 1967, b1.f8.RU821A.

all fifty of the state governors: Center for Women in American Politics, "History of Women Governors," 2019, https://www.cawp.rutgers.edu/history-women-governors; and "History of Women in the US Congress," 2019, https://www.cawp.rutgers.edu/history-women-us-congress.

the possibility of a sister school: Michael Rosenhouse and Avi Soifer, "Vassar Turns Down Merger; Yale May Start Girls' School," *YDN,* November 21, 1967.

$30 million: Ray Warman, "$30 Million Needed to Adopt Coed Plan," *YDN,* September 30, 1968.

"Please, Mr. Brewster": Kannar, "SAB."

2 tenured women: Mary B. Arnstein, *Coeducation 1972–73,* July 1973, b1.f5.RU821, Accession 2006-A-213 (hereafter RU821B), appendix VI, table 6.

Just 4 percent: Ann Sutherland Harris, "The Second Sex in Academe," *AAUP Bulletin* 56, no. 3 (September 1970): 290. See also U. of Michigan, "Trailblazing Women," 2019, http://umich.edu/~whimse/bckgd.html; U. of California, "The university should admit women," 2019, https://150.berkeley.edu/

Invisible is the word: Janet Lever and Pepper Schwartz, *Women at Yale: Liberating a College Campus* (Indianapolis: Bobbs-Merrill, 1971), 1.

less than 10 percent: YNB, "Press Release #316," April 13, 1969, b1.f5.RU821B.

Yale's treatment of women: Charles Hillinger, "For the Athlete, It's a Bit of Heaven," *Los Angeles Times,* December 30, 1985; "Gym to Go Coed," *YDN,* February 13, 1969; Jeffrey Gordon and Eric Rosenberg, "Wasserman Heads Coed Office," *YDN,* November 21, 1968; Christ OH; Jubin OH; Russett OH; Lorna Sarrel OH. The Elizabethan Club changed its rules on women in 1969.

discrimination against women: Bernice Sandler, "Title IX: How We Got It and What a Difference It Made," *Cleveland State Law Review* 55, no. 4 (2007): 475; Reed v. Reed, 404 U.S. 71 (1971).

"Speaking strictly": Karabel, *The Chosen,* 420.

The numbers did not look good: OUA, "Yield Figures—Classes of 1967–1976," September 25, 1972, b1.f15.RU821A, table I; Jeffrey Gordon, "Pressures on Admissions," *YDN,* April 4, 1969; Karabel, *The Chosen,* 416.

"vital to Princeton's future": Gardner Patterson, "The Education of Women at Princeton," *Princeton Alumni Weekly* 69, no. 1 (1968): 21, b1.f4.RU821B, 6.

a second choice to Yale: Karabel, *The Chosen,* 420.

"sense of competitive rivalry": YNB, "Press Release #158," November 14, 1968, b258.f5.RU11, Series II (hereafter RU-II).

"loss of first-rate students": Kingman Brewster, "Higher Education for Women at Yale," September 23, 1968, b10.f107, Yale College Records Concerning the Education of Women (RU578), Accession 1988-A-009, YUL (hereafter RU578A).

1,500 students: Brewster, "Higher Education for Women."

$575 million: "Universities in Ferment," *Newsweek,* June 15, 1970, 70.

"It was a bogus issue": Clark OH (May), 29.

"So Where Are the Women?": "So Where Are the Women?," *YDN,* September 23, 1968.

"Women Now. Talk Later": Zanger, "Women Now. Talk Later."

Avi Soifer: Soifer OH, 1, 16–17; Avi Soifer, "Vassar Study Committee Appointed by Brewster," *YDN,* January 25, 1967.

"Coeducation Week": Avi Soifer, "Coed Week: A Response," *YDN,* October 23, 1968; "Coed Events," *YDN,* November 4, 1968; William Borders, "Elie Joins Eli for Coeducation Week at Yale," *NYT,* November 5, 1968; John Coots, "Yale Coeds Register," *YDN,* November 5, 1968; Chauncey OH; Soifer OH, 5–20; Soifer email to author, September 19, 2017.

"under more natural conditions": Soifer, "Coed Week."

"we may go ahead anyway": Soifer OH, 12.

"All over the campus": Jody Adams, "I, a Yale Coed," *HC,* December 2, 1968.

"Women are people too": "It's Not about Home Economics."

"All of them consisted": Jody Adams, "Fortas Flicks Excite Coed Week Audience," *YDN,* November 5, 1968; Laura Kalman, *Yale Law School and the Sixties* (Chapel Hill: University of North Carolina Press, 2005), 194.

"There I was at Yale": Adams, "I, a Yale Coed."

"Give us a date!": Jeffrey Stern, "Coed Rally Meets Brewster at Home," *YDN,* November 7, 1968.

"a very smart political act": Trinkaus OH, 32.

Brewster called a meeting: Jeff Gordon, "On Coeducation: Hold Secret Parley," *YDN,* November 8, 1968.

"the quality of admission at Yale": Karabel, *The Chosen,* 418. On Corporation meeting, see YNB, "Press Release #158"; Taylor OH, 59.

200:1 in favor: Ray Warman, "Brewster Offers Coeducation Plan," *YDN,* November 15, 1968.

George Pierson: Kabaservice, *The Guardians,* 191.

"Yale Going Coed": William Borders, "Yale Going Coed," *NYT,* November 15, 1968.

"This is a crash program": Warman, "Brewster Offers Coeducation."

eight hundred letters…four thousand applied: William Borders, "Yale Beseiged by Female Applicants," *NYT,* November 24, 1968; Nancy Weiss Malkiel, *"Keep the Damned Women Out": The Struggle for Coeducation* (Princeton: Princeton University Press, 2016), 139.

"with the least disruption": Planning Committee on Coeducation, "Plans for Housing Women at Yale for 1969–70," January 31, 1969, b22.f908.RU821A.

02　女超人

Kit McClure: McClure OH; *OC Class of 1973* (New Haven: Yale Banner Publications, 1969); "Passaic Valley Regional Yearbooks," Little Falls Public Library, 1969, https://www .littlefallslibrary.org/pvyearbooks.asp.

Shirley Daniels: Daniels OH; Edward Gellman, ed., *Transfers 1972: A Supplement to the OC Volume XXV* (New Haven: Yale Banner Publications, 1969); *The 1972 YB* (New Haven: Yale Banner Publications, 1972).

"Why don't you apply?": Daniels OH.

Connie Royster: Royster OH; *Transfers 1972; The 1972 YB;* "Black Pioneer Motley Remembered at Yale Law School," *NHR,* December 14, 2005; "Eunice Royster," obituary, *NHR,* October 5, 2014; "Miss Royster Is Trustee of Wykeham Rise," *NHR,* August 10, 1969.

Betty Spahn: Spahn OH; *Transfers 1972;* Todd Tubutis, "Park Forest, IL," *Encyclopedia of Chicago,* 2005, http://www.encyclopedia.chicagohistory.org; Zillow, "Homes for Sale," 201 Blackhawk Drive, Park Forest, IL, https://www.zillow.com/.

"Dear Miss Spahn": communication from John Muyskens to women transfer students, March 6, 1969, in author's possession with thanks to Connie Royster.

an eleven-page article: Jonathan Lear, "The Great Admissions Sweepstakes: How Yale Selected Her First Coeds," *NYT,* April 13, 1969.

"the female versions...superwomen": Lear, "The Great Admissions Sweepstakes."

"one of those superwomen": Anonymous, "No Easy Answers," in *Fresh Women: Reflections on Coeducation and Life after Yale, 1969, 1989, 2009,* ed. Pamela Geismar, Eve Hart Rice, and Joan O'Meara Winant (self-pub., Yale Printing and Publishing Services, 2010), 105. See also Barbara Deinhardt, "'Mother of Men'?," in *Women in Higher Education,* ed. W. Todd Furniss and Patricia A. Graham (Washington, DC: American Council on Education, 1974), 66–69; Kate Driscoll Coon, "Rich Soil, Messy Stuff," in *Fresh Women,* 43; Havemeyer Wise OH; Marie Rudden, "A Woman's Place," in *Fresh Women,* 47.

Lawrie Mifflin: Mifflin OH (2017); *OC Class of 1973; The 1973 YB* (New Haven: Yale Banner Publications, 1973); Zillow, "Homes for Sale," 419 Drew Avenue, Swarthmore, PA, https://www.zillow.com/.

"Yale University announces": *The 1971 YB* (New Haven: Yale Banner Publications, 1971), 122.

The acceptances: Edward Gellman, ed., *Transfers 1971: A Supplement to the OC Volume XXIV* (New Haven: Yale Banner Publications, 1969); *Transfers 1972; OC Class of 1973.*

"We can't afford this": McClure OH.

one in twelve: Dartmouth College, *An Analysis of the Impact of Coeducation at Princeton and Yale Universities* (New York: Cresap, McCormick, and Paget, November 1971), D.C. Hist LC1601.A53 1971, v–4.

Even among alumni kids: Dartmouth College, *An Analysis of the Impact.*

"Ever since you've been two": "Coeds on Coeducation: A Discussion," *YAM,* April 1970, 34, italics in
    original. See also Bernick OH; Daniels OH; Jelly OH; Royster OH; Spahn OH; Tedford
    OH; Temoshok OH; Wells OH.

"Yale! Yale! My daughter's going": Daniels OH.

"a kind of reclaiming": Royster OH.

firing off memos: communication from Wasserman to Beach, September 2, 1969, b19.f888.
    RU821B; communication from Wasserman to Brewster, September 4, 1969, b1.f13.
    RU821A. Sections in italics are paraphrased.

Deans of women: Robert Schwartz, "Reconceptualizing the Leadership Roles of Women in
    Higher Education: A Brief History on the Importance of Deans of Women," *Journal of
    Higher Education* 68, no. 5 (September/October 1997): 517.

Ninety-five percent: Ruth M. Oltman, "Campus 1970: Where Do Women Stand?" (Washington,
    DC: American Association of University Women, January 1970), 14.

"The higher the fewer": Ann Sutherland Harris, "The Second Sex in Academe," *AAUP Bulletin*
    56, no. 3 (September 1970): 284.

"You son of a bitch": Chauncey OH.

Brewster wanted a woman…inside of Yale: Chauncey OH. For a list of Brewster's hires who were Yale
    alumni, see Anne G. Perkins, "Unescorted Guests: Yale's First Women Undergraduates and
    the Quest for Equity" (PhD diss., UMass Boston, May 2018), 263, table 5.

fifty-three of Yale's top fifty-four: "Offices of Administration," *Yale University Catalogue 1968–69,*
    b4.f1, Yale University Corporation Records (RU164), Accession 1994-A-077.

Elga Wasserman: Wasserman OH (1990, 1992, 2007); "In Memoriam: Elga R. Wasserman," *YaleNews,*
    November 14, 2014, https://news.yale.edu/; Rebecca Davis, "Elga Ruth Wasserman," Jewish
    Women's Archive, March 2009, http://jwa.org/encyclopedia/article/wasserman-elga-ruth.

"a housewife": "Elga Wasserman to Head Planning for Coeducation," *YAM,* December 1968.

"sort of the ornaments": Wasserman OH (1992), 2.

"I don't think he knew": Wasserman OH (2007), 54.

"It was an hour and twenty-five minutes": Bernick OH.

575 women undergraduates: OUA, "Female Enrollment to Date," August 27, 1970, b1.f10.RU821A.

the racial and ethnic diversity: For black women students, see communication from John Muyskens
    to Elga Wasserman, June 8, 1970, b1.f.10.RU821A. Yale did not count the numbers of
    Asian and Latina students until 1971. I identified them through membership in the Asian
    American, Chicana, or Puerto Rican student group and/or last name.

"Oh, you're a Yale woman!": Wasserman OH (1990), emphasis in original. See also Anonymous, "No
    Easy Answers," in *Fresh Women,* 105; Darling OH; Betsy Hartmann OH; Wofford OH.

Few…would have described themselves: Darling OH; Deinhardt OH; Virginia Dominguez, "Scholar of
    the House," in *Fresh Women,* 33; Gersick OH; Jelly OH; Rudden, "A Woman's Place," 50;
    Russett OH; Sneed OH; Solomon OH; Spahn OH; Tedford OH; Traut OH; Wei Mintz
    OH; Wofford OH.

"Most people didn't experience": Julian Barnes, *The Sense of an Ending* (New York: Vintage International, 2012), 41.

She and Sam Chauncey: communication from George Langdon to Kingman Brewster, Charles Taylor, Elga Wasserman, and Sam Chauncey, February 25, 1969, b1.f13.RU821B; Chauncey OH; Wasserman OH (2007), 58.

two ground rules: communication from Kingman Brewster to residential college masters, November 18, 1968, b258.f6.RU11-II; Wasserman OH (1990).

Yale's twelve residential colleges: Lucy Eddy, "No Ruffles and Lace for Girls at Yale," *Hartford Courant*, November 30, 1969, b58.f388, Records (RU19), Series II, YUL (hereafter RU19-II); Havemeyer Wise OH; Janet Lever and Pepper Schwartz, *Women at Yale: Liberating a College Campus* (Indianapolis: Bobbs-Merrill, 1971), 1–71; Rudavsky OH; Temoshok OH; Elga Wasserman, "Coeducation Comes to Yale College," *ER* 51, no. 2 (Spring 1970): 145; Wilkinson OH (1992), 11; "Yale University Undergraduate Regulations," 1969, b8.f1048, Records of Elisabeth M. Thomas, Assistant Dean of Yale College (RU575), Accession 1988-A-001, YUL (hereafter, RU575), 24.

"a small isolated minority": communication from Brewster to residential college masters, November 18, 1968.

"to prevent a spring riot": Tim Bates, "Yale or Male?," *YDN*, February 13, 1969.

Wasserman fought the decision: Wasserman OH (2007), 59.

"at least 1,500": communication from Wasserman to women of the Yale College classes of 1973, 1972, and 1971, August 1969, b22.f908.RU821A.

"There was something hard-edged": Grillo OH. See also Ferguson OH.

"a really brilliant gal": Lear, "The Great Admissions Sweepstakes."

"strident" or "aggressive" or "difficult": Wasserman OH (1992), 28, 64; Chauncey OH; Wilkinson OH.

"safe middle ground": Wasserman OH (2007), 64.

Yale could be a leader: Elga Wasserman, "Proposal for Meeting the Special Needs of Women Students in a Coeducational Institution," October 29, 1969, b10.f154, Yale College Records of the Dean (RU126), Accession 1980-A-017, YUL (hereafter RU126).

"an insane title": Wasserman OH (2007), 60.

"Associate Dean of Yale College": communication from Wasserman to Brewster, May 12, 1969, b1.f13.RU821B.

Brewster said no: Wasserman OH (1992), 33; Rachel Donadio, "Interview with Elga Wasserman," in *Different Voices: A Journal Commemorating 25 Years of Coeducation at Yale College*, ed. Rachel Donadio (New Haven: Yale University Press, 1995), 22.

Out in the Vanderbilt courtyard: Paul Taylor, "Yale Officially Begins Era of Coeducation," *YDN*, September 15, 1969; Laurie Frank, "Second Thoughts on Being 'First,'" *Baltimore Sun*, September 8, 1995.

"Oh! I lived here": Presca Ahn, *Arrival: Women at Yale College*, video, 24:11, posted on July 26, 2010, https://vimeo.com/13664639.

the $3,600 it cost: "Yale University Undergraduate Regulations," 1969, b8.f1048.RU575, 29. The MSRP price of a VW Beetle was $1,699. See Adclassix.com, "1968 Volkswagen Beetle," 2016, http://www.adclassix.com/ads/68vwbeetlelivebelow.htm.

nearly five thousand women: Elga Wasserman, *Coeducation 1969–1970*, November 1970, b1.f5. RU821B (hereafter *CC Report 1970*), appendix A, chart 1.

long-standing anti-Semitism: Clark OH (April), 37; Jerome Karabel, *The Chosen: The Hidden History of Admission and Exclusion at Harvard, Yale, and Princeton* (New York: Houghton Mifflin, 2005), 1, 110–115; Dan Oren, *Joining the Club: A History of Jews and Yale* (New Haven: Yale University Press, 1985), 196; Wilkinson OH (1992), 17–18.

"fine citizens": Karabel, *The Chosen*, 135, 366.

"a source of personality disorder": Lindblom OH, 15.

Yale's admissions process: communication from R. Inslee Clark to members of the Committee on Admission, February 18, 1970, b1.f5.RU821A; communication from Bob Sternberg to Sam Chauncey, September 3, 1971, b1.f8.RU821A; Admissions Office Annual Report, 1971–1972, b3.f113, Secretary's Office, Yale University, Records (RU52), Accession 1978-A-008, YUL (hereafter RU52B), table 6; Chauncey OH.

"no point in taking a timid woman": Chauncey OH.

03 千名男领袖

field hockey: Mifflin OH (1990, 2017); Lawrie Mifflin, "The Two B's," in *Fresh Women: Reflections on Coeducation and Life after Yale, 1969, 1989, 2009*, ed. Pamela Geismar, Eve Hart Rice, and Joan O'Meara Winant (self-pub., Yale Printing and Publishing Services, 2010), 76–81; Lawrie Mifflin, "Women's Sports," *The 1973 YB* (New Haven: Yale Banner Publications, 1973), 59–75; "On the Advisability," *YAM*, September/October 2009, https://yalealumnimagazine.com. Field hockey accounts throughout the book are based on these five sources.

"Being a member of a team": Liz Farquhar and Kaitlin Miller, "Constance Applebee: 'The Apple' Stands Alone," *NCAA Field Hockey*, April 25, 2013.

Yale's orientation week: "Calendar for the Opening Days of the College: Class of 1973," September 15, 1969, b31.f998.RU821A.

"Where do I sign up": Mifflin OH (1990).

Athletic girls…a few options: Barnett OH; Rudden OH; communication from James Brandi to Elga Wasserman, April 1, 1969, b24.f927.RU821A; communication from Bruce Volpe to Elga Wasserman, February 18, 1969, b24.f927.RU821A; Christopher Luce, "Cheerleaders Elect Four Yale Women," *YDN*, September 26, 1969.

"We don't want rah-rah": Jeffrey Gordon, "Coed Cheerleading Hits Snag," *YDN*, September 23, 1969.

The Yale Daily News: "Attention Women!," *YDN*, September 18, 1969; author review of *YDN* bylines, September 1969 to May 1970.

"an inferior sound": Thomas Linden, "Militant Yale Coeds Irk 'Blues,'" *The Spokesman Review*, March 2, 1970. See also Darling OH; Rachael Nevins, "Old Blue for Girls: Women's Singing Groups," in *Different Voices: A Journal Commemorating 25 Years of Coeducation at Yale College*, ed. Rachel Donadio (New Haven: Yale University Press, 1995), 46; Anonymous, "Being a Yale Man," in *Fresh Women*, 85; Danielle Ward-Griffen, "Reforming Old Blue: Female Voices, Coeducation at Yale, and the New Blue," *Yale A Cappella Project*, 2012, http://yaleacappellaproject.wordpress.com/.

Not all student organizations: Royster OH; communication from Alan Mandl to Elga Wasserman, February 14, 1969; Doug Grimes, February 19, 1969; communication from Joseph Golden to Wasserman, March 8, 1969; communication from Alan Vomacka to Wasserman, April 13, 1969. All communications in b24.f927.RU821A.

Girls were still barred: *The 1970 YB* (New Haven: Yale Banner Publications, 1970), 102–103; communication from John Wilkinson to Elga Wasserman, October 14, 1970, b24. f927.RU821A; Barnett OH; Mifflin, "Women's Sports," 62–63.

"Sounds OK": communication from Wasserman to Chauncey, January 20, 1969, b24.f927. RU821A. See also communication from Chauncey to Keith Wilson, January 15, 1969, b24.f927.RU821A.

"Pressure should not": CC minutes, February 14, 1969, b10.f152.RU126.

"Damn it": "On the Advisability."

"Anybody want to play": Mifflin OH (2017).

"I must do this": "On the Advisability."

"Doing what you're told": Farquhar and Miller, "Constance Applebee."

For $3.95: communication from Isaac A. Yedid to class of 1973, April 9, 1969, b8.f1044.RU575; *OC Class of 1973* (New Haven: Yale Banner Publications, 1969).

"I think every man": Courtney Pannell, "Forty Years of Women at Yale," *YDN*, September 21, 2009. See also Driscoll Coon OH; Anonymous, "No Easy Answers," in *Fresh Women*, 104.

"Pardon me": "Coeds on Coeducation: A Discussion," *YAM*, April 1970, 37.

"268 years of celibacy": Paul Taylor, "Yale Officially Begins Era of Coeducation," *YDN*, September 15, 1969.

The sexual revolution: "Sex and Change," *Time*, March 20, 1972, 57; Susan Douglas, *Where the Girls Are: Growing Up Female with the Mass Media* (New York: Random House, 1995), 65; Sarah M. Evans, "Sons, Daughters, and Patriarchy: Gender and the 1968 Generation," *American Historical Review* 114, no. 2 (2009): 332–343; Ruth Rosen, *The World Split Open: How the Modern Women's Movement Changed America* (New York: Penguin, 2000), 51; Bernick OH; Betsy Hartmann OH; Temoshok OH.

girls at Yale "will have to obey": Jonathan Lear, "The Great Admissions Sweepstakes: How Yale Selected Her First Coeds," *NYT*, April 13, 1969. See also communication from Robert Cavanaugh to Henry Chauncey, November 21, 1967, b32.f1001.RU821A; Student Advisory Board, "Report on Parietal Restrictions," January 24, 1968, b32.f1001.

RU821A; Kelly C. Sartorius, *Deans of Women and the Feminist Movement: Emily Taylor's Activism* (New York: Palgrave Macmillan, 2014), 79–89.

offenses that were "of particular concern": Elisabeth M. Thomas, "Yale University Undergraduate Regulations," 1969, b8.f1048, RU575, 17. See also Yale College Dean's Office, "Yale College Visiting Hours," sign, Fall 1969, b32.f1001.RU821A.

No one enforced: Darling OH; Havemeyer Wise OH; Janet Lever and Pepper Schwartz, *Women at Yale: Liberating a College Campus* (Indianapolis: Bobbs-Merrill, 1971), 172–173; Sneed OH.

"Yale is a contemporary urban university": communication from Wasserman to parents of women of the Yale College classes of 1973, 1972, and 1971, August 1969, b22.f908.RU821A. See also Wasserman OH (1990).

birth control...was illegal: While *Griswold v. Connecticut* (381 US 479 [1965]) overturned Connecticut's ban on contraception for married couples, the ban on contraception for unmarried couples remained in place until *Eisenstadt v. Baird* (405 US 438 [1972]).

a sort of gentlemen's pact: "Connecticut Drinking Age," *NYT*, August 31, 1985; Abele v. Markle, 342 F. Supp. 800 (D. Conn. 1972); Houston A. Baker, "On My First Acquaintance with Black Studies: A Yale Story," in *A Companion to African-American Studies*, ed. Lewis Gordon and Jane Gordon (Malden: Blackwell, 2006), 7; Bernick OH; Chauncey OH; Betsy Hartmann OH; Rice OH; Phil Sarrel OH; Tedford OH.

"woman as princess": Wasserman OH (1990).

Philip Sarrel: Eleni Skevas and Eric Rosenberg, "DUH's New Gynecology Duo Discuss Sex Counseling Role," *YDN*, October 3, 1969, b2.f1, Philip M. and Lorna Sarrel Papers (MS 1922), YUL (hereafter MS1922); Judy Klemesrud, "Yale Students Have Own 'Masters and Johnson,'" *NYT*, April 28, 1971; Chauncey OH; Phil Sarrel OH; Lorna Sarrel OH.

"I don't come alone": Phil Sarrel OH.

No other college in the nation: Ruth M. Oltman, "Campus 1970: Where Do Women Stand?" (Washington, DC: American Association of University Women, January 1970), 11; John Hildebrand, "Casualties of Sexual Revolution," *Newsday*, March 20, 1980, b2.f1. MS1922; Zara Kessler, "Glorious. Consensual. Safe," *YDN*, January 26, 2012.

Arnstein...widely respected: Chauncey OH; Phil Sarrel OH.

"a whole anxious thing": Lorna Sarrel OH. See also Klemesrud, "Yale Students Have Own 'Masters and Johnson'"; CC minutes, February 14, 1969.

"What's going to happen": Lorna Sarrel OH. On pregnancies at other coed colleges, see CC minutes, October 10, 1969, b1.f7.RU575.

The committee voted to approve: CC minutes, February 14, 1969.

"You are urged": communication from John Wilkinson to women undergraduates, September 17, 1969, b31.f998.RU821A.

"present and future plans": communication from John Wilkinson to women undergraduates.

"very scary": Bishop OH. See also Skevas and Rosenberg, "DUH's New Gynecology Duo."

75 percent...were virgins: Philip M. Sarrel and Lorna J. Sarrel, "A Sex Counseling Service for College Students," report, 1970, b33.f1010.RU821A, 4.

as was half: Student Committee on Human Sexuality, *Sex and the Yale Student,* September 1970, b33.f1010.RU821A, 7.

"it was the dawn": Temoshok OH, emphasis in original.

"I was being very cool": Traut OH.

September 18: OC Class of 1973. All academic calendar dates in this book come from the calendars printed in the *OC* for the respective year.

"Hello, lady and gentlemen": Sneed OH.

87 percent...were men: CC Report 1970, appendix A, chart 1. On the hardships caused by women students' token status, see also Joseph Treaster, "Coeds Find Life at Yale Falls Short of Expectations," *NYT,* April 14, 1970; Deinhardt OH; Polan OH; WAC minutes, February 2, 1972, b35.f1035.RU821A; Wofford OH.

"The worst part": Traut OH. See also Dartmouth College, *An Analysis of the Impact of Coeducation at Princeton and Yale Universities* (New York: Cresap, McCormick, and Paget, November 1971), II-3; Elizabeth Davis, "Changing Identities: When Yale's 'First' Women Arrived," *YAM,* October 1979, 23; Ellen Keniston, "Eight Views (of a Phenomenon in Progress)," *YAM,* April 1970, 39; Tedford OH; "The Vanguard: Five of the First Coeds," *YAM,* October 1979, 24–27.

"the most precious right": Alice Miskimin, "Eight Views," *YAM,* 41.

"Everybody knew": Maillet Main OH.

The dining hall: Newman OH.

"a thousand male leaders": Tora Linden, "Students Discuss Coeducation at Silliman College Teach-In," *YDN,* November 7, 1968; see also Coed Week flier, November 8, 1968, b4.fWomen, May Day Rally and Yale Collection (RU86), Accession 1971-A-004, YUL (hereafter RU86A); Jeffrey Gordon, "Pressures on Admissions," *YDN,* April 4, 1969.

Kingman Brewster denied...every woman...assumed: Coeducation: The Year They Liberated Yale, directed by John Kennedy (New Haven: Yale Office of Public Information, YFC, 1970), DVD; Pamela Geismar, "Making Yale Less Male," in *Fresh Women,* 26; Grillo OH; Havemeyer Wise OH; Anonymous, "In a Man's World," in *Fresh Women,* 91; Leib Gourguechon OH; Polan OH; Rice OH.

"I remember that": Betsy Hartmann OH.

"and two hundred concubines": Ausubel OH.

the only one there: Anonymous, "Coming Back to Yale," in *Fresh Women,* 71; Lisa Getman, "From Conestoga to Career," in *Women in Higher Education,* ed. W. Todd Furniss and Patricia A. Graham (Washington, DC: American Council on Education, 1974), 65; Sneed OH.

the weight of proving: Virginia Dominguez, "Scholar of the House," in *Fresh Women,* 32; Maillet Main OH; Tedford OH.

"Not bad for a woman": "Coeducation Inside and Out," *YAM,* April 1970, 36.

as if the furniture: Anonymous, "Coming Back to Yale," in *Fresh Women,* 71. See also Dartmouth, *An Analysis of the Impact,* II-3.

"what is the woman's point of view": Chauncey OH. See also "Coeds on Coeducation," 35; Rachel
    Donadio, "Interview with Elga Wasserman," in *Different Voices*, 24; Newman OH; Rudavsky
    OH; Tedford OH; Wasserman OH (1990); Wofford OH.

most of the women had thought: Christa Hansen, "The Yale Experience," OIR Report 73R008,
    May 12, 1973, b2.f27.RU 173, Accession 1980-A-014, YUL.

"the smart girl": Rice OH. See also Tedford OH.

"Without fail": Lucy Eddy, "No Ruffles and Lace for Girls at Yale," *Hartford Courant*, November
    30, 1969, b58.f388, RU19-II.

"an uncomfortable sense": Tedford OH.

"We do have the best girls": Lever and Schwartz, *Women at Yale*, 76.

"too quickly, too purposively": Davis, "Changing Identities," 23.

"How are you doing?": Royster OH.

"always been friends": Spahn OH.

a bursary job: Maillet Main OH; Marie Rudden, "A Woman's Place," in *Fresh Women*, 46; Wilkinson
    OH.

"I want to see you": Spahn OH.

"participatory democracy": Tom Warren, "Brewster Closes the Door on Participatory Democracy,"
    YDN, September 26, 1969. See also John Darnton, "Yale Head Suggests a Limit to His
    Term," *NYT*, September 25, 1969.

64 percent of the men: OUA, "Yield Figures—Classes of 1967–1976," September 25, 1972, b1.f15.
    RU821A, table I. See also Kingman Brewster, *Yale University 1969–1970: Report of the
    President*, b580.f3.RU11-V, in which Brewster makes no mention of coeducation in his
    goals for the upcoming year.

"I could walk for blocks": Getman, "From Conestoga to Career," 63.

"It is virtually impossible": Lucy L. Eddy, "In the Blue: A Freshman Coed's Account of Her First Yale
    Year," *YAM*, April 1970, 25.

"The structure is…like living in a hotel": communication from Seymour Lustman to Wasserman,
    November 17, 1969, b258.f7.RU11-II. See also Wasserman's compilation of the
    comments that students made on their anonymous questionnaires: "Comments Taken
    from Transfer Questionnaire," November 21, 1969, b1.f5.RU821B; Bernick OH;
    Mintz OH; Polan OH; Rudden OH.

"If you didn't find a really close…friend": Mifflin OH (1990). See also Anonymous, "Being a
    Yale Man," 84; Bishop OH; CC minutes, November 14, 1969, b1.f7.RU575; "Coed
    Survey," *YDN*, November 17, 1969; Jelly OH; Michael Knight, "Yale's First Full Class
    of Women," *NYT*, June 3, 1973; Anonymous, "No Easy Answers," in *Fresh Women*,
    106; Traut OH; Wasserman OH (1990); Wofford OH.

"antiwoman conditioning": Robin Alden, "First Outpourings Thinking about Yale" (unpublished
    essay, spring 1971), b1.f9.RU821B.

"Yale men see nothing wrong": Eddy, "In the Blue," 25.

"How is your daughter doing?": Coeducation: The Year.

black women were separated: OC Class of 1973; Edward Gellman, ed., *Transfers 1972: A Supplement to the OC Volume XXV* (New Haven: Yale Banner Publications, 1969); Edward Gellman, ed., *Transfers 1971: A Supplement to the OC Volume XXIV* (New Haven: Yale Banner Publications, 1969).

"There are <u>no</u> black women": Student Survey response, November 1969, b19.f889.RU821A, underline in original.

"the House": Wells OH. See also Pannell, "Forty Years of Women."

"It was a homey atmosphere": Wells OH. See also Pannell, "Forty Years of Women."

"It was a place where blacks": Daniels OH.

Black students…in sparse numbers: "Who Was the First African American Student at Yale?," *YAM*, May/June 2014; Joseph Soares, *The Power of Privilege: Yale and America's Elite Colleges* (Stanford: Stanford University Press, 2007), 112; Jerome Karabel, *The Chosen: The Hidden History of Admission and Exclusion at Harvard, Yale, and Princeton* (New York: Houghton Mifflin, 2005), 381; OUA, "Minority Groups," September 25, 1972, b1.f15.RU821A, table V.

"the blackest class": Henry Louis Gates Jr., "Joining the Black Overclass at Yale University," *Journal of Blacks in Higher Education*, no. 11 (Spring 1996): 95.

"I wouldn't sleep": Lever and Schwartz, *Women at Yale*, 76.

"They would sometimes look at me": Wells OH.

I'm not your experiment: Wells OH.

"We were searching": Geismar, Rice, and Winant, *Fresh Women*, 116.

"Bio for Poets": Mifflin OH (2017).

"Interactions…were awkward": Geismar, Rice, and Winant, *Fresh Women*, 116. See also Bernick OH; Deinhardt OH; Betsy Hartmann OH; Havemeyer Wise OH; Mintz OH.

"We didn't want to offend": Bernick OH.

"Shirley had a lot of leadership": Storey-Johnson OH.

"She was very bright": Chauncey OH.

"racial solidarity": Peniel E. Joseph, "The Black Power Movement: A State of the Field," *Journal of American History* 96, no. 3 (2009): 755. See also Joy Williamson, "In Defense of Themselves: The Black Student Struggle for Success and Recognition at Predominantly White Colleges and Universities," *Journal of Negro Education* (Winter 1999): 92–105.

"dreamed white dreams": Henry Louis Gates, Jr., "Through the Veil," *The 1973 YB*, 145.

most of Yale divided by race: "Colleges Liberalize Social Transferring," *YDN*, November 3, 1969; Lever and Schwartz, *Women at Yale*, 77; Sneed OH; Storey-Johnson OH; Traut OH.

"we might be playing music": Storey-Johnson OH.

"If black students won't be friendly": Jeffrey Gordon, "Becoming Conscious Again," *YDN*, February 13, 1969. See also Wells OH.

"There is a comfort": Royster OH.

"economically disadvantaged": R. C. Burr and L. M. Noble, "Scholarship Changes—Economically Disadvantaged," Yale College Admissions Office (unpublished archival document, April 15, 1970), b48.f476.RU19-II. See also *CC Report 1970*, appendix A, chart 1, 18; Tedford OH.

"extraordinarily beautiful": Daniels OH.

04　觉醒

"had trouble putting the snap": Bob Small, "Huskies Stop Yale Comeback," *YDN*, September 29, 1969.
　　　See also Barnet Phillips, "Men Not Legends," *YDN*, October 13, 1969.

"You play what?": Mifflin OH (2017).

Yale Sex Counseling Service: Eleni Skevas and Eric Rosenberg, "DUH's New Gynecology Duo
　　　Discuss Sex Counseling Role," *YDN*, October 3, 1969, b2.f1, MS 1922; Philip M. Sarrel
　　　and Lorna J. Sarrel, "A Sex Counseling Service for College Students," report, 1970, b33.
　　　f1010.RU821A; Lorna Sarrel OH.

"Have you had intercourse?": Sarrel and Sarrel, "A Sex Counseling Service."

"pierced the fog…wonderful people": Havemeyer Wise OH.

"that a coeducational system…social pressure here": Skevas and Rosenberg, "DUH's New Gynecology
　　　Duo."

"This pressure": Skevas and Rosenberg, "DUH's New Gynecology Duo."

"The freshman guys": Mintz OH.

"There was so much pressure": Mintz OH. See also Daniels OH; Betsy Hartmann OH; Pamela Geismar,
　　　Eve Hart Rice, and Joan O'Meara Winant, eds., *Fresh Women: Reflections on Coeducation and
　　　Life after Yale, 1969, 1989, 2009* (self-pub., Yale Printing and Publishing Services, 2010), 102;
　　　Julia Preston, "What Is a Coeducation?," *NJ*, December 13, 1970, 8.

"absolutely entertaining": Storey-Johnson OH.

"deal constantly with questions": Zaeder OH.

"My boyfriend doesn't want me coming": Daniels OH.

"In those days": Daniels OH.

a threadbare budget: Gersick OH; communication from Wasserman to Fanton, September 28, 1971,
　　　b3.f1.RU821B.

Brewster did not attach: Chauncey OH.

"not what it should be": communication from Wasserman to Brewster, October 6, 1969, b258.
　　　f7.RU11-II. See also Wasserman OH (1992), 34; Wasserman, "Report of the Chairman
　　　of the Planning Committee on Coeducation, 1968–1969," b1.f13.RU821B, 5.

the Bulldog's third game: Tom Warren, "Eli Eleven Dumps Brown," *YDN*, October 13, 1969.

The previous Saturday: David Nix, "Elis 2nd Half Explosion Erases Colgate," *YDN*, October 6, 1969.

The band's reputation: Bernick OH; Daniels OH; Albert Shamash, "Colgate Halftime Performance,"
　　　YDN, October 4, 1970; *The 1970 YB* (New Haven: Yale Banner Publications, 1970), 104;
　　　Lew Schwartz, "Invisible Band," *YDN*, October 12, 1971.

"Yes! We Have No Bananas": Courtney Pannell, "Forty Years of Women at Yale," *YDN*, September 21,
　　　2009.

"Yale coeds make our fans' root": *The 1970 YB*, 104.

six out of ten Americans: "War Frustration Put at New High," *NYT*, October 5, 1969.

Vietnam Moratorium: "2 Antiwar Groups Join for Protest," *NYT*, October 5, 1969.

"Bronx G.I. Killed": "Bronx G.I. Killed in Vietnam," *NYT*, October 3, 1969; "Jerseyan Killed in
　　　Vietnam," *NYT*, October 1, 1969; "Suffolk G.I. Killed in Vietnam," *NYT*, October 9, 1969.

The war was ever present: Newman OH; "President's Draft Lottery Approved by Congress," in *CQ Almanac 1969*, 25th ed. (Washington, DC: Congressional Quarterly, 1970), 350–355.

"It really seemed like killing": Rice OH.

"Enough": Presca Ahn, *Arrival: Women at Yale College*, video, 24:11, posted on July 26, 2010, https://vimeo.com/13664639. See also Bernick OH; Jeffrey Gordon, "50,000 Mass at Convocation on Green," *YDN*, October 16, 1969; Bernard Weinraub, "Students Say 'Enough!' to War," *NYT*, October 16, 1969.

"old-style politicians": Anthony Lewis, "A Thoughtful Answer to Hard Questions," *NYT*, October 17, 1969.

"Our ability to keep the peace": Ahn, *Arrival*. See also Lewis, "A Thoughtful Answer."

"puny": Geismar, Rice, and Winant, *Fresh Women*, 69. See also Berkan OH; Jelly OH; Tedford OH; Wofford OH.

"With all due respect": Gordon, "50,000 Mass at Convocation." See also Tom Warren, "BSAY Head Halts Rally," *YDN*, October 16, 1969; Yohuru Williams, "No Haven: From Civil Rights to Black Power in New Haven, Connecticut," *The Black Scholar* 31, nos. 3–4 (2001): 59.

"Stop the Cops!": Marvin Olasky, "Black Students Disrupt Classes in Law School," *YDN*, October 21, 1969. See also communication from BSAY to Henry Chauncey, October 21, 1971, b3.f59.RU52, Accession 1977-A-008 (hereafter RU52A); Nick Perensovich, "Blacks Give Reply to Grievance Plan," *YDN*, October 21, 1969; Tom Warren and John Coots, "Law Dean Recommends Mild Rebuke for Blacks," *YDN*, October 30, 1969; Daniels OH; Sneed OH.

"It just brought": Sneed OH.

not *"political enough":* Sneed OH.

"We will not tolerate this!": Olasky, "Black Students Disrupt."

"We're going to shut down": Daniels OH.

"weekend women": Sneed OH. See also Randall Ganett, "Coed Normality," letter to the editor, *YDN*, November 20, 1969; Grillo OH; Havemeyer Wise OH; Tedford OH; Traut OH; Wofford OH.

"Hey, I'd like you to meet": Dori Zaleznik, "How Should Coeds Act?," *YDN*, November 3, 1969. See also Gersick OH; Traut OH; Wei Mintz OH.

"The weekly invasion": Zaleznik, "How Should Coeds Act?"

"What's your name?": Anonymous, "Vigils for Peace," in *Fresh Women*, 63.

still not a safe place: "Girls Face Problem of Town Intruders," *YDN*, October 29, 1969; WAC minutes, October 8, 1969, b35.f1032.RU821A; CC minutes, October 31, 1969, b1.f7. RU575; communication from J. Thorburn to P. Tveskov, November 18, 1969, b8.f1060. RU575; communication from Elisabeth Thomas to Daniel Sullivan, January 30, 1970, b8.f1060.RU575; Chauncey OH; Wasserman OH (1992), 34; Wilkinson OH.

"summary of action": communication from Thorburn to Thomas, October 31, 1969, b8.f1060. RU575.

"As you know": communication from Wasserman to Brewster, November 5, 1969, b1.f7.RU575.

Brewster responded: CC minutes, November 14, 1969, b22.f908.RU821A.

"Many thanks": communication from Wasserman to Thorburn, November 18, 1969, b258. f7.RU11-II.

"just didn't like": Chauncey OH.

the group decided to stage: For the Wright Hall sit-in, see communication from Charles Taylor to John Wilkinson, November 4, 1969, b34.f1016.RU821A; communication from suspended students to Yale community, November 7, 1969, b34.f1016.RU821A; Douglas Hallett and John Coots, "Scenario Faces Challenges," *YDN*, November 10, 1969; Yale College Executive Committee, announcement, November 10, 1969, b34. f1016.RU821A; Marvin Olasky, "Committee Readmits Suspended Students," *YDN*, November 11, 1969; Spahn OH.

"We should leave": Spahn OH.

"We were being the conscience": Newman OH. See also Jeffrey Gordon, "Washington Peace Rally Biggest Ever," *YDN*, November 17, 1969; Ausubel OH; Bernick OH; Lieberman OH.

"ran a post pattern": Barnet Phillips, "Yale's Defense Squelches Tiger Attack," *YDN*, November 17, 1969.

"Be quiet now, hear": Lydia Temoshok, diary entry, November 17, 1969. See also Temoshok OH; Temoshok email to author, July 5, 2018; "'L'Infidelte Delusa' Is a Lively Success," *YDN*, November 18, 1969; "Colleges Put Locks on Girls' Bathrooms," *YDN*, December 9, 1969. Lydia Temoshok went by the name Linda while at Yale.

The rest of November: Michael Goodman, "Blue Gridders Gain Third Straight Ivy Crown with 7–0 Victory over Harvard," *YDN*, November 24, 1969; John Coots, "Brewster Answers Blacks' Proposals," *YDN*, October 24, 1969; Scott Herhold, "Campus Policemen Stay Cool," *YDN*, November 24, 1969; "Colleges Put Locks on Girls' Bathrooms," *YDN*, December 9, 1969; WAC minutes, January 22, 1970, b35.f1032.RU821A.

"Many of the new feminists": "The New Feminists: Revolt against 'Sexism,'" *Time*, November 21, 1969, 53. See also Ruth Rosen, *The World Split Open: How the Modern Women's Movement Changed America* (New York: Penguin, 2000), 303, 338.

"furious…militant…radical…the angries": "The New Feminists," 53, 54, 56.

7 percent: "The New Feminists," 54.

"promises to grow": Henry Luce, "A Letter from the Publisher," *Time*, November 21, 1969.

05　不限性别

"Betty the Red": Royster OH.

"bourgeois ideology": Stuart Rosow, "Students Secede from SDS," *YDN*, December 12, 1969.

"No, I haven't read": Royster OH.

"It was my way": Royster OH.

The Dramat...an unusual island: George Chauncey, "Gay at Yale," *YAM,* July 2009; Field OH; Royster
OH; Rudavsky OH.

"Is her whole family . . . ?": McClure OH. See also "Madeline McClure," obituary, *Star-Ledger*
(Somerville, NJ), July 6, 2018.

"How do you find . . . ?": McClure OH.

"Well, she's got to learn": McClure OH.

Changes to the draft law: "President's Draft Lottery," in *CQ Almanac 1969,* 350–355; Nicholas
Perensovich, "First Draft Lottery since 1942," *YDN,* December 2, 1969.

"They either had": Newman OH.

its final editorial: "But Dink Remains," *YDN,* January 21, 1970.

two different women's groups: Barbara Packer and Karen Waggoner, "Yale and the New Sisterhood,"
YAM, April 1970, 28; Judith Plaskow, "Intersections," in *The Coming of Lilith: Essays on
Feminism, Judaism, and Sexual Ethics,* eds. Judith Plaskow and Donna Berman (Boston:
Beacon Press, 2005), 7; Ferguson OH; Laura Kalman, *Yale Law School and the Sixties*
(Chapel Hill: University of North Carolina Press, 2005), 195; *Yale Break,* April 6, 1970,
b.58.f388.RU19-II, 8.

New Haven Women's Liberation: Amy Vita Kesselman, "Women's Liberation and the Left in
New Haven, Connecticut, 1968–1972," *Radical History Review* 81, no. 1 (2001):
18–19; Christine Pattee, "Chronology, New Haven Women's Liberation," 1973, b1.f1,
Christine Pattee Papers on the New Haven Women's Liberation Movement (MS 1985),
YUL (hereafter MS1985).

The Graduate Women's Alliance: Lenore Weitzman, Frances Pitlick, and Margie Ferguson,
"Women on the Yale Faculty" (Washington, DC: U.S. Department of Education,
Education Resources Information Center, ERIC ED056636, March 2, 1971);
"Graduate Women's Survey," *Sex Discrimination at Yale: A Document of Indictment,* May
10, 1971, b280.f991.RU19, Series III; Ferguson OH.

"There is something about": "Graduate Women's Survey."

a women's book section: C. Royce Smith, "The Opinionated Man: Women, Women,
Everywhere," *Publishers Weekly,* March 30, 1970, 50–51, b4.f Women.RU86.

"Let me assure you": Smith, "The Opinionated Man," 50.

walked over to Mory's: "Women's Liberation Enters Male Mory's," *YDN,* February 9, 1970; Thomas
Kent, "Up from Under," *YDN,* March 6, 1970; Kalman, *Yale Law School,* 197.

barring women from clubs: Georgina Hickey, "Barred from the Barroom: Second Wave Feminists and
Public Accommodations in US Cities," *Feminist Studies* 34, no. 3 (2008): 382–384; Kent,
"Up from Under"; Royster OH.

"executive hours": Hickey, "Barred from the Barroom," 384.

Mory's was the place: Daphna Renan, "'To the Tables Down at Mory's': Equality as Membership
and Leadership in Places of Public Accommodations," *Yale Journal of Law and Feminism*
16, no. 2 (2004): 241–245, http://digitalcommons.law.yale.edu/; Clark OH (May), 13;

Marie Rudden, "A Woman's Place," in *Fresh Women*, 49; Arthur Greenfield, "The People vs. Mory's," *YAM*, June 1973, 25.

the Free Women Conference: "Free Women Conference," flier, February 1970, b4.f Women. RU86; Kalman, *Yale Law School*, 195; Packer and Waggoner, "Yale and the New Sisterhood," 27–31; Plaskow, "Intersections," 6–7; *Yale Break*, April 6, 1970, 6.

"Come to the conference": McClure OH.

Women's Advisory Council: communication from Wasserman to freshman counselors, September 10, 1969, b35.f1032.RU821A; communication from Wasserman to WAC members, January 5, 1970, b35.f1032.RU821A; Wasserman OH (1990).

"The problem of security": WAC minutes, January 22, 1970, b35.f1032.RU821A.

University Committee on Coeducation: CC minutes, May 26, 1970, b1.f7.RU575.

concerned about security: CC minutes, October 31, 1969, b258.f7.RU11-II; CC minutes, November 14, 1969, b1.f7.RU575; WAC minutes, October 8, 1969, and January 22, 1970, b35.f1032.RU821A.

the term sexual harassment: Ruth Rosen, *The World Split Open: How the Modern Women's Movement Changed America* (New York: Penguin, 2000), 186–187.

"There were many inappropriate": Jamie Stern Connelly, interview in Presca Ahn, *Arrival: Women at Yale College*, video, 15:54, posted on July 26, 2010, https://vimeo.com/13664639. See also Courtney Pannell, "Forty Years of Women at Yale," *YDN*, September 21, 2009; Sherrie Selwyn, "The Social Scene in 1969," in *Different Voices: A Journal Commemorating 25 Years of Coeducation at Yale College*, ed. Rachel Donadio (New Haven: Yale University Press, 1995), 17.

"Now don't you have something else": "The Adventures of Jane Smith at Yale University," in *Sex Discrimination at Yale*, May 10, 1971.

"demanded that I perform perversions": "The Adventures of Jane Smith."

"He doesn't seem to learn": "Graduate Women's Survey," May 10, 1971.

A fourth: "The Adventures of Jane Smith."

A fifth: "Graduate Women's Survey."

a sixth was propositioned: Ferguson OH.

"he seemed kind of ashamed": Ferguson OH.

the professor lunged at her: Field OH.

"The professor would call": Maillet Main OH.

he tried to rape her: Maillet Main OH.

"Nice girls did not tell": Joan Roberts, "Women's Right to Choose, or Men's Right to Dominate," in *Women in Higher Education*, ed. W. Todd Furniss and Patricia A. Graham (Washington, DC: American Council on Education, 1974), 51.

"It was very clear": Morse OH, 126. See also Ferguson OH; Jubin OH; Anne E. Simon, "Alexander v. Yale University: An Informal History," in *Directions in Sexual Harassment Law*, ed. Catharine MacKinnon and Reva Siegel (New Haven: Yale University Press, 2004), 51–59.

Stanford's dean of women: Kathryn Tuttle, "What Became of the Dean of Women? Changing Roles for Women Administrators in American Higher Education, 1940–1980" (PhD diss., University of Kansas, 1996), 338.

"mostly you just changed advisers": Connelly in Ahn, *Arrival.*

the media had moved on: "Mademoiselle Magazine," *YDN,* October 21, 1969; Darling OH.

Word was out: Erikson OH, 58. See also Bishop OH; Chauncey OH; Darling OH; Leib Gourguechon OH; Mifflin OH (2017); Russett OH; Wasserman OH (1990); Rachel Donadio, "Interview with Elga Wasserman," in *Different Voices,* 23; Wofford OH.

"feeling of isolation": WAC minutes, February 12, 1970, b35.f1032.RU821A.

Their friends at Yale were almost all men: Bishop OH; Darling OH; Driscoll Coon OH; Mintz OH; Anonymous, "New Old Blue," in *Fresh Women: Reflections on Coeducation and Life after Yale, 1969, 1989, 2009,* ed. Pamela Geismar, Eve Hart Rice, and Joan O'Meara Winant (self-pub., Yale Printing and Publishing Services, 2010), 111; Anonymous, "No Easy Answers," in *Fresh Women,* 106; Maillet Main OH; Polan OH; Tedford OH; Temoshok OH; Traut OH.

"Admit more women!": WAC minutes, January 29, 1970.

"likely to blame women": WAC minutes, January 29, 1970.

She went to a lot of meetings: communication from Wasserman to Brewster, May 21, 1970, b3.f1. RU821B.

a roster of the powerful: CC Report 1970.

Women in a Male Society: "New College Seminars," *YDN,* January 9, 1970. On residential college seminars, see Erikson OH, 54; CC minutes, December 12, 1969, b10.f154.RU126.

Yale was one of just ten U.S. colleges: Elaine Hedges, "Looking Back," *Women's Studies Quarterly* 25, nos. 1–2 (1997): 6.

Wasserman asked…Sue Hilles: communication from Wasserman to Hilles, February 15, 1973, b1.f3.RU821B; Moritz to May, October 14, 1970, b10.f156.RU126.

"You had no right": Wasserman OH (2007), 22.

Wasserman used the grant: communication from Wasserman to Hilles, February 15, 1973, and August 11, 1972, b258.f3.RU11-II.

"I would not like to see": Elga Wasserman, "Coeducation Comes to Yale College," *ER* 51, no. 2 (Spring 1970): 146.

Yale Sex Counseling Service: Philip M. Sarrel and Lorna J. Sarrel, "A Sex Counseling Service for College Students," report, 1970, b33.f1010.RU821A, 3.

"We wanted a boyfriend": Daniels OH.

"If you had a boyfriend": Havemeyer Wise OH. See also Mintz OH; Julia Preston, "What Is a Coeducation?," *NJ,* December 13, 1970, 8; Rudden OH; Wofford OH.

did not mean…wanted to lose her virginity: Student Committee on Human Sexuality, *Sex and the Yale Student,* September 1970, b33.f1010.RU821A, 7; WAC minutes, May 3, 1972; Bernick OH; Driscoll Coon OH.

Less than 10 percent: Don Letourneau, "Sarrel's Study," *YDN,* April 7, 1970. See also Phil Sarrel, letter to the editor, *YDN,* April 21, 1970.

"I heard a lot of the talk": Maillet Main OH.

Abortion was illegal: Amy Kesselman, "Women versus Connecticut: Conducting a Statewide Hearing on Abortion," in *Abortion Wars: A Half Century of Struggle, 1950–2000,* ed. Rickie Solinger (Berkeley: University of California Press, 1998), 44.

Yale opted: Lorna Sarrel OH; Phil Sarrel OH.

"If you made a mistake": Maillet Main OH.

"There was this feeling": Betsy Hartmann OH.

"remarkable...You were nineteen": Leib Gourguechon OH. See also Havemeyer Wise OH; Jelly OH; Maillet Main OH; Newman OH.

"We are trying to help": Eleni Skevas and Eric Rosenberg, "DUH's New Gynecology Duo Discuss Sex Counseling Role," *YDN*, October 3, 1969, b2.f1, MS 1922.

"It was the hot ticket": Rice OH. See also Eric Rosenberg, "New Sexuality Course," *YDN*, December 5, 1969; Shelley Fisher, "Sex Education: Record Number Enroll," *YDN*, January 29, 1970; Philip Sarrel and Haskell Coplin, "A Course in Human Sexuality for the College Student" (paper presented at the American Public Health Association annual meeting, Houston, TX, October 1970), b33.f1010.RU821A.

"You were more accustomed to": Bernick OH.

Human Sexuality Committee: Phil Sarrel OH; Bernick OH; communication from HSC to fellow student, November 1969, b10.f156.RU126; Sarrel, letter to the editor.

Everything You Don't Want: "D.U.H. Faces Pill and Bunny Surplus," *YDN*, October 17, 1970, emphasis added. This was a spoof issue.

"True or False?": HSC, "Sex Knowledge and Attitude Test," 1970, b33.f1010.RU821A.

gay sex was still a felony: William Eskridge, *Dishonorable Passions: Sodomy Laws in America, 1861–2003* (New York: Penguin, 2008), appendix.

The American Psychiatric Association: Neel Burton, "When Homosexuality Stopped Being a Mental Disorder," *Psychology Today*, September 18, 2015.

"sexual aberration": David Reuben, *Everything You Always Wanted to Know about Sex but Were Afraid to Ask* (New York: David McKay and Company, 1969), 3.

"Homosexuals...thrive on danger": Reuben, *Everything You Always Wanted to Know,* 134.

"pens, pencils, lipsticks": Reuben, *Everything You Always Wanted to Know,* 149.

"The majority of prostitutes are female homosexuals": Reuben, *Everything You Always Wanted to Know,* 217.

"was all very hush-hush": Grillo OH.

"We all knew": Royster OH.

"marked fear of homosexuality": Janet Lever and Pepper Schwartz, *Women at Yale: Liberating a College Campus* (Indianapolis: Bobbs-Merrill, 1971), 167, italics in original.

"painful and difficult": "Sexuality Discussion Tonight," *YDN*, October 30, 1969.

"To find a gay woman": McClure OH.

06 玛格丽特要发言

Alumni Day: "Annual Yale Medal, New Becton Center Highlight Alumni Day," *YDN*, February 20, 1970; "Yale Coeds Invade Alumni Fete to Protest Male Dominance," *NYT*, February 22, 1970.

Henry P. Becton: "Henry Prentiss Becton," obituary, *Bangor [ME] Daily News*, October 28, 2009; "Becton Dickinson Historical Development," 2019, http://www.companieshistory .com/becton-dickinson/; "Fortune 500 1955–2005: A Database of 50 Years of Fortune's List of America's Largest Companies," 1970, *Fortune Magazine*, 2019, http://archive.fortune .com/magazines/fortune/fortune500_archive/full/1970/; "Photographs by Jeffery Becton," Bates College Museum of Art, 2015, http://www.bates.edu/museum/traveling /photographs-by-jeffery-becton/.

"Sons of Eli": Charles F. Smith (bandleader), C. W. O'Connor, Julian Arnold, Henry P. Becton, A. M. Hirsh, S. P. Friedman, "Boola Boola; Down the Field; Glory for Yale," recorded December 4, 1937, U.S. Decca, 1938.

Cynthia and her roommate: Arty Pomerantz, "Protest to Have Women Admitted to Yale University," *New York Post*, February 24, 1970; see image and caption on Getty Images, https://www.gettyimages.com/license/540063392; Margaret Coon, "Our Call for True Education," in *Reflections on Coeducation*, ed. Emily Hoffman and Isobel Polon (2010), 26–27; Coon OH.

first women undergraduates: Tedford OH. See also Asef Bayat, *Life as Politics: How Ordinary People Change the Middle East* (Stanford: Stanford University Press, 2013), 4–5, 14–20.

"End Women's Oppression": "Yale Coeds Invade Alumni Fete." On the alumni lunch protest, see also "Margaret Coon," *YDN*, February 22, 1970; Coon, "Our Call," 26–27; Coon OH; Kit McClure, diary entry, May 1970; McClure OH.

"Mr. Brewster, I'd like to address": Coon OH.

"There are not enough of us": "Yale Coeds Invade Alumni Fete."

"To accept 1,000 'male leaders'": Thomas Linden, "Militant Yale Coeds Irk 'Blues,'" *The Spokesman Review* [Spokane, WA], March 2, 1970.

"Limit the Class of 1974": Richard Fuchs, "Girls Demand Fewer Men, More Women," *YDN*, February 23, 1970.

"harassment…After having been wedded": Fuchs, "Girls Demand Fewer."

Brewster was right to be concerned about the alumni: Nancy Weiss Malkiel, *"Keep the Damned Women Out": The Struggle for Coeducation* (Princeton: Princeton University Press, 2016), 268–270; Jerome Karabel, *The Chosen: The Hidden History of Admission and Exclusion at Harvard, Yale, and Princeton* (New York: Houghton Mifflin, 2005), 362, 453–454, 638n94; Joseph Soares, *The Power of Privilege: Yale and America's Elite Colleges* (Stanford: Stanford University Press, 2007), 86.

$4.6 million: Joseph Treaster, "Donating to Yale at Record Level," *NYT*, July 26, 1970. See also Dartmouth College, *An Analysis of the Impact of Coeducation at Princeton and Yale Universities* (New York: Cresap, McCormick, and Paget, November 1971), II-10.

entirely of his own making: Ray Warman, "Coeds' Housing under Review," *YDN*, November 18, 1968; CC minutes, October 13, 1970, b4.f80.RU52A; Mark Singer, "Trustees Vote to Increase the Number of Women," *YAM*, January 1973, 30.

"accountability to alumni": Fuchs, "Girls Demand Fewer." See also Chauncey remarks, CC minutes, October 13, 1970, b4.f80.RU52A.

"a terrific success": "Yale Coeds Invade Alumni Fete."

"much too small band": Fuchs, "Girls Demand Fewer."

"We can't give them women": Fuchs, "Girls Demand Fewer."

"We listened to the speaker": "The Vanguard: Five of the First Coeds," *YAM*, October 1979, 26.

"Women felt respected in the BSAY": Storey-Johnson OH.

"weren't given a speaking role": Berkan OH.

women in the BSAY: The 1972 YB (New Haven: Yale Banner Publications, 1972); Jeffrey Gordon, "Pressures on Admissions," *YDN*, April 4, 1969; communication from Sam Chauncey to Carl Banyard et al., February 18, 1972, and May 4, 1972, b3.f59.RU52A; Chauncey OH; Daniels OH.

the BSAY's priorities: Wei Mintz OH; Schmoke OH.

"because a lot of times": Daniels OH.

U.S. wage statistics: "Who's Come a Long Way, Baby?," Time, August 31, 1970, 17.

Vera Wells: Wells OH; Vera F. Wells, "The Life and Work of Sylvia Ardyn Boone" (lecture, Women of Yale Lecture series, New Haven, CT, February 28, 2017).

"It just seemed so strange": Wells OH.

only five were black women: Wells's email to author, December 8, 2018.

missing from Yale's curriculum: Ellen Keniston, "Women in a Male Society," syllabus, Spring 1970, b12.f137.RU578A; Wells OH.

The Black Woman: "Enrollment in Women's Studies Courses, 1970–71," Fall 1971, b12.f137. RU578A; Wells, "The Life and Work"; Wells OH.

"It was a very 'un-Yale' thing": Janet Lever and Pepper Schwartz, *Women at Yale: Liberating a College Campus* (Indianapolis: Bobbs-Merrill, 1971), 253.

Elga Wasserman was horrified: WAC minutes, March 5, 1970, b35.f1032.RU821A.

"They should have taken this matter": "Coeds Invade Alumni Luncheon, Call for Enrollment Reduction," *YDN*, February 23, 1970.

"radical elements": WAC minutes, March 5, 1970, b35.f1032.RU821A.

"We were not bomb throwers": Lieberman OH.

"About 40…stunned guests": "Yale Coeds Invade Alumni Fete."

"militant…pretty freshman": Linden, "Militant Yale Coeds."

"Their demands are reasonable": "Coeds Invade," *YDN*, February 23, 1970.

The alumni had applauded: "Yale Coeds." See also Chauncey OH.

"He was a very nice man": Coon OH.

"a bit presumptuous": "Coeds Invade."

"No wonder you're feminists": McClure, diary entry, May 1970.

"Take her torch": "Dinner Drama," *YDN*, February 25, 1970.

five hundred women: "Free Women at Yale," *Yale Break*, April 6, 1970, 6; Thomas Kent, "Up from Under," *YDN*, March 6, 1970.

Kate Millett: "Free Women at Yale," 6; Maggie Doherty, "What Kate Did: Today's Most Heated Literary Arguments Uphold the Legacy of Kate Millett's 'Sexual Politics,'" *The New Republic*, March 23, 2016.

Betty Friedan had given in a speech: "What's Happening?," *YDN*, February 18, 1970.

"We have 53 percent…Right on!": Lydia Temoshok, diary entry, February 27, 1970.

Naomi Weisstein: Barbara Packer and Karen Waggoner, "Yale and the New Sisterhood," *YAM*, April 1970, 28; "Free Women at Yale"; Jesse Lemisch and Naomi Weisstein, "Remarks on Naomi Weisstein," Chicago Women's Liberation Union Herstory Project, 1997, https://www.cwluherstory.org/text-memoirs-articles/remarks-on-naomi-weisstein?rq=Remarks%20on%20Naomi%20Weisstein; Ann Medina, "A Women's Liberation Timeline 1960–1977," 2019, Chicago Women's Liberation Union Herstory Project, https://www.cwluherstory.org/supplemental-writings/a-womens-liberation-timeline-1960-1977?rq=timeline; Marcia B. Kline, "Lamont Will Open to Cliffies after Twenty Celibate Years," *HC*, December 8, 1966; Leila McNeill, "This Feminist Psychologist-Turned-Rock-Star Led a Full Life of Resistance," *The Smithsonian*, April 7, 2017.

"Changes in social structures": Judith Plaskow, "Intersections," in *The Coming of Lilith: Essays on Feminism, Judaism, and Sexual Ethics*, ed. Judith Plaskow and Donna Berman (Boston: Beacon Press, 2005), 7.

"To me, what you do": Temoshok OH. See also Barbara Deinhardt, "Interview," August 5, 1973, b1.f1.MS1985; Lever and Schwartz, *Women at Yale*, 213; Anonymous, "No Easy Answers," in *Fresh Women: Reflections on Coeducation and Life after Yale, 1969, 1989, 2009*, ed. Pamela Geismar, Eve Hart Rice, and Joan O'Meara Winant (self-pub., Yale Printing and Publishing Services, 2010), 106; Russett OH; Sneed OH; Traut OH.

Just make your way: Mifflin OH (2017).

"felt like a generosity": Storey-Johnson OH.

"women felt so grateful": Rachel Donadio, "Interview with Elga Wasserman," in *Different Voices: A Journal Commemorating 25 Years of Coeducation at Yale College*, ed. Rachel Donadio (New Haven: Yale University Press, 1995), 23. See also Jubin OH; Cynthia Margolin Brill, interview in Presca Ahn, *Arrival: Women at Yale College*, video, 4:00, posted on July 26, 2010, https://vimeo.com/13664639.

Let me just get through this: Darling OH. See also Royster OH.

"We were all so different": Anonymous, "Radically Altered Expectations," in *Fresh Women*, 119. See also Anonymous, "Being a Yale Man," in *Fresh Women*, 84; Bishop OH; "Coeds on Coeducation: A Discussion," *YAM*, April 1970, 39; Driscoll Coon OH; Jelly OH; Mintz OH; Polan OH; Solomon OH; Temoshok OH.

"Unofficial Proposals for Equality": A Number of Yale Women, "Unofficial Proposals for Equality," February 29, 1970, b4.fWomen.RU86.

For Kit McClure: McClure OH; Kit McClure, handwritten notes on personal copy of "Unofficial Proposals," February 29, 1970, in author's possession with thanks to Kit McClure; Virginia Blaisdell, "The Birth and Death of the New Haven Women's Liberation Rock Band," *Sister*, February 1976, 1.

"come and hash things out": "Free Women Conference," flier, February 1970.

"Russ Meyer is coming": Richard Schickel, "Porn and Man at Yale," *Harper's Magazine*, July 1970, 34. On the Russ Meyer Film Festival, see also Kent, "Up from Under"; Packer and Waggoner, "Yale and the New Sisterhood," 27; Schickel, "Porn and Man," 34–38.

"beautiful, bosomy broads": The *1971 YB* (New Haven: Yale Banner Publications, 1971), 168.

"three go-go Watusi dancers": Twentieth Century Fox, "Yale Law School Film Society Sets Russ Meyer Film Festival," press release, February 24, 1970.

"the last great undiscovered talent": Schickel, "Porn and Man," 34.

"not healthy": Jeffrey Gordon, "Inky's Era," *YAM*, March 1970, 34.

the Yale Corporation meeting: Richard Fuchs, "Trustees Reaffirm Endorsement of Coeducation by Expansion," *YDN*, March 9, 1970; Lieberman OH; Yale University, "Former Trustees," 2019, https://www.yale.edu/board-trustees/former-trustees.

Women and Men for a Better Yale presented its petition: Joseph Treaster, "Coeds Find Life at Yale Falls Short of Expectations," *NYT*, April 14, 1970.

"I had thought": McClure, diary entry, May 1970.

07   姐妹会

Women and Men for a Better Yale: Lieberman OH; author's review of *YDN* articles, 1969–73.

Meeting for Yale Women: Spahn OH. On Sisterhood founding, see also Berkan OH; Field OH; Betsy Hartmann OH; Mintz OH; Kit McClure, diary entry, May 1970; Rudden OH.

"We'll walk you through it": McClure OH.

"just tough as nails": Spahn OH.

"What did they have": Spahn OH.

"this incredible lift": Lucy L. Eddy, "In the Blue: A Freshman Coed's Account of Her First Yale Year," *YAM*, April 1970, 39.

"There was such a feeling": Rudden OH.

No black women: McClure OH. On the separate activism of white and black Yale women, see Diane Polan, "Black Women and Women's Liberation: Is There a Connection?," January 1971, b12.f132.RU578A; Myown Hymer, "My Blue Heaven," *YDN Magazine*, February 14, 1973; Daniels OH; Spahn OH; Wells OH.

"I'm not sure": Spahn OH.

"consciousness-raising": Amy Vita Kesselman, "Women's Liberation and the Left in New Haven, Connecticut, 1968–1972," *Radical History Review* 81, no. 1 (2001): 22; Simon Hall, *American*

　　　　Patriotism, American Protest: Social Movements since the Sixties (Philadelphia: University of
　　　　Pennsylvania Press, 2011), 63–64; Spahn OH; "Who's Come a Long Way, Baby?," *Time*,
　　　　August 31, 1970, 16–21.

"the importance of having boobs": Kesselman, "Women's Liberation and the Left," 22.

It Ain't Me, Babe: Hall, *American Patriotism*, 64.

"I had been reading": Kesselman, "Women's Liberation and the Left," 22.

"We need a name": Spahn OH.

"there should be no reduction": Leonard Doob, "Report of the President's Committee on the Freshman
　　　　Year," Yale University Historic Documents and Reference Material, April 13, 1962, 12,
　　　　https://www.yale.edu/about-yale.

Yale's Admissions Committee: "Admissions Committee Members" (unpublished document,
　　　　February 5, 1970), RU821A.b25.f231; communication from Clark to Admissions
　　　　Committee members, February 18, 1970, b1.f5.RU821A; Admissions Office Annual
　　　　Report, 1971–1972, b3.f113, RU52B, table 6.

"hunchy judgment": communication from Brewster to Muyskens, March 15, 1967, b1.f8.RU821A.

"Dear President Brewster": communication from Thomson to Brewster, March 26, 1970, b1.f8.
　　　　RU821A, underlines in original.

Yale was not alone: Patricia Cross, "The Woman Student," in *Women in Higher Education*, ed. W. Todd
　　　　Furniss and Patricia A. Graham (Washington, DC: American Council on Education, 1974),
　　　　34. Cross's study was based on 1969 data from the College Entrance Examination Board.

Yale put its policy right out there: Richard Fuchs, "Trustees Reaffirm Endorsement of Coeducation by
　　　　Expansion," *YDN*, March 9, 1970; *CC Report 1970*, appendix A, chart 1.

"gratitude and commitment": communication from Johnson to Brewster, March 27, 1970, b1.f8.
　　　　RU821A.

"You have received": communication from Wasserman to Brewster, April 6, 1970, b1.f13.RU821B.

a front-page story: "Coeds' Marks Top Men's," *YDN*, April 1, 1970.

"Of course we're smarter": Tedford OH.

Honors…in 31 percent: "Coeds' Marks."

"wrong sort of seriousness": Mary McCarthy, "Portrait of the Intellectual as a Yale Man," in *The
　　　　Company She Keeps* (New York: Harcourt, 1967), 169. See also "The Vanguard: Five of the
　　　　First Coeds," *YAM*, October 1979, 27; Jerome Karabel, *The Chosen: The Hidden History of
　　　　Admission and Exclusion at Harvard, Yale, and Princeton* (New York: Houghton Mifflin, 2005),
　　　　20, 201–203; Wilmarth Lewis, *One Man's Education* (New York: Alfred A. Knopf, 1967),
　　　　102–103.

"We were all very much involved": Jelly OH.

"I loved studying": Mintz OH.

"Science…was an area": Storey-Johnson OH.

"The official tradition here": Lindblom OH, 16.

"To those of you who received honors": Dana Milbank, "Bush Embraces Yale in Graduation Speech,"
　　　　WP, May 22, 2001.

"music, music, music": McClure OH. See also Kit McClure 1975 Yale College transcript, copy in author's possession with thanks to Kit McClure.

"We had so much fun": Field OH.

Women's Liberation Rock Band: Virginia Blaisdell, "The Birth and Death of the New Haven Women's Liberation Rock Band," *Sister,* February 1976, 1–2; Field OH; McClure OH; Chicago Women's Liberation Rock Band and New Haven Women's Liberation Rock Band, *Mountain Moving Day,* recorded 1972, Rounder Records, vinyl.

"barely knew how to play": Leighton Levy OH.

"Well, close enough": McClure OH.

"I thought I just wasn't": Spahn OH.

"normal to be a woman student": Rudden OH.

"I had no idea": Spahn OH.

"Sexual assault and rape": Lorna Sarrel OH. See also "Yale Sex Counselors at YHC Offer Unique Student Service," *YDN,* September 28, 1971.

The term date rape: Ruth Rosen, *The World Split Open: How the Modern Women's Movement Changed America* (New York: Penguin, 2000), 184.

"Things like everyone": Tunstall OH. See also Spahn OH.

"bull sessions": See, for example, Fred Gants, letter to the editor, *YDN,* April 3, 1970; Scott Herhold, "Panther Supporters Meet," *YDN,* April 17, 1970.

"mother, lover, sister, confidante": Barbara Deinhardt, "'Mother of Men'?," in *Women in Higher Education,* 68.

"They would get up the nerve": Wofford OH.

"kind of stumbled in": Spahn OH.

"Divided We Fall": Yale Break, April 6, 1970, 1. See also Dori Saleznik, "Yale Women Voice Opinion," *YDN,* January 14, 1970.

three hundred acceptance letters: Bill Robbins, "Size Restrictions Keep Out Many Qualified Women," *YDN,* April 6, 1970.

"We desperately need more girls": Eddy, "In the Blue," 25.

"was frustrated over turning away": Joseph Treaster, "Coeds Find Life at Yale Falls Short of Expectations," *NYT,* April 14, 1970.

"A general campaign": Treaster, "Coeds Find Life."

"At long last": Paul Goldberger, "Girls at Yale," *Today's Education* 59, no. 7 (October 1970): 51.

A high-profile trial: Stuart Rosow, "Black Women: Panthers to Rally on Jail Conditions," *YDN,* November 3, 1969; Paul Bass and Doug Rae, "The Panther and the Bulldog: The Story of May Day 1970," *YAM,* July 2006.

Many on the left: Geoffrey Kabaservice, *The Guardians: Kingman Brewster, His Circle, and the Rise of the Liberal Establishment* (New York: Henry Holt, 2004), 2, 403; "Panther Aid Group Meets," *YDN,* November 3, 1969; "Over 150 Hear Wald Speak," *YDN,* December 19, 1969; Thomas Kent, "White Group Aids Panthers Here," *YDN,* April 6, 197. On the FBI campaign against the Panthers, see Yohuru Williams, "No Haven: From Civil Rights to Black Power in New Haven, Connecticut," *The Black Scholar* 31, nos. 3–4 (2001): 60–61; Garrett Duncan, "Black Panther Party," *Encyclopedia Britannica*, August 2018, https://www.britannica.com/topic/Black-Panther-Party.

April 14: William Bulkeley, "The Strike: Crisis at Yale," *YDN*, June 1, 1970; Farley OH, 29; Jeff Greenfield, *No Peace, No Place: Excavations along the Generational Fault* (Garden City: Doubleday, 1973), 212, 226–227; Kabaservice, *The Guardians*, 404–405.

"There was a particular spirit": Sneed OH. See also Daniels OH; Darling OH; Driscoll Coon OH; Farley OH, 21–22; Pamela Geismar, Eve Hart Rice, and Joan O'Meara Winant, eds., *Fresh Women: Reflections on Coeducation and Life after Yale, 1969, 1989, 2009* (self-pub., Yale Printing and Publishing Services, 2010), 116; Maillet Main OH; McClure OH; Mifflin OH; Mintz OH; Solomon OH; *The 1973 YB* (New Haven: Yale Banner Publications, 1973).

Columbia, Penn, and Harvard: Stefan M. Bradley, *Harlem vs. Columbia University: Black Student Power in the Late 1960s* (Chicago: University of Illinois Press, 2009), 136–146.

A series of mass meetings: Bass and Rae, "The Panther and the Bulldog"; Bulkeley, "The Strike"; Greenfield, *No Peace, No Place*, 220; Sneed OH; Joseph Treaster, "Attendance at Yale Is Cut '50% to 75%' by Pickets Supporting Black Panthers," *NYT*, April 23, 1970.

"May Day": John Geesman, "Residential Colleges Announce College Weekend Cancellations," *YDN*, April 22, 1970.

a four-hour riot at Harvard: Bass and Rae, "The Panther and the Bulldog"; Garrett Epps, "Rioting Devastates Harvard Square," *HC*, April 16, 1970.

"When Harvard was trashed": Wilkinson OH.

"biggest riot in history": Greenfield, *No Peace, No Place*, 212.

Columbia and Harvard: Kabaservice, *The Guardians*, 352, 405–406; Bass and Rae, "The Panther and the Bulldog."

Thirty thousand protesters: Joseph Treaster, "Yale Student Petition Supports Brewster's Stand on Panthers," *NYT*, April 30, 1970; Bulkeley, "The Strike."

intent on doing Yale harm: Bass and Rae, "The Panther and the Bulldog"; Kabaservice, *The Guardians*, 404–405; Laura Kalman, *Yale Law School and the Sixties* (Chapel Hill: University of North Carolina Press, 2005), 204; Henry "Sam" Chauncey, John Hill, and Thomas Strong, *May Day at Yale, 1970: Recollections* (Westport: Prospecta Press, 2016), 28, 112–115.

a new approach: Kabaservice, *The Guardians*, 3–9, 405–406; Bass and Rae, "The Panther and the Bulldog."

"an approaching hurricane": Bart Whiteman, "Yale University: Spring of 1970," *The Chatanoogan* (TN), November 26, 2005. See also Bulkeley, "The Strike"; Greenfield, *No Peace, No Place*, 205, 260; Joseph Treaster, "Brewster Doubts Fair Black Trials," *NYT*, April 25, 1970; Joseph Treaster, "National Guard Alerted for Panther Rally Duty," *NYT*, April 29, 1970; Treaster, "Yale Student Petition"; Wasserman OH (1990).

hordes of reporters: Greenfield, *No Peace, No Place*, 205, 240, 260.

"I am skeptical": Treaster, "Brewster Doubts."

"a more mature and responsible": "Universities in Ferment," *Newsweek*, June 15, 1970, 68.

Students admired Brewster: Field OH; Gersick OH; Betsy Hartmann OH; Mintz OH; Sneed OH; Temoshok OH; Treaster, "Yale Student Petition."

Yale's more conservative alumni: Fanton OH, 18; M.A. Farber, "Brewster Tells Friendly but Questioning Yale Alumni He Cannot Be 'Personally Neutral' on Public Issues," *NYT*, June 14, 1970; Schmoke OH (1992), 2, 12.

"There was word spreading": Storey-Johnson OH.

"You could stay": Rice OH.

"I felt personally threatened": Bishop OH.

"Our generation": Mifflin OH (2017).

the imprisoned Black Panther women: Rosow, "Black Women."

"The kids didn't know": Daniels OH. See also Robert Brustein, "When the Panther Came to Yale," *NYT*, June 2, 1970.

"You can't be doing this": Daniels OH. See also Treaster, "National Guard Alerted."

four hundred...National Guard troops: Bass and Rae, "The Panther and the Bulldog."

"Kiss him on the cheek": Spahn OH. On peace marshals, see also Field OH; Greenfield, *No Peace, No Place*, 224; Murray Schumach, "'Marshals' Seek Calm in New Haven," *NYT*, May 3, 1970; Sam Swartz, "Graduate Groups Give Strike Limited Support," *YDN*, April 29, 1970; Tedford OH; Wilkinson OH.

"very accomplished": Zaeder OH.

"No guns...we hung firm": Spahn OH.

"Black Celebration": Brustein, "When the Panther Came"; Farley OH, 31; Royster OH. Swartz, "Graduate Groups Give Strike."

the Black Panther Party: Williams, "No Haven," 54, 59, 61; Duncan, "Black Panther Party."

John Huggins: Gay Miller, "Black Panthers Promote 'Survival' at Huggins Free Health Clinic," *YDN*, June 26, 1972; Kabaservice, *The Guardians*, 402; Royster OH.

"the right thing to do": Royster OH.

two thousand army paratroopers: Homer Bigart, "US Troops Flown in for Panther Rally," *NYT*, May 1, 1970.

National Guard tanks: Schmoke OH (2016); Tedford OH.

Yale stuck with Brewster's plan: Betsy Hartmann OH; Mintz OH; Schmoke OH (2016); Tedford OH; Treaster, "National Guard Alerted."

the afternoon of May 1: Daniels OH; Bass and Rae, "The Panther and the Bulldog"; Kabaservice, *The Guardians*, 411; Michael Sherman, "Rally Hits Racism," *YDN*, May 2, 1970.

"Fuck Brewster! Fuck Yale!": Greenfield, *No Peace, No Place*, 258. See also Homer Bigart, "New Haven Police Set off Tear Gas at Panther Rally," *NYT*, May 2, 1970; Tom Warren, "Evening Outbursts Follow Peaceful Rally," *YDN*, May 2, 1970; Schumach, "'Marshals' Seek Calm"; John Darnton, "New Haven Panthers Preached Calm," *NYT*, May 4, 1970; "May Day Mixes Many Moods," *YDN*, May 4, 1970; Brustein, "When the Panther Came"; Field OH; Greenfield, *No Peace, No Place*, 256–260.

crowds were half the size: Homer Bigart, "New Haven Rally Ends a Day Early," *NYT*, May 3, 1970.

"Why are they doing that?": Mifflin OH (2017). See also William Bulkeley and Michael Sherman, "Weekend of Demonstration Ends with Second Night of Disorder," *YDN*, May 4, 1970; Thomas Kent and Tom Warren, "Gas Slows Protesters," *YDN*, May 4, 1970; Bass and Rae, "The Panther and the Bulldog"; Field OH; Kit Hadsel, "Sophomore," *The 1972 YB* (New Haven: Yale Banner Publications, 1972).

"What do we do?": McClure OH.

"The entire campus was saturated": Whiteman, "Yale University."

"Why are we getting tear gassed?": Spahn OH.

"Shock, like when wild rock": Lydia Temoshok, diary entry, May 3, 1970. On May 3, see also William Bulkeley, "Brewster Opposed: Yale Strike to Continue," *YDN*, May 5, 1970.

448 campuses across the nation: William W. Scranton, *The Report of the President's Commission on Campus Unrest* (Washington, DC: U.S. Government Printing Office, 1970), 18.

"a complete shambles": Eisenstein OH (2017). See also Bulkeley, "Brewster Opposed"; "Dean May's Directive," *YDN*, May 5, 1970; "Freshman Year," *The 1973 YB* (New Haven: Yale Banner Publications, 1973), 3–27; Fanton OH, 29; Solomon OH.

Elga Wasserman thought: Wasserman OH (1990).

"May Day sucked the oxygen": Berkan OH.

08　打破规则

Wasserman had been as engaged: Schmoke OH (1971), 8; Wasserman OH (1990).

Wasserman included some calculations: "Comparison of Male and Female Applicants" (unpublished document, April 15, 1970), b22.f908.RU821A.

"intellectually indefensible…Irrational": CC minutes, April 21, 1970, b10.f156.RU126.

Only three committee members: CC minutes, May 5, 1970, b21.f905.RU821A.

Wasserman was preparing to issue: communication from Wasserman to Brewster, July 26, 1972, b22.f911.RU821A.

For the Class of 1975: CC minutes, May 5, 1970.

"often, women simply are not": WAC minutes, March 5, 1970, b35.f1032.RU821A.

Confidential…RE: Administrative Structures: communication from Wasserman to Brewster, May 11, 1970, b3.f1.RU821B, underline in original.

Brewster was in Washington: Richard Fuchs, "Brewster Leads Anti-war Delegation to Washington," *YDN*, May 7, 1970.

Brewster was basking in widespread praise: "Universities in Ferment," *Newsweek*, June 15, 1970, 60, 68–69.

Brewster denied Wasserman's request: CC Report 1972, cover.

Jock Whitney had donated: CC minutes, May 26, 1970, b1.f6.RU575; Chuck Critchlow, "Yale Gets Funds to House 600," *YDN*, September 14, 1970.

"urgent"…vote was unanimous: CC minutes, May 26, 1970.

Two days later, Wasserman: communication from Wasserman to Brewster, May 28, 1970, b1.f13. RU821B.

"mind-numbing": Rice OH. On other summer jobs, see Mintz OH; Tedford OH; Spahn OH.

"had just been so crazy": Field OH.

"Something had been missing": Barbara Deinhardt, "'Mother of Men'?," in *Women in Higher Education*, ed. W. Todd Furniss and Patricia A. Graham (Washington, DC: American Council on Education, 1974), 67. See also Janet Lever and Pepper Schwartz, *Women at Yale: Liberating a College Campus* (Indianapolis: Bobbs-Merrill, 1971), 197; Solomon OH.

"Something needed to shift": Mintz OH.

"Betsy, you need to become": Betsy Hartmann OH.

The need…was enormous: David Reuben, *Everything You Always Wanted to Know about Sex but Were Afraid to Ask* (New York: David McKay and Company, 1969); "About *Our Bodies, Ourselves*," Our Bodies, Ourselves, 2019, https://www.ourbodiesourselves.org/; Nicholas Perensovich, "Sex Pamphlet: National Publication," *YDN*, October 4, 1970.

Sex and the Yale Student: Perensovich, "Sex Pamphlet"; Phil Sarrel OH.

"gave us a very good sense": Bernick OH.

Sarrel had always been careful: Phil Sarrel OH.

On page 7, "alot": Student Committee on Human Sexuality, *The Ins and Outs of Sex at Yale*, September 1970, b33.f1010.RU821A. As part of the editing process, the title changed to *Sex and the Yale Student*.

Students needed good information: communication from Elaine Fox to Elga Wasserman, August 24, 1970, b33.f1010.RU821A; communication from students on Human Sexuality Committee to Yale administrators, September 1970, b33.f1010.RU821A.

two charts: CC Report 1972, appendix E.

"Yale cannot legislate": communication from Sam Chauncey to Ann Freedman, February 24, 1970, b10.f156.RU126.

Yale was supporting discrimination: CC minutes, February 13, 1970, b1.f6.RU575. See also CC minutes, January 30, 1970; February 24, 1970; March 31, 1970; May 26, 1970; all in b1.f6.RU575.

In March: CC minutes, March 31, 1970.

In May: communication from Chauncey to deans, directors, and chairmen, May 21, 1970, b10. f156.RU126.

Trotman advised Wasserman: CC minutes, May 26, 1970.

"Dear Faculty member": Wasserman to Yale Faculty, June 1970, b10.f156.RU126.

A few letters back in support: communication from Burton Clark to Wasserman, June 11, 1970, b1.f11. RU821B; communication from Sidney Mintz to Wasserman, July 4, 1970, b1.f11.RU821B.

"I wonder whether": communication from Pierson to Wasserman, June 23, 1970, b1.f11.RU821B.

"Pierson" was an important name: Marie Arana, "'Cheerful Money' by Tad Friend," *WP*, October 11, 2009.

"If my tone": communication from Wasserman to Pierson, July 1, 1970, b1.f11.RU821B.

a sister band: Naomi Weisstein, "The Chicago Women's Liberation Rock Band, 1970–1973," *New Politics*, Summer 2014, http://www.newpol.org; McClure OH.

"a hippy version": Weisstein, "The Chicago Women's Liberation Rock Band."

their first public performance: Virginia Blaisdell, "The Birth and Death of the New Haven Women's Liberation Rock Band," *Sister*, February 1976, 1; McClure OH; Christine Pattee, "Chronology, New Haven Women's Liberation," 1973, b1.f1.MS1985.

Women's Strike for Equality: Ruth Rosen, *The World Split Open: How the Modern Women's Movement Changed America* (New York: Penguin, 2000), 92; "Women's Liberation Day," flier, August 1970, b4.fWomen.RU86.

Edith Green: U.S. House of Representatives, "Edith Starrett Green, 1910–1987," *Women in Congress*, 2019, http://history.house.gov/People/; "Congressional Committees," *CQ Almanac*, June 1, 1970; Bernice Sandler, "Title IX: How We Got It and What a Difference It Made," *Cleveland State Law Review* 55, no. 4 (2007): 477.

"Let us not deceive ourselves": Susan Tolchin, *Women in Congress* (Washington, DC: U.S. Government Printing Office, 1976), 32.

receiving millions: "Universities: Anxiety behind the Façade," *Time*, June 3, 1967, 79; Nancy Gruchow, "Discrimination: Women Charge Universities, Colleges with Bias," *Science* 168, no. 3931 (May 1, 1970): 559–561.

"Coeducational institutions that receive federal funds": Stacey Jones, "Dynamic Social Norms and the Unexpected Transformation of Women's Higher Education, 1965–1975," *Social Science History* 33, no. 3 (2009): 268.

1,261 pages: U.S. House of Representatives, *Discrimination against Women: Hearings before the Special Subcommittee on Education of the Committee on Education and Labor*, Section 805 of HR 16908, 91st Congress, 2nd Session (Washington, DC: U.S. Government Printing Office, 1970 for Part 1, 1971 for Part 2).

Women's Strike for Equality: Rosen, *The World Split Open*, 92; Simon Hall, *American Patriotism, American Protest: Social Movements since the Sixties* (Philadelphia: University of Pennsylvania Press, 2011), 51; Linda Charlton, "Women March Down Fifth in Equality Drive," *NYT*, August 27, 1970.

"At last, we have a movement": Hall, *American Patriotism*, 52.

"A Standing Ovulation": Blaisdell, "The Birth and Death," 1. On George Bush at Delta Kappa Epsilon, see Jonathan Lear, "No Intervention for Fraternities," *YDN*, November 7, 1967.

"Who's come a long way, baby?": "Who's Come a Long Way, Baby?," *Time*, August 31, 1970, 16. See also Hal Weinstein, "How an Agency Builds a Brand: The Virginia Slims Story," American Association of Advertising Agencies Eastern Annual Conference, October 1969, https://industrydocuments.library.ucsf.edu/.

09 反对

Yale now had 800 women undergraduates: CC Report 1970, appendix A, chart 1; Elga Wasserman, *Coeducation, 1970–71,* August 1971, b1.f5.RU821B (hereafter *CC Report 1971*), appendix IV, table 1.

ten thousand copies: Nicholas Perensovich, "Sex Pamphlet: National Publication," *YDN,* October 4, 1970; communication from Elaine Fox to Elga Wasserman, August 24, 1970, b33.f1010.RU821A.

"Your interest in Yale's new sex booklet": communication from Wasserman to William Allen, September 25, 1970, b33.f1010.RU821A.

Vanderbilt Lounge, September 21: Lee Fleming and Joanne Lawless, "'Raise Consciousness': Women's Lib," *YDN,* September 28, 1970; Mintz OH; Spahn OH.

"a huge number": Mintz OH.

"coeducation is something": Julia Preston, "What Is a Coeducation?," *NJ,* December 13, 1970, 8.

"Look, we can do this": Mifflin OH (1990).

"was really a nice person": Mifflin OH (2017).

"ragtag": Mifflin OH (1990).

The Political Union: Bishop OH. On political union size, see communication from Ralph Gerson to Elga Wasserman, June 27, 1969, b24.f927.RU821A.

Yale Daily News: "1971–72 NEWS Board," *YDN,* November 24, 1970.

The Yale Dramat: communication from Mark Wheeler to Elga Wasserman, December 3 1970, b24.f927.RU821A.

"Norma was no cook": Royster OH.

"I know how to use chopsticks": Royster OH.

"I need to go out": Royster OH.

"Could you get me a job": Spahn OH. See also Berkan OH; Royster OH.

"That book just blew my mind": Rudavsky OH.

"Fuck off, you male chauvinist pigs!": Pamela Geismar, Eve Hart Rice, and Joan O'Meara Winant, eds., *Fresh Women: Reflections on Coeducation and Life after Yale, 1969, 1989, 2009* (self-pub., Yale Printing and Publishing Services, 2010), 83.

women students were outshining: CC Report 1971, appendix IV, table 6.

porn pictures on the music stands: Jubin OH.

never award a girl a high grade: Mifflin OH (2017).

"Wo"—Women: communication from Wasserman to Ken Wilberg, February 8, 1971, b10.f160. RU126.

professors who went out of their way: Daniels OH; Virginia Dominguez, "Scholar of the House," in *Fresh Women,* 34; Betsy Hartmann OH; Mintz OH; Rice OH; Wells OH.

What happens when you fuse: McClure OH. See also "Edgar J. Boell," obituary, *NYT,* December 1, 1996.

"she was just an extraordinary woman": Daniels OH.

Sylvia Boone: Vera F. Wells, "The Life and Work of Sylvia Ardyn Boone" (lecture, Women of Yale Lecture series, New Haven, CT, February 28, 2017); Bruce Lambert, "Sylvia A. Boone," obituary *NYT,* May 1, 1993.

"always focused on you": Wells OH.

Sociological Perspectives on Women: "Enrollment in Women's Studies Courses," abstracts of Yale student papers on women's issues, "Achievement" to "Marriage," 1972–1976, b12.f131.RU578A.

It was like a door opening: Lisa Getman, "From Conestoga to Career," in *Women in Higher Education,* ed. W. Todd Furniss and Patricia A. Graham (Washington, DC: American Council on Education, 1974), 65; Mintz OH; Spahn OH.

"blur of these old white men": Spahn OH.

"absurd…Why not a history": Russett OH. See also Spahn OH; Wasserman OH (2007), 61.

On October 15: communication from May to Brewster, December 3, 1970, b10.f158.RU126; communication from Wasserman to May, October 20, 1970, b4.f80.RU52A.

levers of power: Kingman Brewster, *Report of the President,* September 1968, 8–9, 12.

"The campaign for full coeducation": Kit McClure, diary entry, May 1970.

On Thanksgiving…December 3: Thomas Kent, "Rape, 2 Attempts Reported," *YDN,* December 10, 1970.

Christa Hansen: Class of 1973 OC; Christa Hansen, "The Yale Experience," OIR Report 73R008, May 12, 1973, b2.f27.RU173, Accession 1980-A-014, YUL; YNB, "Christa Hansen," photograph, September 15, 1969, b15.f252, Yale events and activities photographs, 1852–2003 (inclusive), RU0690, Series I, YUL.

She was gang raped: Ferguson OH; Field OH; Fried OH; Jubin OH; Betsy Hartmann OH; Kent, "Rape."

"utterly distraught": Ferguson OH.

"How could you": Jubin OH.

"safety precautions": Kent, "Rape."

"we do live in a city": Kent, "Rape."

"Many women students at Yale": Master's Council minutes, January 22, 1971, b18.f607, Council of Masters, Yale University, Minutes of Meetings (RU299), Series I, YUL.

documented four rapes: Yale University Police Department, "Annual Report: July 1972 to June, 1973," b10.f6.4.RU52B, 25–26. See also Betsy Hartmann OH; Judy Klemesrud, "Yale Students Have Own 'Masters and Johnson,'" *NYT,* April 28, 1971; Wilkinson OH.

almost certainly low: Ruth Rosen, *The World Split Open: How the Modern Women's Movement Changed America* (New York: Penguin, 2000), 181–182. Rapes continue to be significantly underreported today.

"asked for it": Rosen, *The World Split Open,* 181. See also Lorna Sarrel OH; Thomas Peterson OH.

"Yale wasn't going out it of its way": Grillo OH. See also Jubin OH; Thomas Peterson OH.

"I don't think I did": Ferguson OH. On women graduate assistants, see CC minutes, February 24, 1970, b1.f6.RU575.

Yale had nothing in place: Ferguson OH; Thomas Peterson OH.

"Could you let me have": communication from Wasserman to Brewster, October 29,1970, b22. f910.RU821A.

"There is widespread sentiment": communication from Wasserman to Brewster, December 4, 1970, in *CC Report 1970*, 34.

"She grated on him": Chauncey OH.

"Elga was very good": Wei Mintz OH.

"She was an advocate": Coon OH.

"She went to bat": Field OH.

Leon Higginbotham: "First Black Named University Trustee," *YDN*, Summer 1970.

"No more thousand male leaders!": Mintz OH. See also William Bulkeley, "Rally Demands Full Co-education," *YDN*, December 14, 1970; Ausubel OH, Betsy Hartmann OH, Polan OH.

Prestigious private colleges: Gardner Patterson, "The Education of Women at Princeton," report, *Princeton Alumni Weekly* 69, no. 1 (1968), b1.f4.RU821B, 21.

"Mrs. Wasserman's Committee": Kingman Brewster, "Memorandum in Response to Report of Mrs. Wasserman's Committee," December 11, 1970, b58.f388.RU19-II.

"if I had not been able": Brewster, "Memorandum in Response."

"Kingman, come off it": Wasserman OH (2007), 65–71. Trustee Bill Horowitz served on the Corporation from 1965 to 1971, and at the time of the statement, he was the acting master of Yale's Branford College. See also Joseph Treaster, "Trustees Praise Brewster's Rule," *YDN*, September 28, 1970.

1,930 signatures: Bulkeley, "Rally Demands."

"We stormed the Yale Corporation": Mintz OH.

"We went in and disrupted": Betsy Hartmann OH.

"a present to the Corporation": Bulkeley, "Rally Demands."

Conference on the Black Woman: Thomas Johnson, "Yale Conference Studies Role of Black Women," *NYT*, December 14, 1970; Carole Parks, "Today's Black Woman Examines Her Role with Black Men," *Jet*, January 14, 1971, 24–27; "To Analyze the Roles of the Black Woman in Society," *YAM*, January 1971, 38; Wells, "The Life and Work"; Wells OH.

"Statuesque": Wells OH.

"No good": Johnson, "Yale Conference Studies."

"Committee Urges More Coeducation": Charles Cuneo, "Committee Urges More Coeducation," *YDN*, December 16, 1970.

10 增援

For the first time: Nancy Gruchow, "Discrimination: Women Charge Universities, Colleges with Bias," *Science* 168, no. 3931 (May 1, 1970): 559–561; "Sex Discrimination: Campuses Face Contract Loss over HEW Demands," *Science* 170, no. 3960 (November 20, 1970): 834–835; "HEW Acts to Check Sex Discrimination," *HC*, January 8, 1971.

"What the hell difference": Morse OH, 142.

Executive Order 11246: Lyndon B. Johnson, Exec. Order No. 11246, 30 Fed. Reg. 12319, 12935, 3 C.F.R. (September 24, 1965): 339; Lyndon B. Johnson, Exec. Order No. 11375, amendment to Exec. Order No. 11246, 32 Fed. Reg. 14303, 3 C.F.R. (October 13, 1967): 684.

Bernice Sandler read about it: Gruchow, "Discrimination," 559; Bernice Sandler, "Title IX: How We Got It and What a Difference It Made," *Cleveland State Law Review* 55, no. 4 (2007): 474–475; "Sex Discrimination," 834.

"came on too strong": Sandler, "Title IX," 474.

"not really a professional": Sandler, "Title IX," 474.

more than two hundred U.S. campuses: "Sex Discrimination," 834.

On January 29, 1971: communication from Marcia L. Keller to James Hodgson, January 29, 1971, in *Sex Discrimination at Yale: A Document of Indictment*, May 10, 1971, b280.f991.RU19, Series III; communication from Arlyce Currie to James Hodgson, January 29, 1971, in *Sex Discrimination at Yale;* "HEW to Examine Sex Discrimination," *YDN,* April 15, 1970.

Sandler knew Elga Wasserman: Sandler OH.

"Out of a faculty of 839": communication from Sandler to Elliot Richardson, February 1, 1971, in author's possession with thanks to Margie Ferguson, underline and capitalization in original. See also Sandler, "Title IX," 476.

"exciting...There was a sense": Ferguson OH.

"a prod from Uncle Sam": Phyllis Orrick, "US Order Attacks Sex Bias in University Hiring Policy," *YDN,* January 25, 1972.

"Everything about entering Yale": Havemeyer Wise OH.

Alec Haverstick: OC Class of 1974 (New Haven: Yale Banner Publications, 1970); Haverstick OH; "Iola Stetson Haverstick," obituary, *NYT,* April 5, 2002.

"pretty much...a women's libber": Haverstick OH.

antiwar movement had been dormant: Richard Schwartz and Thomas Kent, "2500 'Bear Witness' at Woolsey Hall Rally," *YDN,* February 23, 1971.

antiwar activism: Leib Gourguechon OH; Maillet Main OH; Tunstall OH.

In October: Thomas Kent, "Feminists Picket Mory's," *YDN,* October 13, 1970.

In November: communication from Goldstein to William Daley, November 23, 1970, b1.f11. RU821B.

"Are you a racist": Heidi Hartmann OH.

"He was a highly ethical": Yellen OH.

"We cannot accept": communication from Marianne Hill, K. Burke Dillon, Floria Behlen, Laurie Nisonoff, Janet Yellen, Francine Weiskopf, Heidi Hartmann, Margaret D. Howard, Susan Tepper, Charlotte Stiglitz, Jenifer K [illegible], Marsha Goldfarb, Cheryl Ann Cook, and Lucinda Lewis to the faculty of the economics department, February 23, 1971, b1.f11. RU821B.

A few days later: Arthur Greenfield, "The People vs. Mory's," *YAM,* June 1973, 26.

four women's studies courses: Elga Wasserman, "Enrollment in Women's Studies Courses, 1970–71," Fall 1971, b12.f137.RU578A.

"raising flags and marching": Royster OH. See also Connie Royster, "The Great Dupe: Women and
   the Media," Spring 1971, abstracts of Yale student papers on women's issues, "Marriage" to
   "Work," 1972–76, b12.f131.RU578A.

Women v. Connecticut: Laura Kalman, *Yale Law School and the Sixties* (Chapel Hill: University of
   North Carolina Press, 2005), 197; Amy Kesselman, "Women versus Connecticut:
   Conducting a Statewide Hearing on Abortion," in *Abortion Wars: A Half Century of Struggle,
   1950–2000,* ed. Rickie Solinger (Berkeley: University of California Press, 1998), 42–67;
   Allen Ramsey, "Historical Note," RG 009:006, *Abele v. Markle,* Finding Aid, Connecticut
   State Library, 2010; *Women v. Connecticut,* organizing pamphlet, circa November 1970,
   http://www.historyisaweapon.com/defcon1/womenvsconnecticut.html.

"Call the police!": Spahn OH.

about twenty undergraduates: Philip and Lorna Sarrel, "Annual Report: Sex Counseling and Ob/Gyn,"
   June 1973, b9.f56.RU52B.

"It was like women": Rice OH.

Women "were the experts": Kesselman, "Women versus Connecticut," 48.

4 percent of U.S. lawyers: Kesselman, "Women versus Connecticut," 54.

Sisterhood members: Berkan OH; Rudavsky OH; Spahn OH.

858 women plaintiffs: Ramsey, "Historical Note."

Women's Center: Lise Goldberg, "Durfee to House Women's Center," *YDN,* December 7, 1970;
   Student Committee on Human Sexuality, *Sex and the Yale Student,* September 1970, b33.
   f1010.RU821A, 53; Bernick OH; Deinhardt OH; Ferguson OH; Newman OH; Spahn
   OH; Tunstall OH.

"could just drop in": Spahn OH.

"Scruffy": Tunstall OH.

"We hope that everyone": Goldberg, "Durfee to House."

"Ask yourselves the question": Tunstall OH. On Kate Millett at Yale, see also "Schedule for Kate
   Millett," March 1971, b1.f33, Chubb Fellowship Program, Yale University, Records
   (RU855), Accession 2014-A-065, YUL; Cookie Polan and Beverly Wagstaff, "Kate
   Millett: The Politics of Women's Liberation," *YDN,* April 1, 1971.

"sort of disappeared": Spahn OH.

"I had other things": McClure OH. See also Lee Fleming and Joanne Lawless, "'Raise
   Consciousness': Women's Lib," *YDN,* September 28, 1970.

"It was hard at first": New Haven Women's Liberation Movement, "A Gay-Straight Dialogue,"
   June 23, 1972, MS1985.b1.f1. See also McClure OH; Berkan OH; Field OH.

Mostly the band played: McClure OH; Christine Pattee, photo, circa 1971, in author's possession with
   thanks to Christine Pattee; Naomi Weisstein, "The Chicago Women's Liberation Rock
   Band, 1970–1973," *New Politics,* Summer 2014, http://www.newpol.org.

"Soon there were more dancers": Virginia Blaisdell, "The Birth and Death of the New Haven Women's
   Liberation Rock Band," *Sister,* February 1976, 2.

"You must stop": Blaisdell, "The Birth and Death," italics in original.

"watching faces smile": "Women's Band Rocks Niantic Prison," *Modern Times*, circa January 1971, in author's possession with thanks to Kit McClure.

"He was just so kind": Field OH. See also Driscoll Coon OH.

On April 16: "Policy Meeting with HEW Investigative Team," in *Sex Discrimination at Yale;* "HEW to Examine"; Jim Liebman, "Women Meet HEW Examiners," *YDN*, April 18, 1971.

"form a strong affirmative action": Debra Herman and Ann Gilmore, "Undergraduate Women at Yale," in *Sex Discrimination at Yale.*

1,973 students: Herman and Gilmore, "Undergraduate Women."

"a new idea": Liebman, "Women Meet HEW Examiners."

"had the feeling": Maillet Main OH.

six hundred of Yale's eight hundred women: Judy Klemesrud, "Yale Students Have Own 'Masters and Johnson,'" *NYT*, April 28, 1971.

"were wonderful": Newman OH.

"Oh, I went to see": Maillet Main OH.

another new couple: Havemeyer Wise OH; Haverstick OH.

"were so together": Haverstick OH.

workers went on strike: Cookie Polan, "Where Has All the Money Gone?," *NJ*, November 1, 1970, 13; "Yale Students Take Workers' Demands to Brewster Home," *NYT*, May 2, 1971; Kathy Smith, "Freshman Year," *The 1974 YB* (New Haven: Yale Banner Publications, 1974), 14–26; Maillet Main OH; Rudavsky OH; Tedford OH.

the Black Panther trials: Jeffrey Mayer, "Charges Dropped against Seal, Huggins," *YDN*, May 26, 1971.

Wasserman hired five of them: communication from Elga Wasserman to Richard Carroll, October 5, 1971, b34.f1017.RU821A; communication from Chauncey to John Muyskens, July 20, 1971, b1.f6.RU821A; Berkan OH; Barbara Deinhardt, "'Mother of Men'?," in *Women in Higher Education*, ed. W. Todd Furniss and Patricia A. Graham (Washington, DC: American Council on Education, 1974), 68; Deinhardt OH; Royster OH; Spahn OH.

"Without participation": communication from Wasserman to Brewster, March 12, 1971, b3.f1. RU821B.

"I continue to feel": communication from Wasserman to Brewster, May 21, 1971, cited in Nancy Weiss Malkiel, *"Keep the Damned Women Out": The Struggle for Coeducation* (Princeton: Princeton University Press, 2016), 278.

the Yale Corporation's insularity: Charles Sprague, "Brewster Announces Creation of Governance Steering Group," *YDN*, May 21, 1969; Michael Spencer, "Closed Corporation Examined," *YDN*, April 20, 1971; "First Woman Overseer," *HC*, September 29, 1989; Vanessa Snowdon, "History of Women at Princeton University," *Seeley Mudd Manuscript Library Blog*, November 5, 2014, https://blogs.princeton.edu/mudd/2014/11; "New Trustees Include 'Firsts,'" *YDN*, June 30, 1971; Liebman OH.

William Beinecke: "New Trustees"; Ben Casselman, "William Beinecke Dies at 103," *NYT*, April 13, 2018; *The 1971 YB* (New Haven: Yale Banner Publications, 1971).

pleased by the progress: communication from Wasserman to Carroll, October 5, 1971; *SHE: Information for Women at Yale, 1971–72,* in author's possession with thanks to Barbara Deinhardt; Judy Berkan, Barbara Deinhardt, Debra Herman, Connie Royster, and Elizabeth Spahn, "Women's Center Project," Summer 1971, b20.f427.RU52A; communication from Judy Berkan, Barbara Deinhardt, Debra Herman, Connie Royster, and Elizabeth Spahn to incoming freshmen women, August 11, 1971, b34.f1017.RU821A; communication from Barbara Deinhardt and Debra Herman to John Muyskens, August 2, 1971, b1.f8. RU821A; Barbara Deinhardt and Debra Herman, "Report on Admissions: The Position of Women," October 20, 1971, b1.f8.RU821A; Deinhardt OH; Russett OH; Spahn OH.

"was like she was speaking": Spahn OH.

"Many students never meet": CC Report 1971, 2.

"How could you have": Wasserman OH (1992), 46.

Kathryn Emmett...filed a petition: "Mory's 'Poor Little Sheep' Face Dry Future over Sex Bias Charge," *NYT,* February 1, 1972.

$10,000: Daphna Renan, "'To the Tables Down at Mory's': Equality as Membership and Leadership in Places of Public Accommodations," *Yale Journal of Law and Feminism* 16, no. 2 (2004): 251.

"Yale's pervasive maleness": CC Report 1971, 6.

11 坦克对抗 BB 枪

Brewster was in London: Scott Herhold, "A Talk with President Brewster upon His Return," *YAM,* March 1972, 30–31; Joseph Treaster, "Trustees Praise Brewster's Rule," *YDN,* September 28, 1970.

investigators had started: Gay Miller, "Mintz Will Survey Hiring of Women," *YDN,* June 26, 1972.

"going to have to realize": Michael Knight, "Town-Gown Struggle Intensifies in New Haven," *NYT,* November 30, 1973.

Cyrus Vance: Gay Miller, "Yale Corporation to Convene," *YDN,* April 7, 1972; Brad Graham, "Corporation to Preview Plans for Two More College Units," *YDN,* May 5, 1972.

"Where has all the money gone?": Cookie Polan, "Where Has All the Money Gone?," *NJ,* November 1, 1970, 11–13. See also "Yale Halts Hiring in Face of Deficit," *NYT,* September 12, 1970; Frederick Hechinger, "Financial Woes of Colleges Getting Critical," *NYT,* October 25, 1970; John Geesman, "Deficit of $5.7 Million Predicted by Ecklund," *YDN,* November 23, 1971.

"in a state of financial shock": Hechinger, "Financial Woes of Colleges."

"splendid": Blum OH (March), 23. See *CC Report 1970,* appendix E, for increases in numbers of professors.

"set out to make": Blum OH (April), 10. See also Taylor OH, 32.

"aglitter with famous names": Thomas Meehannew, "The Yale Faculty Makes the Scene," *NYT*, February 7, 1971.

"Suddenly, things are different": Meehannew, "The Yale Faculty."

$4.4 million in deficits: John Ecklund, "Yale's Financial Status," *YDN*, November 23, 1971. Ecklund was Yale's treasurer.

Yale netted $2.1 million: Dartmouth College, *An Analysis of the Impact of Coeducation at Princeton and Yale Universities* (New York: Cresap, McCormick, and Paget, November 1971), II-9, and Exhibit 38; communication from George Langdon to Brewster, February 25, 1969, b1.f13. RU821B. Dartmouth calculated Yale's profit at $800,000 based on numbers it received from Yale. These numbers omit income from a $500,000 Ford Foundation grant that paid for renovation costs and include $850,000 that Yale billed the coeducation budget in "general support" despite the fact that Yale had no marginal costs to account for. The size of the faculty actually declined in the first year of coeducation. I therefore added the $500,000 and $850,000 to Dartmouth's total to reach $2.1 million.

deficit…projected at $6.5 million: communication from Brewster to Officers, Deans, and those responsible for budgetary units, June 22, 1971, b16.f323.RU52A.

$5,000 that year to coach: Joni Barnett, "History of Yale Women's Athletics," in *A Celebration of Women's Athletics, Then and Now*, program, February 4, 1994, b11.f423; Yale University Department of Athletics, Records (RU507), Accession 2006-A-242, YUL; "Preliminary Report on Budget Savings in the Department of Athletics," September 16, 1971, b2.f54; Yale University Department of Athletics, Records of the Athletic Director (RU983), Accession 1992-A-049, YUL.

seventeen varsity teams: The 1972 YB (New Haven: Yale Banner Publications, 1972).

"to prove they were serious": Barnett OH.

an ambitious schedule: Phyllis Orrick, "Field Hockey Squad Loses to Radcliffe," *YDN*, November 23, 1971.

"You should be covering": Mifflin OH (2017).

Patsy Mink: U.S. House of Representatives, "Patsy Takemoto Mink," 2019, http://history.house.gov/People/detail/18329.

"the most powerful woman": American Civil Liberties Union, "Title IX: The Nine," 2012, https://www.aclu.org/other/title-ix-nine?redirect=womens-rights/title-ix-nine.

"Maybe you ought to": Fitt OH, 7.

"One of Kingman's lackeys": Eisenstein OH (1971), 45. On Fitt's role, see also Fitt OH, 8–13; Wasserman OH (2007), 75; Wei Mintz OH.

a bill voted out: David Rosenbaum, "No Strings Funds for Colleges Are Backed by House Committee," *NYT*, October 1, 1971.

topped $30 million: Ecklund, "Yale's Financial Status."

on October 14: Michael Spencer, "Legislation May Prohibit Sex Bias in Admissions," *YDN*, October 21, 1971; U.S. House of Representatives, "Patsy Takemoto Mink"; Sandler OH.

"offended…trust Yale": Spencer, "Legislation May Prohibit."

Yale had used its muscle: I owe this account of Yale's earlier discrimination to Jerome Karabel. See Karabel, *The Chosen: The Hidden History of Admission and Exclusion at Harvard, Yale, and Princeton* (New York: Houghton Mifflin, 2005), 112–115, 211–212.

"personality and character": Karabel, *The Chosen*, 115.

"would create a serious threat": Erlenborn, remarks, *Congressional Record*, 92nd Congress, 1st session, vol. 117, pt. 29, extensions of remarks, November 1, 1971, 38639. For the letters from the five colleges, see pages 38639–38641.

"establish an undesirable degree": communication from Charles Kidd to Erlenborn, October 29, 1971, *Congressional Record*, vol. 117, pt. 29, November 1, 1971, 38641.

"from exercising its own": communication from Fitt to John Erlenborn, October 28, 1971, *Congressional Record*, vol. 117, pt. 29, November 1, 1971, 38640.

an ambitious agenda: communication from Carl Mullis to freshmen counselors, October 28, 1971, b22.f914.RU821A; communication from HSC to fellow student, Winter 1972, b2.f91. RU575; HSC, "Report," December 1971, b22.f914.RU821A; Grillo OH.

"were really very gifted": Zaeder OH.

the Coeducation Committee: CC Report 1970.

"would meet and discuss": Haverstick OH. See also Jubin OH.

"just furious": Jelly OH.

"Elga had a hell of a time": Rostow OH, 12. On the two women's friendship, see Gersick OH.

"beaten…I can't win": Haverstick OH.

"They were tears of frustration": Haverstick OH.

"We felt brave": Thomas Peterson OH.

"We write to you": communication from Robert Chambers, Paula Johnson, Steven Scher, Elisabeth Thomas, and Keith Thomson to Taylor, November 3, 1971, b32.f1006.RU821A.

Elisabeth Thomas: OC Class of 1975 (New Haven: Yale Banner Publications, 1971); Chauncey OH; Wilkinson OH.

"deeply disturbing…anguishing": communication from Chambers et al. to Taylor, November 3, 1971.

"How assertive can you be": Thomas Peterson OH.

"the maximum desirable enrollment": "Admissions Group Protests Present Sex Quotas," *YAM*, January 1972, 31.

the field hockey team's record: Orrick, "Field Hockey Squad Loses."

"See this?": Mifflin OH (2017). On Princeton game, see also Barnett OH; Mifflin OH (1990); Mifflin, *The 1973 YB* (New Haven: Yale Banner Publications, 1973), 59–75; Orrick, "Field Hockey Squad Loses."

"Can we borrow your kilts?": Mifflin OH (2017). See also Barnett OH.

The band had changed: "Yale Band," *The 1971 YB* (New Haven: Yale Banner Publications, 1971); Daniels OH.

"like the Vietnam War": Susan Klebanoff, "Economic Perspectives of Women Discussed in Feminist Meeting," *YDN*, November 15, 2018.

"It just seemed like": Spahn OH.

Abele v. Markle: Amy Kesselman, "Women versus Connecticut: Conducting a Statewide Hearing on Abortion," in *Abortion Wars: A Half Century of Struggle, 1950–2000,* ed. Rickie Solinger (Berkeley: University of California Press, 1998), 49, 52.

the Sisterhood itself: "U-Notes," *YDN,* October 1, 1971; Berkan OH; Polan OH; Ausubel OH; Hartmann OH; Patty Mintz OH; McClure OH; Rudavsky OH; Fried OH; Field OH; Rudden OH; Christa Hansen, "The Yale Experience," OIR Report 73R008, May 12, 1973, b2.f27.RU173, Accession 1980-A-014, YUL.

"pretty alienated": Rudavsky OH.

"a very bright and able girl": communication from Wasserman to Hilles, April 20, 1971, b1.f2.RU821B.

"We felt hostility": Barbara Deinhardt, "'Mother of Men'?," in *Women in Higher Education,* 68.

"Developing a Feminist Economics": Heidi Hartmann OH; Tunstall OH; "Developing a Feminist Economics," flier, in author's possession with thanks to Heidi Hartmann.

"Oh, wow, they were great": Tunstall OH.

"What does she do?": McClure OH. See also Christine Pattee, "Chronology, New Haven Women's Liberation," 1973, b1.f1.MS1985.

They had a gig there: McClure OH; Pattee, "Chronology"; "Foes and Backers of Abortion Laws March in Three Cities," *NYT,* November 21, 1971.

"Power to the Women!": "Foes and Backers."

In Cambridge, Massachusetts, the women's center: Leighton Levy OH; Jane Gould, "Personal Reflections on Building a Women's Center in a Women's College," *Women's Studies Quarterly* 25, nos. 1–2 (1997): 110; The 888 Women's History Project, *Left on Pearl,* 2019, http://leftonpearl.org/background-history.html.

"a void in the record bins": "Rounder Records Owners Bio," Rounder Records, December 16, 2011, https://www.rounder.com/2011/12/rounder-records-owners-bio/. On Rounder records, see also Leighton Levy OH; Anne Gibson, "Rounder Records Founder Celebrates a Life in Music," Clark University News and Stories, April 26, 2010, http://www.clarku.edu/blog/rounder-records-founder-celebrates-life-music; "Rounder Records: A Loss for Massachusetts," *Boston Globe,* October 21, 2013; Jessica Nicholson, "45 Years of Rounder Records," *Music Row,* December 21, 2015, https://musicrow.com/2015/12/exclusive-45-years-of-rounder-records/.

"For that matter": Leighton Levy OH.

On December 10: "U-Notes," *YDN,* December 8, 1971; Richard Hall, "Gay Blacks Face Cultural Pressures," *YDN,* February 10, 1972; McClure OH; George Chauncey, "Gay at Yale," *YAM,* July 2009.

"We'd like to record you": McClure OH.

"The idea was preposterous": Virginia Blaisdell, "The Birth and Death of the New Haven Women's Liberation Rock Band," *Sister,* February 1976, 3.

"A great deal of talk": HSC, "Report," December 1971.

"Alec Haverstick stepped up to organize": HSC, "Report"; Haverstick OH; Chris Waterman email
    to author, October 13, 2018; Havemeyer Wise OH.

"Alec belonged": Grillo OH.

"I was a preppy": Haverstick OH.

Alec quickly assembled a team: Steve Hiller, "Students Organize Drive; Full Coeducation Is
    Goal," *YDN*, February 4, 1972; communication from AHCC to "The Readers of
    This Packet," January 24, 1972, b32.f1006.RU821A; Haverstick OH.

"It was always full": Grillo OH. On Coffin, see also Warren Goldstein, *William Sloane Coffin
    Jr.: A Holy Impatience* (New Haven: Yale University Press, 2005), 244–245, 270–271;
    Geoffrey Kabaservice, *The Guardians: Kingman Brewster, His Circle, and the Rise of the
    Liberal Establishment* (New York: Henry Holt, 2004), 172–173, 322; Haverstick OH;
    Phil Sarrel OH.

"I've been told": Haverstick OH.

"If you want a radical result": Haverstick OH.

"a very strong feminist": Zaeder OH. See also "Coffin, Yale's Chaplain, to Wed Harriet Gibney,"
    NYT, May 31, 1969; "Harriet Harvey," obituary, *The Lincoln County News* (ME),
    March 31, 2007.

"the kind of person": Zaeder OH. See also Lucy L. Eddy, "In the Blue: A Freshman Coed's
    Account of Her First Yale Year," *YAM*, April 1970, 25.

"The morality of justice": William Sloane Coffin Jr., "Whom the Lord Loves He Chastens,"
    November 21, 1971, in AHCC, "Report for Full Coeducation," January 24, 1972,
    appendix C, b1.5.RU821B.

12   移山之日

Kingman Brewster returned: Scott Herhold, "A Talk with President Brewster upon His Return," *YAM*,
    March 1972, 30–31.

he used the word militant: Alan Pifer, "Women in Higher Education" (speech to the Southern Association
    of Colleges and Schools, Miami, Florida, November 29, 1971, ERIC ED058844), 2, 44–45.
    On Pifer, see Wolfgang Saxon, "Alan Pifer," obituary, *NYT*, November 5, 2005.

Yale's ninety thousand alumni: YNB, "Press Release #129," December 10, 1972, b258.f1.RU11-II.

"deeply disturbing": "Admissions Group," *YAM*, January 1972, 31.

All through December: communication from AHCC to "The Readers of This Packet," January
    24, 1972; Haverstick OH. On Brewster in London, see Geoffrey Kabaservice, *The
    Guardians: Kingman Brewster, His Circle, and the Rise of the Liberal Establishment* (New
    York: Henry Holt, 2004), 429.

"We weren't going to stop": Haverstick OH.

"How do we get this done?": Haverstick OH.

"I do not feel": "Scientific Fact," caption and photograph, *YDN*, February 1, 1972.

The report, twenty-nine pages in all: "Report for Full Coeducation," January 24, 1972, b1.f5. RU821B.

kept themselves anonymous: "Report for Full Coeducation," January 24, 1972; Steve Hiller, "Students Organize Drive; Full Coeducation Is Goal," *YDN*, February 4, 1972; Haverstick OH.

daily drumroll of pressure: AHCC, "Postulated Strategy," January 1972, b32.f1006.RU821A.

"ran on adrenaline": Fanton OH, 18. See also Blum OH (March), 73–74; Schmoke OH (2016).

"I let him talk": Haverstick OH. On Coffin's relationship with Brewster, see also Phil Sarrel OH; Kabaservice, *The Guardians*, 321–322.

On February 3: Hiller, "Students Organize Drive."

did not want the label radical: Hiller, "Students Organize Drive." See also Haverstick OH.

"ultimate pragmatist": Chauncey OH. See also Kabaservice, *The Guardians*, 25; Haverstick OH.

On February 13: Phyllis Orrick, "Brewster Vows Reassessment of Sex Ratio Next Fall," *YDN*, December 14, 1971.

Kit McClure was no longer enrolled: McClure transcript; McClure OH.

Leaves of absence: Elga Wasserman, *Coeducation 1971–1972*, July 1972, b1.f5.RU821B, appendix 3, table 1; Executive Committee minutes, January 4, 1972, b1.f18, Undergraduate Affairs, Yale College, Records of the Dean (RU95), Accession 1976-A-007.

The recording studio…awaited: Virginia Blaisdell 1972 datebook; Leighton Levy OH; McClure OH; Chicago Women's Liberation Rock Band and New Haven Women's Liberation Rock Band, *Mountain Moving Day*, recorded 1972, Rounder Records, vinyl; Jesse Henderson, "Aengus Studios," *The Music Museum of New England*, 2018, http://mmone.org/aengus-studios/.

"We were all very young": Leighton Levy OH.

"It was a nice studio": McClure OH.

"The mountain moving day": Chicago Women's Liberation Rock Band and New Haven Women's Liberation Rock Band, *Mountain Moving Day*.

Wasserman shot back a memo: communication from Wasserman to Fanton, September 28, 1971, b3.f1. RU821B.

"virtually precludes the appointment": communication from Wasserman to Langdon, November 3, 1971, b3.f1.RU821B.

In April: communication from Wasserman to Brewster, April 14, 1972, b3.f1.RU821B.

one of the most prominent women: "Report from Elga Wasserman to President Brewster," May 1972, b3.f1.RU821B; Wei Mintz OH; Nancy Diamond and Stacey Farnum, "Guide to the Higher Education Resource Services (HERS) Records, 1969–1999," finding aid, Special Collections and Archives, Penrose Library, University of Denver, 2003.

"She was the most senior woman": Royster OH.

"She was a female leader": Havemeyer Wise OH.

"reinventing undergraduate education": Nathaniel Zelinsky, "In Memory of Dahl," *YDN*, February 7, 2014. See also "Report of the Study Group on Yale College," The Dahl Report, April 1972,

ERIC ED067024; Brad Graham, "Dahl Committee Reaffirms Basic Yale Principles," *YDN*, April 7, 1972.

"Admission to Yale College": "Report of the Study Group," 49. For committee members, see page 8. See also "New Yale College Dean: Horace Taft," *NYT*, February 6, 1971.

Mory's lost its liquor license: Arthur Greenfield, "The People vs. Mory's," *YAM*, June 1973, 27–28; "Mory's," February 1, 1972.

"inundated with carbon copies": "More on Mory's," *YAM*, May 1972, 33.

Women v. Connecticut won: Amy Kesselman, "Women versus Connecticut: Conducting a Statewide Hearing on Abortion," in *Abortion Wars: A Half Century of Struggle, 1950–2000*, ed. Rickie Solinger (Berkeley: University of California Press, 1998), 53–55; Allen Ramsey, "Historical Note," RG 009:006, *Abele v. Markle*, Finding Aid, Connecticut State Library, 2010.

"over-reaching of police power": Kesselman, "Women versus Connecticut," 55.

The Boston Marathon: Boston Athletic Association, "History of the Marathon," 2018, http://www.baa.org/races/boston-marathon/boston-marathon-history.aspx.

"No person shall": Education Amendments of 1972, Public Law 92–318, *US Statutes at Large* 86 (June 23, 1972): 235, codified at *US Code* 20, 1681–1688.

No one paid much attention: U.S. House of Representatives, "Patsy Takemoto Mink," http://history.house.gov/People/detail/18329; Bernice Sandler, "Title IX: How We Got It and What a Difference It Made," *Cleveland State Law Review* 55, no. 4 (2007): 478–480.

"In regard to admissions": "Title IX of the Education Amendments of 1972," U.S. Department of Justice, updated August 6, 2015, https://www.justice.gov/crt/title-ix-education-amendments-1972; Title IX did not take effect until July 21, 1975.

"Dartmouth, Princeton, Yale, and Harvard": Sandler, "Title IX," 477–478; Sandler OH.

complaints had been filed against 350 colleges: Pifer, "Women in Higher Education," 30; "University Women's Rights: Whose Feet Are Dragging?," *Science* 175, no. 4018 (January 14, 1972): 152–154.

"at virtually every campus": "University Women's Rights," 152.

"They just don't enforce": "University Women's Rights," 153.

HEW had made…visits to Yale: Phyllis Orrick, "US Order Attacks Sex Bias in University Hiring Policy," *YDN*, January 25, 1972; Gay Miller, "Black Panthers Promote 'Survival' at Huggins Free Health Clinic," *YDN*, June 26, 1972.

"Oh, yes, you know": Royster OH.

"Royster is hilarious": Henry Wiencek, "Satire at Cabaret," *YDN*, February 12, 1971. For Meryl Streep reviews, see Wiencek, "Two New Plays," *YDN*, March 9, 1973; Laurel Graeber, "'Karamazov' Plays Pure Literary Havoc," *YDN*, November 4, 1974; Jon Weiner, "Yale Rep's 'Shaft' Pops Soap Bubbles," *YDN*, April 1, 1975.

"Everybody's shooting at me": Spahn OH.

Shirley Daniels spent much: Daniels OH; *The 1972 YB* (New Haven: Yale Banner Publications, 1972); communication from Sam Chauncey to Carl Banyard et al., February 18, 1972, and May 4 1972, b3.f59.RU52A.

"A nice group of people": Field OH.

Attitudes toward rape: Ruth Rosen, *The World Split Open: How the Modern Women's Movement Changed America* (New York: Penguin, 2000), 184.

Colleges' tolerance of sexual harassment: N. Davis, "Sexual Harassment in the University," in *Women in Higher Education: A Feminist Perspective,* ed. Judith Glazer, Estela Bensimon, and Barbara Townsend (Needham Heights, MA: Ginn Press, 1993), 241–257; Alexander v. Yale, 549 F. Supp. 1 (D. Conn 1977).

The term sexual harassment had never been used: Ruth Rosen's exhaustive history of the modern women's movement states that women at Cornell University "coined the term 'sexual harassment'" in 1975 (Rosen, *The World Split Open,* 186–187), yet Yale women used the term *sexual harassment* four years earlier, in 1971. See Jim Liebman, "Women Meet HEW Examiners," *YDN,* April 18, 1971; "The Adventures of Jane Smith," in *Sex Discrimination at Yale,* May 10, 1971.

"The Yale Experience": Christa Hansen, "The Yale Experience," OIR Report 73R008, May 12, 1973, b2.f27.RU173, Accession 1980-A-014, YUL.

"We sometimes forget": Hansen, "The Yale Experience."

"There are simply not enough": Barbara Deinhardt, "'Mother of Men'?," in *Women in Higher Education,* 69.

a one-year leave: communication from Elga Wasserman to Bob Arnstein, July 28, 1972, b22.f911. RU821A; Don Letourneau, "Arnstein to Fill Wasserman's Job," *YDN,* September 11, 1972.

Wasserman gave Brewster some names: communication from Wasserman to Brewster, April 14, 1972, b3.f1.RU821B.

Mary Arnstein: "Mary Arnstein," obituary, *NHR,* September 9, 2012.

"Mary was anything but": Chauncey OH.

"a joke": Jubin OH. See also Deinhardt OH.

"very soft-spoken": Grillo OH.

Nooooo: Grillo OH.

"Dear Lawrie": communication from Barnett to Mifflin, November 29, 1972, in author's possession with thanks to Lawrie Mifflin.

"resplendent in royal-blue kilts": Mifflin, *The 1973 YB* (New Haven: Yale Banner Publications, 1973), 68. See also pages 62 and 73; Mifflin OH (2017).

"Hey. We're a varsity sport": Mifflin OH (2017). Articles on the field hockey team, written by Kate Moore, ran in the *YDN* between October 13 and November 29, 1972.

the captain's photo: The *1973 YB;* Mifflin OH (2017).

Mory's would not display: Marcia Synnott, "A Friendly Rivalry: Yale and Princeton Pursue Parallel Paths to Coeducation," in *Going Coed: Women's Experiences in Formerly Men's Colleges and*

Universities, 1950–2000, ed. Leslie Miller-Bernal and Susan Poulson (Nashville:Vanderbilt University Press, 2004), 130.

"were leaders": Mifflin OH (2017).

"Where has all the luster gone?": Chet Cobb, "The Yale Administration: Where Has All the Luster Gone?," op-ed, *YDN*, October 6, 1972.

questions of competence: John Geesman, "The Deficit Controversy," *YDN*, September 15, 1972.

Few of the 1,500 attendees: W.Todd Furniss and Patricia A. Graham, eds., "Preface," *Women in Higher Education* (Washington, DC: American Council on Education, 1974), xiii.

"Nothing much has been heard": Martha E. Peterson, "Women, Autonomy, and Accountability in Higher Education," in *Women in Higher Education*, ed. W. Todd Furniss and Patricia A. Graham, 5.

"put his own thoughts in order": Bradley Graham, "Trustees to Eye Cooper Study," *YDN*, October 13, 1972, 1.

an analysis of three coeducation options: Kingman Brewster, "Background Memorandum on Coeducation Admissions Policy," October 18, 1972, b258.f1.RU11-II.

"become fully coeducational": "Sisterhood Issues Statement: Admit 50% Women by Next Fall," *YDN*, October 27, 1972.

"It is both the moral": HSC, letter to the editor, *YDN*, November 10, 1972.

"Students to Trustees": Robert Sullwold, "Students to Trustees: More Women Now," *YDN*, November 10, 1972.

signed by 3,016 students: Bradley Graham, "Corporation to Pronounce Final Say on Coeducation," *YDN*, November 10, 1972.

On Friday morning, the five trustees: Graham, "Corporation to Pronounce Final Say"; Bradley Graham, "Trustees Postpone Decision," *YDN*, November 13, 1972.

"Wait a minute": Haverstick OH.

Quite a few of them: Haverstick OH.

One more month passed: Graham, "Trustees Postpone Decision."

Association of Yale Alumni: The 1972YB; Royster OH; Frederick P. Rose, "News from the Association of Yale Alumni," *YAM*, April 1973, 73.

The group voted: John Yandell, "AYA Endorses 60–40," *YDN*, December 7, 1972.

"Everybody agrees that coeducation": John Yandell, "AYA: Plasma for Blues," *YDN*, November 17, 1972.

"almost uniform approval": communication from Brewster to John Ward, November 17, 1972, b258.f1.RU11-II.

"We believe that the gender": Robert Sullwold, "Trustees Eliminate Sex Quota," *YDN*, December 11, 1972.

more than doubled to 46 percent: Jerome Karabel, *The Chosen: The Hidden History of Admission and Exclusion at Harvard,Yale, and Princeton* (New York: Houghton Mifflin, 2005), 426.

后记

Data on pages 288–289 are for the most recent year available as of December 2020.

Sexual harassment and assault: National Center for Education Statistics (NCES), "Yale University: Campus Security, 2017 Crime Statistics," accessed 2020, https://nces.ed.gov/globallocator/col_info_popup.asp?ID=130794.

51 percent of Yale's undergraduate enrollment: NCES, "Yale University: Enrollment, Fall 2019 Undergraduate Enrollment," accessed 2020, https://nces.ed.gov/globallocator/col_info_popup.asp?ID=130794.

27 percent of the tenured faculty: Yale OIR, "Ladder Faculty by Gender, 2020–2021," accessed 2020, author calculation based on headcount, https://oir.yale.edu/sites/default/files/w056_fac_u_tenterm_gen_2019_0.pdf.

8 percent of Yale's students are black: NCES, "Yale University: Enrollment."

14 percent of college-age Americans: NCES, "Status and Trends in the Education of Racial and Ethnic Groups," figure 1.4, February 2019, https://nces.ed.gov/programs/raceindicators/indicator_RAA.asp.

still have lunch at Mory's: Daphna Renan, "'To the Tables Down at Mory's': Equality as Membership and Leadership in Places of Public Accommodations," *Yale Journal of Law and Feminism* 16, no. 2 (2004): 251–253.

The Yale Whiffenpoofs faced: David Shimer, "Yale's Famed Whiffenpoofs Singing Group Admits First Woman," *NYT*, February 20, 2018.

33 percent of full professors: NCES, *Characteristics of Postsecondary Faculty,* Figure 2, fall 2018, accessed 2020, https://nces.ed.gov/programs/coe/indicator_csc.asp; https://nces.ed.gov/programs/digest/d17/tables/dt17_315.20.asp.

30 percent of college and university presidents: Lee Gardner, "What Happens When Women Run Colleges," *Chronicle of Higher Education,* June 30, 2019.

One in five women students: White House Task Force to Protect Students from Sexual Assault, *Not Alone,* April 2014, https://www.justice.gov/ovw/page/file/905942/download. The Association of American Universities's fall 2019 survey of students at thirty-three colleges found that 26 percent of undergraduate women, almost one in four, had experienced sexual assault (nonconsensual sexual contact by force or inability to consent) since arriving at college. See *Report on the AAU Campus Climate Survey on Sexual Assault and Misconduct,* October 2019, p. xi, https://www.aau.edu/key-issues/campus-climate-and-safety/aau-campus-climate-survey-2019.

graduate at a higher rate: National Center for Education Statistics (NCES), *Digest of Education Statistics,* table 301.10, enrollment, staff, and degrees/certificates conferred in 2015–2016, accessed 2019, https://nces.ed.gov/programs/digest/d16/tables/dt16_301.10.asp.

74 cents on the dollar: American Association of University of Women, "The Simple Truth about the Gender Pay Gap, 2020 update," 5, https://www.aauw.org/app/uploads/2020/12/SimpleTruth_2.1.pdf. Calculation based on U.S. Bureau of Labor Statistics 2019 salary data.

The Yale Women's Center: Rhea Hirshman, "A Decade of (Women's) Liberation," *New Haven Advocate*, October 22, 1980, b1.f3.MS1985.

"the Boston Tea Party": Steve Wulf, "Title IX: 37 Words That Changed Everything," ESPN, April 29, 2012.

Alexander v. Yale: Ann Olivarius, "Title IX: Taking Yale to Court," *NJ*, April 18, 2011; Anne E. Simon, "Alexander v. Yale University: An Informal History," in *Directions in Sexual Harassment Law*, ed. Catharine MacKinnon and Reva Siegel (New Haven: Yale University Press, 2004), 55–56.

two women professors: Micole Sudberg, "Coeducation at Yale: A Brief Chronology," in *Different Voices: A Journal Commemorating 25 Years of Coeducation at Yale College*, ed. Rachel Donadio (New Haven: Yale University Press, 1995), 71.

only 9 percent: Bruce Fellman, "Time of Arrival," *YAM*, May 1999.

"No means yes!": Gavan Gideon and Caroline Tan, "Department of Education Ends Title IX Investigation," *YDN*, June 15, 2012.; Margaret Clark email to author, December 28, 2019.

The five women students: Unless otherwise noted, the accounts of individuals that follow rely on interviews and curriculum vitae, as well as previously cited and publicly available sources.

Christa Hansen: "In Memoriam," Yale Class of 1973, https://alumninet.yale.edu/classes/yc1973/; Christa Hansen, "The Yale Experience," OIR Report 73R008, May 12, 1973, b2.f27. RU173, Accession 1980-A-014, YUL.

Darial Sneed: "Darial Sneed Photography: Showcasing the Best in the Performing Arts," https://www.darialsneedphotography.com/.

"Sam was a wonderful mentor": Wasserman OH (2007), 58.

"He's really been a savior": Royster OH. See also Deinhardt OH; Jubin OH; Thomas Peterson OH; Wells OH; Wei Mintz OH.

Elga Wasserman's Yale career: "Wasserman Loses Position," *YDN*, February 21, 1973; Wasserman memo to file, May 22, 1973, b3.f1.RU821B; communication from Wasserman to Brewster, February 13, 1973, b3.f1.RU821B; Yale College Dean's Office, "Annual Report," August 31, 1973, b8.f52.RU52B, 11; Wei Mintz OH; Wilkinson OH; Wasserman OH (2007), 70.

"To be outspoken": Yale Faculty and Professional Women's Forum, "Wasserman," letter to the editor, *YDN*, March 6, 1973.

Kingman Brewster: Eric Pace, "Kingman Brewster Jr.," obituary, *NYT*, November 9, 1988; Liebman OH.

索　引

图书在版编目(CIP)数据

耶鲁需要女性:她们如何改写藤校规则/(美)安妮·加德纳·珀金斯著;徐芳园译. —上海:上海书店出版社,2024.1

书名原文:Yale Needs Women:How the First Group of Girls Rewrote the Rules of an Ivy League Giant

ISBN 978 - 7 - 5458 - 2321 - 9

Ⅰ.①耶… Ⅱ.①安… ②徐… Ⅲ.①耶鲁大学-校园-文化 Ⅳ.①G649.712.8

中国国家版本馆 CIP 数据核字(2023)第 176409 号

著作权合同登记号　图字 09 - 2023 - 0784

责任编辑　伍繁琪
营销编辑　王　慧
封面设计　汐和 at compus studio
版式设计　汪　昊

耶鲁需要女性:她们如何改写藤校规则

[美]安妮·加德纳·珀金斯 著

徐芳园 译

出　版	上海书店出版社	
	(201101　上海市闵行区号景路 159 弄 C 座)	
发　行	上海人民出版社发行中心	
印　刷	苏州市越洋印刷有限公司	
开　本	889×1194　1/32	
印　张	11.125	
字　数	220,000	
版　次	2024 年 1 月第 1 版	
印　次	2024 年 1 月第 1 次印刷	

ISBN 978 - 7 - 5458 - 2321 - 9/G·190

定　价　72.00 元